U0135318

易冬冬——

著

本来美

即

未来美

『普及美学原理』研论集

Universal Aesthetic
Principles Proceedings

ZHEJIANG UNIVERSITY PRESS
浙江大学出版社
·杭州·

图书在版编目（CIP）数据

本来美即未来美：《普及美学原理》研论集 / 易冬冬主编. --
杭州：浙江大学出版社，2023.9
ISBN 978-7-308-24146-5

Ⅰ. ①本… Ⅱ. ①易… Ⅲ. ①美学—研究 Ⅳ.
①B83

中国国家版本馆CIP数据核字(2023)第164621号

本来美即未来美 ——《普及美学原理》研论集
易冬冬　主编

责任编辑	张　婷
责任校对	陈　欣
责任印制	范洪法
封面设计	VIOLET
出版发行	浙江大学出版社
	（杭州市天目山路148号　　邮政编码　310007）
	（网址：http://www.zjupress.com）
排　版	杭州林智广告有限公司
印　刷	杭州罗氏印刷有限公司
开　本	880mm×1230mm　1/32
印　张	8.5
字　数	185千
版 印 次	2023年9月第1版　2023年9月第1次印刷
书　号	ISBN 978-7-308-24146-5
定　价	68.00元

序　言

　　美的本质从一开始就成为西方美学史上的重要问题。柏拉图在《大希庇阿斯篇》中尝试讨论什么是美的本质，虽然最后的结论归于"美是难的"，但是其探究美的逻辑是清楚的。世间有那么多美的现象，这些美的现象都分享着一个共同的"美的理念"，正是这一绝对的客观的"美的理念"决定着一件事物是美的。那么当人面对美的事物时，只有认识到"美的理念"，才能感知到事物的美，或者说人们感受一个具体的美，最终也只有上升到对"美的理念"的认识，才是有价值的。人们一般将此称为"认识论美学"，或者说"理性主义美学"。虽然当时也有其他哲学家和柏拉图持不同的观点，但是他们思考"美"所展现的思维方式却是大体相似的，即总体上是从"客观"的角度，从现象和本质的"二元对立"的角度，来思考美的本质。西方美学对美的思考，虽然在古希腊罗马时期、中世纪和近现代又有不同维度的呈现，但是总体上脱不开一个"二元性"，即现象和本质、主体和客体、理性和感性、内容和形式等一系列二元对立的范畴。在鲍姆加登那里，美学作为感性学，是与研究理性认识的逻辑学相并列和相区别的；在康德那里，美学以情感为研究对象，情感是与认识和意志相区别和并列的；在黑格尔那里，美学确立为艺术哲学，探索"理念"和"感性显现"的关系。三位哲学家基本上划定了美学的界限。

反观中国传统审美思想，它并不是立足于主体与客体、现象与本质的二元对立的思维框架。中国人对美的本质的探讨，常常是在道与器、阴与阳、本与末、体与用、色与空、天与人、性与情、有与无、显与微等范畴中进行的。道器、阴阳、本末、体用、色空、天人、性情、有无、显微等，都不是二元对立的范畴，而是"一而二，二而一"的关系，我们可以称之为"两仪关系"。对中国传统美学的理解，如果不能深入中国人的思想和心灵世界的深处，我们就很容易被西方一系列二元对立的范畴置入"前见"。中国人思考美，其实不是探索美的本质，而是美的"本体"。这个"本体"，是在中国思想和哲学的话语中使用的。为了方便理解，我们可以认为，它是由中国哲学范畴体系中本末的"本"字和体用的"体"字组合而来的。在中国传统文化和学术中，虽然没有"美学"这门学科，但是中国人关于审美和艺术的思考和实践是极为丰富的。直到二十世纪，"美学"经由日本传入中国，在接受一系列现代西方学术给予的规定的基础上，我们也建立了"美学"这门学科。从这门学科在中国建立以来，我们对于中国传统美学的探索也开始了。但是，与此同时，我们却在中国的审美文化和西方的美学理论之间产生了巨大的撕裂感：一方面，西方的美学理论对中国传统审美现象和事实的解释常常是隔靴搔痒的，其解释是有限的；另一方面，我们无法立足西方的美学话语来使中国人自己的审美"理论"获得真正的现代化。其根本原因在于，东西方人的宇宙观和人生观存在根本差异。

当代美学的研究，无论在西方，还是在中国，都在尝试摆脱对美的形而上学问题的思考，以致当代的审美（艺术）文化学、审美（艺术）社会学、审美（艺术）政治学的研究蔚为大观。越来越多的思想家和理论家试图回避美的形而上学问题。正如上文所言，在西方，美的形而上学问题可以称为美的"本质"问题，在中国，美的形而上学问题则必须是美的"本体"问题，二者不能混为一谈。在西方传统美学中，美的"本质"是对美的现象的抽离，必须通过美的现象世界进入美的理念世界才能达到对这个实体世界的更深的认识和把握。换言之，美的现象世界是必须被超越的，它与美的理念世界不在一个层次上；而在中国传统美学中，美的"本体"从来不能脱离美的"事实"、美的"妙用"、美的"形质"而独立存在，这在根本上是符合中国哲学思维中的"体用无间""本末一如""道器一体"的。在中国传统美学看来，一个人欣赏美的事物，不是为了认识事物背后那个抽象的美的理念，也不单纯是情感上有没有产生无利害的情感，而是体证美的事物中的天理或天道。这个事物中的天道或天理，在庄子那里也叫作"大美"，即"天地有大美而不言"。而事物中的天理或者天道，与人的本性中的德性或性理是一致的。所以，欣赏美的事物的过程，也是一个人自觉其本性的过程，是一个"证道"的过程，是一个"明心"的过程。所谓"格物致知"，所谓"乘物游心"也涵容这个美学的道理。"格物""乘物"内涵丰富，但都包含对美的事物的欣赏和把玩的成分，而"致知""游心"则是自觉其良知本性和本心。在中国传统哲学和美学中，人的本性，也叫人的"天性"，乃"天之所命""道之所予"，可以是纯真无假，纯善无恶，纯美无丑的，或者叫"本来真""本来善""本来美"的。这就引出了当代美学研究者邱伟杰老师的"本来美"这个概念。

邱伟杰老师是当代少有的敢于深入美的形而上学问题的学人，

这是对中西方美学所以常葆哲学品格之精神的继承。其在《普及美学原理》中所提及的"本来美"之概念，在笔者看来，是与中国传统美学中对美的本体之思考一脉相承的。在中国传统美学中，审美和艺术的本体，在儒释道三家哲学思想中所用概念或有不同，可以是"天道"，是"德性"，是"仁义"，是"天理"，是"自性"，是"空性"，是"良知"，无论是何种概念，这个"本体"始终关涉人之天性或者本心，或曰人的本真性存在方式。离开人的本心，离开天道来谈论美和艺术，是不入"品"的，是无境界的。庄子的几句话就能说明这点，他在《大宗师》中提到一句话"无庄之失其美"。"无庄"是《庄子》寓言中的一个所谓"美女"，这个美女的名字叫"无庄"。这个名字本身显示了庄子的深意，因为一旦"无庄"，即失掉或者遮蔽了人性本来的庄严，那么作为美女的"无庄"也会失去她的美，或者说这时她的美只能算是一种皮相之美。皮相之美，所满足的只能是人的欲望，迎合的是人关于美丑的最流俗的标准而已。庄子在《德充符》中描述了很多在我们看来是残缺不全或者形状怪异的人，在一般意义上是"不美"的，但是这些人因为内充德性，则使人"德有所长而形有所忘"，甚至觉得这些所谓的"丑"人反而有一种真正的美。这种思想深刻影响了后世中国审美和艺术的境界。中国之美，不是追求简单的色相之美，不是一般情态下的"悦耳悦目"，更重要的是"赏心悦神"。而一种美或者艺术之所以能达到这种境界，在于创造者在美的创造和欣赏中，契会天道，自觉本心。按照邱伟杰老师的说法，即发扬和光大了自己的"本来美"。邱伟杰老师单刀直入地剖析了中国传统美学中美的本体，并一言以蔽之，将其概括为"本来美"，这既是对中国传统哲学和美学精神的延续，更是对中国现代以来美学学统的继承。

这本书的标题是《本来美即未来美——〈普及美学原理〉研论集》。"本来美"是邱伟杰先生提出的概念，"未来美"是笔者在尝试理解邱伟杰先生思想的基础上提出的一个概念。在笔者的理解中，"本来美"作为美之本体，尝试为人类历史上的一些美（艺术）的现象或实践得以"普及流传"，为人类历史上的一些美（艺术）的理论或思想得以"普遍传衍"，确立一个哲学依据。换句话说，邱伟杰先生的"本来美"的提出，尝试揭开人类历史上那些审美（艺术）的现象和理论"普及"，以及至今仍具有永不褪色的价值的秘密。这个"本来美"不是别的，就是人的质朴性情，是人的天性。然而邱伟杰先生并不只是关注人类历史上的审美（艺术）现象与理论，其"本来美"的思想更是指向了"未来美"。"本来美"和"未来美"两个概念，也分别暗合了"普"与"及"二字。"普"者，普遍也，周遍也，人人皆具足，这指向人的本真性情，是为"本来美"，为美之本体；"及"者，达也，到也，显为灿烂之感性，显为文明之美，是为"未来美"，为美之本体的妙用和显现。按照中国哲学"体用一源"的思想，"本来美"总在将来的具体时空下的"未来美"中显发自身，但又绝不停留在将来的那个时空下的"未来美"中固化自身，故而又像是永远"未来"。

"未来美"者，乃"本来美"之显扬光大，是一个永不停息的过程，总是指向未来。此"未来"，既指向时间上的未来的含义，更有"本来美"之发扬光大的生生不息之含义。因为"本来美"的显扬光大，永远不会停留在某种未来的文明之美中。"本来美"之显扬光大，如道之周流冲虚，用之不盈，不住不留。"本来美"必在未来某一时空中显扬，但又永远不会停留在那个"未来"时刻。一旦那个时刻来临，一种文明之美在生成之时，就"方生方死"，开始逐渐产生流弊。

这时，"本来美"就继续发挥自身的创造性，超越其在那个时空中显发的美，而继续指向未来。"本来美"不是一个抽象的理念，不是离开世间之美而孤存，它总是在世间一切美之显相中呈现自身，但又超越这一时空下的美之显相，而不断创造新的美的显相。按照佛教的"离一切法，即一切相"来说，"本来美"可以说是"离一切美，即一切美"。故而，言"本来美"即"未来美"，"本来美"为体，"未来美"为用，即体而显用，即用而明体，无穷无尽也。

不揣浅陋，以上所言不过是编者对于邱伟杰先生"普及美学"的一点浅见，"普及美学"中所蕴含的更深刻的内涵，正有赖于本书所汇编的青年学者的文章和发言中从各方面的揭示。邱伟杰先生的"普及美学"系列目前有四本著作，分别是《美的人》《味的人》《普及美学原理》《诗剧·普及美学原理》。围绕这些著作，文艺界和理论界的很多诗人、艺术家、学者有过很多次的研论会。2022 年 5 月 14 日，来自诸多高校的青年学者围绕前三本著作，尤其是围绕极具理论品格的《普及美学原理》展开了第一次线上研论；2022 年 7 月，单行本《诗剧·普及美学原理》出版，8 月 27 日，青年学者又聚在一起围绕这部诗剧进行了第二次线下研论。本书的主体内容是大家为第一次研论会所提交的文章，分为三个主题"普及美学的传统渊源""普及美学的理论探微""普及美学的当代潜能"。编者将大家第一次研论中的发言精要汇集为"附录一：《普及美学原理》研论会纪要"，将第二次研论会上的发言纪要汇集为"附录二：《诗剧·普及美学原理》研论会纪要"，纪要中也包含邱伟杰先生以及邱伟杰先生的老师张广天先生的发言内容。值得一提的是，在第一次研论会上，大家的很多发言都越出了其所提交的文章内容，编者将这些越出文章内容的发言基本保留下来，并力求"附录一"的发言纪要不与主体内容重复。

在第二次研论会上，大家的发言仍然不离"普及美学"，编者对发言内容做了适当润色，力求保持学者们发言的内容和精神原貌。总而言之，编者力图让本书的主体内容与两次研论会的发言纪要构成了"一体两翼"的关系。

本书的副标题之所以定名"《普及美学原理》研论集"，是因为此"研论集"，既是研究论文之集结，也是讨论纪要之集结，更是指向我们因着"普及美学"而聚"集"。吾辈未来将继续围绕普及美学聚集、研究、讨论。

编者　易冬冬

2023 年 2 月 14 日

目 录
CONTENTS

普及美学的传统渊源

普及美学的理论探微

普及美学的当代潜能

普及美学的传统渊源

审美之义和普及之衷
——从邱伟杰《普及美学原理》说起

冯　庆 [1]

　　邱伟杰先生先后赠我《美的人》《味的人》《普及美学原理》三部佳作，令我受宠若惊。栖身于美学学科，同时热衷于观察中西方启蒙美学的历史，我在阅读邱伟杰先生的著作时，总不免思考应当将其美学思想置于何种学术谱系。

　　在《美的人》《味的人》中，作者展露的问题意识，令我联想到18世纪法国启蒙知识圈里关于"美"和"味"的争论。18世纪恰恰是法国国势逐步上升的世纪，也是其政治上普遍集中、文化上普遍繁荣的世纪——这与当今的中国有着许多相似之处。"仓廪实而知礼节"，对于从中世纪的文化荒漠中不断摸索而来的欧洲人，抓住历史赋予的机遇，积极推进重商主义，打造市民文化，是一项不得不为的政治任务；思考"美"之本体和艺术表达、"美"之人格与情性和有"趣味"的文化秩序，则是那一时代启蒙哲学家赋予自身的社会义务。

　　在康德、席勒和黑格尔等思想家的笔下，美学本身具有启蒙哲学的属性。在传入中国后，诸如朱光潜先生的"人生艺术化"等美学口号，也带有大众启蒙的旨趣。进而，在我们的时代，有志于美学思考的人士，必然也会把面向多数人的审美文化普及问题，视为自己的学术使命之一。这也就可以清楚地揭示邱伟杰先生从《美的人》《味的人》的带有"散步"特征的美学小品写作，转向《普及美学原

---

① 冯庆：中国人民大学哲学院美学专业讲师。

理》的根本问题。在人民日益增长的美好生活期许需要得到社会层面的进一步满足的宏观时势之下,《普及美学原理》的核心观点正是如何能够让人民在生活中发现美的品质,在"玩"的过程中不断提升精神境界的基本策略。这一观念显然具有社会改良的文化抱负和义理担当。

《普及美学原理》正是在这一文化抱负和义理担当的层面,启发我思考以下问题。

首先,邱伟杰先生用概括但详略得当的笔调,借助中西方哲学家们的理论反思,在《普及美学原理》中叙述了西方美学一步步在大众文化的冲击下迷失方向的历史线索,并站在中国美学的本位上提出,要重返"本来美"或"质朴美"的天然"高贵性",以"美品"为理想,开展普及美学行动。在这一普及美学的历史描述中,邱伟杰先生更多地用辩证的态度,揭示了现代化进程中审美异化和其他困境对实现普及美学的可能性提出的问题。但在这一历史梳理的层面,有一个维度或许不可忽视,那就是审美启蒙本身具有双重的线索:一方面,具备良好审美修养的思想家或艺术家,应当愿意"俯就"大众,进行普及性的教育工作;另一方面,大众应当理解且能够体会到审美文化所带来的生命转向的愉悦,并积极投身到审美的普及观念和知识的事业中。但是,前一方面是比较常见的,而后一方面大众的自我转向,则显得尤为困难。

在大多数历史情况下,响应上层审美文化启蒙的大众,要么是基于经济驱动,要么是跟随政治动员。审美的品质在下渗到民间的过程中,往往也会为了普及的可能性而披上通俗的外衣。比如,18世纪"狂飙突进"运动的理论奠基人赫尔德就认为,真正的审美普及并非从上到下的高级趣味的灌输,而是从民间自身的习俗和享乐手段出发，从中提炼总结出既能为普通民众喜闻乐见又具有品质提升潜能的那些艺术元素，比如民歌、民族神话和民族叙事史，等等。问题在于，这样一来，自下而上的普及美学，又往往走向另一个极端，那就是地方主义和民粹主义。比如，中国地域广大，地域文化庞杂丰富，不同的文化之间往往会有互相冲突的审美品位。如果承认一切民间自发文化的正当性，也就极难在其中找到去粗存精的契机。

20世纪中国革命文艺的重要性，则在于良性处理了自上而下和自下而上两条审美文化普及的路线，既重视文化人、知识人对高级审美品质的先锋队式的文化领导权，也重视对民间文学艺术品质的原汁原味的提炼，有机地将二者结合在一系列的政治行动当中。而改革开放以来，知识人、文化人群体再度专业化，民间审美系统也随着大众媒介、网络文化的盛行而逐渐摆脱精英导向的控制，二者之间的鸿沟再度出现，并使得审美的普及成为一个愈加显著的时代难题。

具体来说，在《美的人》《味的人》里，"人"的审美"本性"虽然得到了诸多定位，但从"艺术化"本身的意义来说，这种"人"的美之本性则更多需要日常的审美教育去逐渐落实。这也就要求审美教育更多地切入日常生活。从这个意义上说，《普及美学原理》试图返回"本来美"的旨趣，一方面体现出其对启蒙时代以来自上而下文化普及理想的自觉继承；另一方面也呈现出其中强烈的"通俗"和"应俗"的现实感。民众自发的审美文化选择，在《普及美学原理》里，被概括为一种本真的人性光辉。这种本真的人性，以"朴素"为其基本品质。正是基于这一对民众文化品质的本体判断，《普及美学原理》坚信，在市场经济大潮带来的人性异化、物欲横流的背景下，重返朴素而本真的民众旨趣，将有助于实现上下贯通的美学普及，而其背后的进一步结论，则是政教意识和生活尺度的默契心照。

这一论断给我带来的第二个问题就是："本来美"最终推出的"质朴生活快乐观"，在现实化为社会义理的过程中，是否能够获得多数民众的普遍认可？邱伟杰先生对此表现出乐观的态度，我也同样相信这一点：我们的人民大多数是本分善良的，坚持着中国悠久的生存智慧——"用天之道，分地之利，谨身节用，以养父母"（《孝经·庶人》）。但《普及美学原理》试图向民众传达的诚意，更多体现在"享乐"的审美文化生活方面。这里的"享乐"，显然并非单纯的欲望玩乐，而是更高层次的"游戏"，是在有格调、有品质的审美活动中重返本真自我的近乎仪式性的活动。这也就让我体会到，《普及美学原理》原来与中国儒家关于"礼乐"之"乐"和"快乐"之"乐"一体不分的思想，具有隐秘的一贯性。

如果把《普及美学原理》中的"本来美"理解为荀子的"性朴论"能否讲得通？这就要求我们首先搞懂荀子的本意。在《荀子·礼论》篇中，荀子说："礼起于何也？曰：人生而有欲，欲而不得，则不能无求。求而无度量分界，则不能不争；争则乱，乱则穷。先王恶其乱也，故制礼义以分之，以养人之欲，给人之求。使欲必不穷于物，物必不屈于欲。两者相持而长，是礼之所起也。"这难道不也是邱伟杰先生试图传达给我们这个时代的"美学普及者"的道理？人之本质在于欲望，而欲望需要得到礼乐的节制。《普及美学原理》强调的"美的品质"，背后隐藏着让欲望获得正确引导的意图，这种引导绝非刚性的规训，而是柔性的美化。进而，我们应当把"本来美"的实质，理解为"朴质"人性本身的可塑性。对此，荀子的"性朴论"讲得更为显白："夫薄愿厚，恶愿美，狭愿广，贫愿富，贱愿贵，苟无之中者，必求于外……尧问于舜曰：人情何如？舜对曰：人情甚不美，又何问焉！妻子具而孝衰于亲，嗜欲得而信衰于友，爵禄盈而忠衰于君。人之情乎！人之情乎！甚不美，又何问焉！唯贤者为不然。"（《荀子·性恶》）

就荀子这段话来看，"质朴"和"美"似乎是矛盾的。但其实，荀子是希望"贤者"意识到，"人情"虽然本来是不美的，但其中当然有着成为"美"的潜能。作为"贤者"，邱伟杰先生必然能够看透个中机巧。因此，美学若要成为"普及美学"，与其说应当让普通人认为自己"美"，不如说应当更多地让人意识到自身"不够美"，才能进一步引导他们进入"求美"的秩序当中。人正是因为"质朴"，才会不断渴望得到塑造，这种本真的爱欲容易被外在的不良社会习气错误地引导；反过来，要正确引导这种爱欲，也要依靠外在的社会价值的能动作用。这种引导的作用，则必然来自"贤者"，来自知晓人情而不惑于人情的智慧之士对实现社会义理之审美途径的把握。

因此，一旦回顾之前讨论的审美品质的高低问题，就能意识到，《普及美学原理》当中其实隐藏着塑造者和被塑造者的实质性区分：通向"质朴生活快乐观"的普通人，离不开熟悉生活之复杂性和多面性的成熟教育者的指引。否则，很难说大多数人可以自行远离充满忧愁和烦扰的现实生活带来的困惑，而直接达到"乐山乐水"的境界。那么，在《普及美学原理》中，这一"塑造者"的重要性是否得到了凸显呢？显然，在一个民主化、多元化成为主流价值观的时代，这一"塑造者"本不应当成为社会文化生活的可欲对象。但在《普及美学原理》里，他们却也时刻在场。在邱伟杰先生所梳理的中西方各家各派的审美启蒙思想的历史谱系中，那些提出明确审美启蒙原理的知识人、艺术家们，正是这种"塑造者"角色的现实例证。那么，邱伟杰先生本人，是否也处于这一汲汲于"普及"的智者谱系之中呢？

对于当今的中国，追求文化上的自信与乐观，当然是毋庸置疑的主要探究方向。但正如《普及美学原理》在梳理前人审美启蒙思想观念史时隐约传达的道理所提示的那样——"彻上彻下"的普及美学，在"性朴论"的框架下，必然需要一个如中介化的"塑造者"那样的责任担当者。这一角色的历史必然性，使得我们可以进一步思索"美的人"的内在多元可能，尤其是其中品质高低、闻道先后等方面的可能。阅读《普及美学原理》，除了让我们看清当下中国审美文化因欲望过剩、莫衷一是而沉沦的现况，还能让我们在沉思的过程中，对人性、对审美再度恢复理想信念，并尝试用现实且务实的态度，进一步思考具体且可靠的审美文教工作得以开展的方式。这种显著的指向性，相信正是邱伟杰先生创作本书的义理和中心之所在。

但这也给我们留下了更多的问题：如果"贤者"的审美教育本身是可遇而不可求的，那么，如何能够做到让贤者的观念形成一种普遍的美育原则，并付诸标准化的实践呢？从艺术创作的角度来说，高明的"豪杰之士"之所以能够做到在审美的观念层面的品质直观，用王国维《人间词话》中的话说，是因为其用一种"真实之眼"打量世界，并透析出最为深邃的哲学新知："大家之作，其言情也必沁人心脾，其写景也必豁人耳目，其辞脱口而出，无矫揉妆束之态。以其所见者真，所知者深也。"[1] 就此而论，审美的中介者，势必应当是一位真诚的求知者。审美的启蒙在这个意义上必须以学者的求真启蒙作为其基础。但王国维同时也说："客观之诗人不可不多阅世，阅世愈深则材料愈丰富、愈变化，《水浒传》《红楼梦》之作者是也。主

---

① 王国维. 人间词话 [M]. 天津：天津人民出版社，2018：121.

观之诗人，不必多阅世。阅世愈浅，则性情愈真，李后主是也。"① 这也就是说，审美中介者的自我要求，可以有两个方向：一是朝着"客观"的方面去积累、体认这个世界的丰沛与复杂，从中总结出人情万象的基本规律；二是维持内在的"本真"，不受外物浸染，由此确立纯净的内在心灵境界。显然，审美的启蒙，不可能只是内在境界的维持，即"自了"。这也就意味着，审美的中介者需要不断地"阅世"——"人间世"的体悟和分析，是这类中介者得以求知、成长的必要条件。进而，对美育所要通达的"本来美"境界，首先要求少数有心人树立从人情百态中阅历、体认深刻人生道理的志向。"美"在这个意义上并非一个先验的概念或者单纯的形式，而是经验的、历史的、伦常层面的阅历综合。进而，史学、社会学、政治学、伦理学等学科，也将成为美学的"前期准备"。并不是说这些学科就一定等同于"阅世"，但至少可以为中介者提供经验性的素材，使他们开阔关于人性和美感的眼界。

王国维在完成《人间词话》后，正是基于这种意识，转向对史学和金石学等领域的研究。显然，他并没有放弃对审美教育的重视，并没有抛掉普及的美学。在他看来，纯粹的史学考据和义理研究和纯然审美的"无功利"境界之间，或许有其相通性。这种相通性，恰恰在于"真"的层面。通过"积学以储宝"的态度，生活中的种种美与艺术背后蕴藏的人性闪光点，将被"贤者"或"豪杰之士"理解透彻。这种博大的"阅世"最终达成的境界和质朴天真的审美直观体验，可以说是殊途同归。无论如何，这也说明，审美普及的宏愿，恰恰需要在两条不同的路径的交汇处得到理论上的奠基。一条路径，是研学求知层面对人情人性的广泛阅读；另一条路径，则是反观本心

---

① 王国维. 人间词话 [M]. 天津：天津人民出版社，2018：38.

的定慧之思。更为具体地说，这要求审美教育首先是面向智识者的史学和哲学教育。

唯其如此，作为启蒙主体的塑造者或中介者，才会在未来的美学图景中，得到系统的培育。在此基础上，我们才能进一步与邱伟杰先生一起，回应社会对美好生活的普遍诉求，促进"本来美"的观念普及和现实发生。普及的美学和纯粹的美学也才能获得学理与实践两方面的归正。《普及美学原理》固然是为象牙塔内的学者提出的一份可贵的劝谏，而学术传统则会把这份真诚的洞见，再度吸纳到更为鲜活明朗的理论蓝图中。

"普及美学"与儒释道精神

宋声泉 ①

2018 年 4 月，邱伟杰的《美的人》出版，他从东方传统的资源中撷取具体的经验，又结合当代西方文明关于"人之美"的多种成果，提出了"本来美"的核心理念。随后，在系统而通俗地表述"人体美"的基础上，《味的人》联璧而生，以如何活出个人一番"美味"为出发点，通过对人生各个阶段、各种处境的体验化描述、分析，来引导快乐幸福的价值观，主张不同性情的个体都有不同的幸福滋味。2019 年 12 月，与《美的人》《味的人》散文化的表达不同，邱伟杰推出了他的理论著作《普及美学原理》，尝试从中西方艺术哲学的对比中论述东方美学的基本特征，提出东方美学有着比西方"感性学"更为丰富的内涵，并深入探讨"质朴"与"普及"之间的内在关系，借史证理，提出在普及美学基础上延伸的多学科框架。2021 年年初，同名诗剧上演，将学术著作以审美的方式进行实验，将诗歌的传统加以弘扬和发展，将现代主义和后现代主义的戏剧艺术方式引入舞台。近年，北京美学会还召开了普及美学工作会议，按照会议精神，普及美学工作已然逐步落实到各个层面，其中包括进入大学课堂、成立教学实践基地、成立相关基金会等。最近，刘浩冰《普及美学传播学》的出版，亦是依据普及美学"本来美"理论，对中国固有传播观念自含"自性本美"的源头性发展基础，迥异于西方传播学的本体性特征，在传播方式、传播内容以及实践效果上的独特之

---

① 宋声泉：中国人民大学文学院副教授。

处进行了有益探索。①

　　然而，在普及美学如火如荼开展起来的同时，一些误读也随之而起。部分评论家试图站在旧有美学框架的基础上去理解邱氏的普及美学，将《普及美学原理》纳入20世纪以来的美育工作的分支中，这显然是低估了邱氏普及美学的抱负与期待。1980年6月4～11日，第一次全国美学会议召开全体会议，会上成立了中华全国美学学会，朱光潜当选会长。会议还通过了中华全国美学学会的工作计划，提出了开展美学研究、教学和普及工作的建议。《中华全国美学学会简章》申明的宗旨指出"在马克思列宁主义、毛泽东思想指导下，结合人民生活和文学艺术实践，探讨美学问题，普及美学知识"②。这一意义上的"普及美学"是将学院化的、知识化的甚至是已经固定化的、刻板化的"美学"向大众灌输推广，是谓"普及"。因此，这种"普及美学知识"更像是美学普及。

　　邱氏"普及美学"的渊源不只是美育，而当由"东方美学"一脉观之。尽管新文化运动时期已经出现了一批反对西化、提倡东方文化、主张新旧调和和中西调和的文化保守主义者，而且他们被视为"东方文化派"③，诸如《东方杂志》主编杜亚泉及其后继者钱智修，访欧回国不久即发表《欧游心影录》的梁启超，第一次对中西印三方文化及其哲学进行系统比较的梁漱溟，自称是"一东方文化之信徒"的陈嘉异，标榜"倡明旧学，融化新知"的东南大学教授吴宓、梅光迪、胡先骕、刘伯明、柳诒徵等人，因其《人生观》的讲演挑起了1923年

① 刘浩冰.普及美学传播学 [M].杭州：浙江大学出版社，2022.

② 《第一次全国美学会议胜利闭幕 成立学会 通过章程 选举理事并提出学会工作计划和建议书》，《中华美学学会第一次全国美学会议简报》，1980年，第71-80页。

③ 郑大华.论"东方文化派" [J].社会科学战线，1993(4).

"科玄之争"的张君劢，主张"以农立国"的《甲寅周刊》主编、主撰章士钊，但彼时的"东方文化派"并未产生"东方美学"的理论和研究成果。直到1948年，在文化相对观念普泛、比较思想日益成熟的氛围里，法国学者雷纳·格鲁塞在其《从希腊到中国》中首创"东方美学"一词。1965年，美国美学学会首任主席托马斯·门罗撰写了《东方美学》的专著，简要介绍和评价了中国、日本和印度的美学思想。[1] 就中国美学而言，门罗描述的图景是零碎的、杂乱的。[2] 从研究的立足点看，此时还是西方学者立足于西方美学的呼吁，"对于东方美学，人们往往把它作为一种观照对象来看待，很少把它内化为一种思维方式来建构自身理论的现代形态"[3]。20世纪80年代，中国大陆的"东方美学"研究方兴未艾。1988年10月3日至6日，《文艺研究》编辑部和北京舞蹈学院在京联合召开了全国第一次东方美学讨论会，40余位专家学者就东方美学总体风貌、历史背景、哲学根据等展开了多学科的、全方位的讨论。[4] 而后"东方美学"研究渐趋火热，甚至成为国际学界的一股潮流。2000年7月15日至20日在呼和浩特隆重召开了"首届东方美学国际学术会议"，30多位中国美学家与来自日本、韩国、美国等国家的近40位学者共同参加了这场规模空前的国际美学会议。与会的中外学者围绕"东方美学及其艺术表现"这个主题，从当代世界的全球化文化语境及东方文化面临的问题出发，认真探讨东方美学理论精华，从各个方面深入认识东方美学的发生、发展

---

[1] 彭修银，刘悦笛.文化相对主义与东方美学建构 [J]. 天津社会科学，1999(5).

[2] 吴子连.东方美学的阐扬势在必行——评芒罗的《东方美学》[J]. 中国图书评论，1991(6).

[3] 陈静.关于东方美学研究方向的一点思考：第四届东方美学国际学术研讨会述评 [J]. 济南大学学报(社会科学版)，2007(1).

[4] 廉静.东方美学讨论会 [J]. 文艺研究，1989(1).

及其学术价值。① 此后，几乎每隔两年都会在中、日、韩三国举办以东方美学为主题的国际学术会议。然而，21世纪以来的东方美学研究越来越陷入一种学院式的封闭的知识生产中，甚至有关东方美学的学术视野、研究方法、认识路径、表意文字等都仍旧是西式的。

在理解了这一现状的基础上，反观邱伟杰的"普及美学"，他的东方美学研究方向，是对西方情感学的美学和艺术哲学做过比较和批判性研究的，是与当今西方消费主义的审美标准针锋相对的，他强调美的天然性，抵抗审美的话语霸权，还民以美的自主与独立。不仅他的文体是感悟性的、启发性的，其著述的底色更是具有东方特有的韵味，即一种儒释道精神。

在儒释道精神中，邱氏"普及美学"的气韵是道家文化。《庄子·外篇·缮性》的起论部分，可视为邱氏"普及美学"的纲要：

> 缮性于俗学，以求复其初；滑欲于俗思，以求致其明；谓之蔽蒙之民。古之治道者，以恬养知；知生而无以知为也，谓之以知养恬。知与恬交相养，而和理出其性。夫德，和也；道，理也。德无不容，仁也；道无不理，义也；义明而物亲，忠也；中纯实而反乎情，乐也；信行容体而顺乎文，礼也。礼乐偏行，则天下乱矣。彼正而蒙己德，德则不冒，冒则物必其失性也。

邱伟杰解释说：用世俗的学问来修治性情，以求复归原始的真性；内心欲念早已被世俗的思想所扰乱，还一心希望能够达到明彻与通达，这就是蔽塞愚昧的人。古时候研究天道的人，总是以恬静来涵养心智；心智生成却不用智巧行事，可称它为以心智涵养恬静。心智与恬静交相调治，因而谐和顺应之情从本性中表露而出。德，就是谐

---

① 贻凡.探讨东方美学与艺术的当代价值：首届东方美学国际学术会议综述 [J].北京社会科学，2000(4).

和；道，就是顺应。德无不相容，就是仁；道无不合理，就是义；义理彰明而物类相亲，就叫作忠；心中淳厚朴实而且返归本真就叫作乐；诚信著显、容仪得体而且合于一定礼仪的节度和表征，就叫作礼。礼乐偏执一方而又多方有失，那么天下定然大乱。各人自我端正而且敛藏自己的德行，德行就不会冒犯他人；德行冒犯他人，那么万物必将失去自己的本性。在他看来，庄子告诫我们，人只有遵从天道，才能找到属于自己的"本性、本真"的大美种子，并将之发扬光大。所以，"普及美学"具有先验哲学的理性逻辑，也是人生实践的广泛体验。

邱伟杰在接受采访时曾直截了当地指出："普及美学用简单的话说就是归真美学。因为每个人的天赋都是老天爷给的，谁也拿不走、夺不去，这是客观存在的事实，也是先验的本来美。每个人能够在各自领域取得的成就也是有限的，唯有找到各自的适当位置，你的本来美才能得到最大程度呈现。在天赋本来美的基础上，人只有循着自己的兴趣、爱好才能找到自己的位置。但是，人们在社会发展过程中极易被各种习俗浸染而迷失自我，天赋本来美常常被遮蔽，没能活出真正的自己。因此，普及美学就是倡导大家在珍视自身天赋本来美的基础上，提升自己的品质。这与西方美学 Aesthetics 所说的感性认知走的是两种截然不同的路径。中国古代经常说'抱朴归真'，就是说让我们回到本来应该具有的样子，事物发展是如此，人也是一样。"[①]他在《普及美学原理》中，专辟一章，纵谈"普及美学与质朴哲学"的关系。

邱氏"普及美学"的根柢是儒家精神，而这一儒家精神所抵达的又是儒释道三教合一式的王阳明之境。按李四龙的研究，以"三教"统称儒释道，始于北周时期，约公元 6 世纪中后期，中国文化逐渐

---

① 邱伟杰：未来中国将有美的事业 [EB/OL]. (2021-10-08). http://city.newssc.org/system/20211008/003204618.html.

形成儒释道三足鼎立之势。经过隋唐时期的三教讲论与融通,三教合流在北宋已经大致成型,明代以则成社会主流思想。[①] 晚明时期,王阳明的"致良知"说即是对儒释道三教精神的融合。王阳明的"致良知"说包括良知本体和致良知的功夫。王阳明借鉴儒释道的本体论和本源论,汲取儒家的"良知本心"说和佛教的"心性本觉"论,统摄万物一体、恬淡宁静和无住无滞等儒释道的意境,认为良知本体也即良知的本然状态:万物赖以存在的根据,宇宙的本源,是非的标准,和合儒释道气象的儒家的新境界。[②] 而邱伟杰在采访中提到:"我早期将近用了二十年时间一直在思考和学习一个问题,就是人的成长的问题。人的成长的问题,它以何为根据呢?以本来美为根基去成长!在王阳明心学中实际上也说到了这个叫作知行合一的问题。我在学习中会更加认同这么一脉。"[③]

因阳明讲本心良知,注重主体的心性修养,再加上阳明本人多次隐居,"出入佛老三十年",至中后期仍然十分注重融摄道释,以至于阳明学长期被当作没有经世功能和有为追求的纯粹心学或道禅之学。然而,从儒学固有的价值取向、阳明中后期思想的内在逻辑、性格特点以及王阳明所处的时代背景等方面来看,王阳明无疑是具有强烈的社会责任感、现实关怀和实践品格的儒者。[④] 王阳明的思想体系包含了丰富的经世致用思想,提出"良知只在声色货利上用功"的思想,认为"致良知"与"声色货利"等人的物质欲望密不可分,主张考

---

① 李四龙. 论儒释道"三教合流"的类型 [J]. 北京大学学报(哲学社会科学版),2011(2).

② 何静. 论王阳明的致良知说对儒释道三教的融合 [J]. 浙江社会科学,2007(3).

③ 邱伟杰谈普及美学:为什么你的心和我跳得一样 [EB/OL]. (2020-09-21). https://www.sxdaily.com.cn/2020-09/21/content_8698419.html.

④ 朱晓鹏. 有为与无为:兼论王阳明中后期对道家道教的批评之二 [J]. 孔子研究,2010(2).

虑利害和人情而务求公私两便；重视"体究践履，实地用功"，肯定功利和事功，把格致诚正之说落到实处，而与空虚顿悟之说相反；提倡和肯定"居官临民，务在济世及物"，重视"亲民之实学"等方面。[1]

正如王阳明之于道家持扬弃态度、否定弃人伦、绝世务的宗旨[2]，邱伟杰格外强调实践精神。邱氏的"普及美学"与学院派企图将知识生产推广到生活实践中的模式恰恰相反。邱伟杰常年在社会上开展美学实践活动，积累了许多宝贵经验。他尝试的是将实践经验提炼为理论乃至一种审美思想。在他看来，"普及美学"是在普及"美品学"，是让大众在对自我的"本来美"的认识，对艺术之"美品"的认识以及"物我合一"的相互呼应中，觉知本性和光大本性。虽然与20世纪以来的美育实践有近似之处，它们都希望通过相应的普及工作来提高人们的艺术审美能力和品质学水准，但邱氏"普及美学"的根本目标是让人们发现"本来美"，光大"本来美"，由此使人们获得快乐和幸福的生命自由之路。故而可以说，作为"美育"的美学普及是将受众对象化和客体化，而"普及美学"的终极愿景是受众自身的觉与悟，是受众主体精神的再激活。

邱伟杰的"普及美学"也是经世致用之学。这一点在《普及美学原理》的下卷显示得非常清楚，特别是"第二章：普及美学的学科方向"和"第三章：普及美学目前的实践和未来的前景"。其中，论述"普及美学经济学"的部分，更是精华所在：

普及美学经济学是以社会民众多元化、精致化和品质化的"需求"为主导的，自动调节"供给和需求"，以理性人都是"本真性品质认识的兴趣人"假设为理论出发点，用宏观调控之手来进行优胜劣

---

① 蔡方鹿，王英杰. 王阳明经世致用思想探讨 [J]. 孔子研究，2013(6).

② 何静，论王阳明心学对道教的融合 [J]. 宁波大学学报(人文科学版)，2006(1).

汰，从而实现全社会资源的优化配置。从这个维度出发，经济学回归到了经世济民的人文主义思想，资本也从"主义"中解脱出来，回归到商品经济生产和交换的正常程序中。以民众的"品质生活"为主导，文化、科技、资本合力围绕着人的品质生活进行生产和供给的调整，是普及美学经济学的价值规律。①

这里明确提出了经由"本真性品质认识的兴趣人"之路径使"经济学回归到了经世济民的人文主义思想"的"普及美学经济学"之宗旨。

邱伟杰将"经济"重释为"经世济民"，反映的是传统儒家人本主义的理想抱负。中国社会科学院经济研究所叶坦教授曾追问：中国现今经济学的"根"在哪里？有无"中国特色"的经济学基础理论或"中国经济学"？西方经济学到底是否具有"普遍性""一般性"？他从系统考察汉语"经济"一词的原初语义与运用实例入手，考辨其切实含义与变迁轨迹。他提问道："现代汉语中的'经济'一词，到底是西文'economy'的中译，还是古代汉语中'经邦治国''经世济民'等意义的'经济'之遗绪延伸？"② 北师大方维规教授进一步指出："经济"作为一个宽泛概念对应西方现代 economy 概念是"言之有理"的，作为"经世济民"的简称，"经济"原本是西方"政治经济学"概念的汉语译名，它既包容了西方古典主义经济学中政治与经济的含义，又顾及西方 19 世纪下半叶开始时兴的"political economy"的简略用法，即"economy"。③ 事实上，20 世纪前 10 年，"经济"一词依然有道德含义，但经过新文化运动，"经济"一词与道德脱离了关系，这才具备了今天汉语里"经济"这个词的基本内涵。④ 从这一意义上看，"普及美学经济

①　邱伟杰. 普及美学原理 [M]. 成都：四川文艺出版社，2019：179.

②　叶坦. "中国经济学"寻根 [J]. 中国社会科学，1998(4).

③　方维规. "经济"译名溯源考：是"政治"还是"经济" [J]. 中国社会科学，2003(3).

④　方维规. "经济"译名钩沉及相关概念之厘正 [J]. 学术月刊，2008(6).

学"希望将"经济"重释为"经世济民"的抱负是难能可贵的返本之举。

具体来看，邱伟杰希望借助艺术娱乐文化产业作为普及美学体验和推广的有效手段，也由此践行去消费主义的新型商业模型（竞争博弈新模型）与"品质品牌文化"的新型消费模式（兴趣性、合宜性、品质性消费）。他直面的是当下经济运行中企业家们饮鸩止渴式的鼓吹模式。他反对商业去用力制造"迷幻式异化"下的"傀儡式消费"，因为这会导致消费者"不过是尽全力完成了他人指定的'人人都必须拥有'，得手后兴奋期一过，最终的懊恼远远大过快感"①。作者提出的关于审美与需求的紧密关系，商品社会中的伦理思考等，对当今经济的发展更有现实意义。

邱伟杰在《普及美学原理》第八章"中国的大众美学"里指出："中国传统文化以儒学为主流，并与道家和佛教相融相生。"②而佛家精神让邱氏"普及美学"更具一种彼岸色彩。邱伟杰在《诗剧：普及美学原理》里便塑造了一个充满超越性的彼岸世界。在第四幕"后浪美学"里，七武士有一天靠近一片大陆，忽闻熟悉的歌声，就是序幕中美少年的歌，于是登陆。在陆地上他们看见新奇的文明与古老的文明完美结合的城市与村庄，惊讶于天、人、地的和谐如此美好而恬静。其中，刘谦出场说的是：

这是哪般仙法？

五感六觉全面鲜活，

身体的每一个细胞都在和世界交谈，

沉寂多年的心中竟有明光在萌动？③

---

① 邱伟杰.普及美学原理 [M].成都：四川文艺出版社，2019：180.
② 邱伟杰.普及美学原理 [M].成都：四川文艺出版社，2019：120.
③ 邱伟杰.诗剧：普及美学原理 [M].杭州：浙江大学出版社，2022：114.

"五感六觉"即是对佛教"五根六识"的活用。五感指的是形、声、色、味、触，即人的五种感觉器官视觉、听觉、嗅觉、味觉、触觉。而作为佛教用语的"五根"除了意指"五善根"，即"所谓修习佛法的基本条件"外，即指眼、耳、鼻、舌、身五根。此外，佛教还有六根之说，即"眼、耳、鼻、舌、身、意"。所谓"六觉"当指"六识"，即依随"六根"而对"六境"起见、闻、嗅、味、触、思虑等作用的眼识、耳识、鼻识、舌识、身识、意识。此"六境"因被认为像尘埃一样能污染人的情识，亦名"六尘"。

世俗之人都是用"五感六觉"来形成认知，这一表象是知识的增长，但实际上则是对智慧的限制。因此，七武士来到的"新大陆"完全突破了俗世的"五感六觉"的桎梏。作者借武士们的口说了出来：

那妇人看她男人的眼神蕴含了三十六种风情，

那眼液中变幻了九种温度。

……

饰品城竟然是一座花园，

光耳环就有五万种风格特色。

口红有五千种果花香味，

每个类型都有三千种颜色，

我要在这儿定居当一只蝴蝶。

……

看！少年娱乐城、青年娱乐城、

中年娱乐城、老年娱乐城、百岁娱乐城，

每一座娱乐城都丰盛如同童年，

人是不是可以每天变年龄呢？

甚至是每天十二个时辰，

活成十二个年龄状态，

晨老午壮夕童年！ ①

这既是一种浪漫主义的抒情手法，也是超现实主义的彼岸书写，更是突破了"五感六觉"之后的内心觉知。

这部诗剧最具深意的是，七武士看到的"新奇的文明与古老的文明完美结合的城市与村庄"以及这种"如此美好而恬静"的天、人、地的和谐，这一不断追寻的彼岸世界竟然是心中的原初，而"新大陆"竟是故乡。"全新的世界"就是"起初的天地"。至此，后浪美学和阳明心学统一起来。

邱氏"普及美学"的基础是"本来美"的观念，而"本来美"又是"天赋的种子"，即万事万物皆有天然本来之美，入世染尘则变色变形。这里既有王阳明心学圣人观的影子，即从"心之良知是谓圣"的命题出发，推到"人胸中各有个圣人"以及"个个人心有仲尼"，又有禅宗"佛性本觉"的脉络，慧能即认为，人能够反观自己的自心而获得觉悟成佛，就是因为人有"本觉性"，也就是说，佛性不仅是"自有"的，而且是"本觉"的，因此能够"各各自度"。

邱伟杰曾自言其普及美学"并非凭空生发，而是对众多先人的思想成果的进一步生发，借助了文化传统而超越文化传统，是艺术哲学归于天人合一的尝试。它也全然不同于西学的 Aesthetic，而是本土原创的艺术哲学在当代的学术努力"。从东方美学的视野入手，且由儒释道精神加以观照，大体可以对这一"普及美学"的要义增进一分认识。

---

① 邱伟杰. 诗剧：普及美学原理 [M]. 杭州：浙江大学出版社，2022：117-129.

会通中西，系于古今，止于至善

——《普及美学原理》读后

姚云帆 [1]

自 20 世纪 80 年代之后，中国美学史的发展进入了一个全新的时期。一方面，对传统美学观念的整理阐发和对西方美学新思潮流派的引介层出不穷，形成了学院派美学的繁荣；另一方面，民众对美好生活的追求和这一过程中激发的具体审美实践无人总结，这造成了"五四"先贤所谓"庶民"美学思想的总结缺乏继承者。追其因由在于学院派知识分子思想工作的两大特点，我归之于"一个盲信和一个自卑"。"盲信"体现为，在理论上，他们认为西方最新的思想仅凭其内在质量就能解释当代中国民众审美实践中的一切问题；"自卑"体现为，他们根本无力，也不敢用民众的视角审视学院美学研究的诸多成果，令新理论和新实践彼此碰撞，形成全新的美学体系。

邱伟杰先生的著作成为少有的异数。《普及美学原理》并不是一部通俗的美学普及讲义，而是围绕"普及"二字进行的有体系、有立场和有目标的理论著作。"普及"一词看似是一个日常用语，却来自佛教。《大悲咒·甘露门》云："愿以此功德，普及于一切，我等与众生，皆共成佛道。"在这句话中，"普及"一词强调了一种将佛教的真理努力向一切众生呈现的愿望和意志。所以，我们也可以这样解读邱先生的思想："普及"美学并不是将美学的本质观念和思想用通俗易懂的方式呈现出来，而是将"普及"作为一种美学的基本原则呈现

---

① 姚云帆：华东师范大学中文系副教授。

出来。换句话说，普及美学是指一切人都能理解的美学思想，也是一切人都能触及的美的本质的学理化呈现。

那什么是人人都能触及的美的本质呢？邱先生提出了两个观点：首先是"本来美"[①]；其次是"美即真"[②]。两个观点互为表里，体现了他对当代中国美学和中国当代社会审美意识的反思和批判。邱先生从老庄哲学"缮性复俗"这一命题出发，强调真正的美来自每个普通人对其本来面目的理解和接受。这种归根复本的体认最终能让个人与社会、宇宙与自身达到和解。最终，身心的和乐就会变成一种至美。由此，邱先生认为，普通人对日常生活中的天理伦常的把握是真正的美，是第一性的美；而西方现代美学从感性出发，重视客体显现于主体的和谐反而是次要美，是第二性的美。这也就是"本来美"命题的真意。"本来美"的提出对当代美学研究有两个批判：首先是批评了在现代西方美学影响下的中国美学界特别重视的"鉴赏"概念。在康德美学中，鉴赏判断是审美的基础，也是"艺术美"超越"自然美"的体现。[③] 在邱先生的体系中，"自然美"是优于"艺术美"的[④]，只是这个自然不是现代西方哲学中被自然科学消去了整全性和本真性的自然，而是中国文化中与人的本真状态相应的自然，他指出："根植于'自然美'的质朴之美（本来美），是与人类社会'文明之美'相得益彰的天地之大美。"[⑤]

康德本来意图通过鉴赏判断，让审美主体在心灵中发现自我和自然的本真性。但是，鉴赏判断所需要的一系列"知识"和"契机"，

① 邱伟杰.普及美学原理 [M].成都：四川文艺出版社，2019：14.
② 邱伟杰.普及美学原理 [M].成都：四川文艺出版社，2019：77.
③ 康德.判断力批判 [M].北京：人民出版社，2002：106.
④ 邱伟杰.普及美学原理 [M].成都：四川文艺出版社，2019：137.
⑤ 邱伟杰.普及美学原理 [M].成都：四川文艺出版社，2019：138.

最终让艺术美更难使普通人发现其本真之美，而将这种发现美、鉴赏美的权力归于某些"天才"。^①在现代中西社会，这些"天才"往往是部分知识和财富精英。实际上，在这个现代美学诞生之前，西方没有严格意义上的美学而只有"美"这个概念。在柏拉图那里，美实际上是跟一定的阶层有关的。美在古希腊的另一个意思是有道德、有能力，而定义道德和能力的权力实际上和特定阶层相关。按照柏拉图和亚里士多德的看法，普通劳动群众肯定不是美的。只有从康德开始，揭示美学的可普及性才被揭示出来。首先在宗教上，美虽然摆脱了古希腊的阶层观念，但却被另一种阶层观念所控制，也就是基督教的阶层观念：离上帝越近的越美。康德虽然是一个很虔诚的基督教徒，但是在美学领域中，他把天才其实就是异教的所谓"精灵"（genius）这个概念，通过美学范畴给解放出来。"天才"这个概念实际上在古希腊语里是"daimon"，翻译成拉丁语才是"genius"，这个词在基督教语境里反而是卑下的。康德把这种卑下的力量看作审美鉴赏的源头，实际上就把基督教阶层论推翻了。我认为这就是西方"现代普及美学的自我反动"。这是西方的一条线索。邱伟杰先生肯定了这条线索的积极意义，认为这一反动最后归于西方左翼对资产阶级美学的批判：

> 在欧美发达国家和地区，从 20 世纪 60 年代开始出现的争取民权、性解放、妇女解放、环保主义等运动，打破了"工业机械文明"对人性的禁锢。二战后，国内的左翼艺术和国际社会主义运动对资本主义假设的"经济人"进行了批判，在反对消费主义和"去迷幻式异化"上取得了卓著的成就，使欧美民众对"能指大于所指"的原始品牌文化和"指定式"消费异化有了清醒的认知。^②

---

① 邱伟杰. 普及美学原理 [M]. 成都：四川文艺出版社，2019：150.
② 邱伟杰. 普及美学原理 [M]. 成都：四川文艺出版社，2019：191.

但这个线索是有问题的。因为正如邱老师所说,这个东西只破不立,而且确实立不起来。除了不断否定对"美"的定义权,没有真的讨论"美"在本质上是什么。邱伟杰先生则认为,普通人对自身伦理责任的认识和感受,最终能让他们发现其本来之美,这既是一种审美解放,也是一种伦理解放。由此,邱伟杰的"本来美"命题,批判了现代西方美学带来的精英和大众之间的审美区隔,也打破了审美活动和伦理活动之间的区隔,是一个很大的创见。

"美即真"是"本来美"的进一步阐发。这个"真"字并不指普遍真理,而是指个人直面自身的"本真"状态。中国之美的核心问题其实不能从"美"这个字的定义来界定,而是涉及美的普遍意义是什么。这和我们接触到的西方人对美学,乃至他们对前美学阶段"美"这一概念的理解不太一样。这些理解表面上关心的是美如何超越具体的人获得普遍性,反而失掉了普遍性,因为他们真的不太关心人的本真状态,而是把这一状态概念化、抽象化,进而不断进行概念反思和批判,最后变成不同的人去争夺概念。中国人不这么想问题。邱老师继承了中国文化中以做人的标准来思考"美"的问题的传统。这个问题是真问题。中国人关心的是做"圣人"。什么是"圣人"呢?也就是每个人把自己本性中的"真诚"发挥出来,做到极致,这就是成圣人,成真人,也就是邱老师所发现的"美即真"。以儒释道为代表的中国文化之"普及",是以宋明之后的普通的小地主阶层和农民阶层为基础的,他们其实最关心的就是怎么样做"圣人",他们认为"圣人"是尽善尽美的。杜维明先生认为,两宋以后,科考做官已经很难承载人的精神需要了,于是阳明心学应运而生,向着更广大的庶民阶层传衍。很多读书人和普通平民发现,学习的目标不再是立功,而是成圣。怎么成圣呢?王阳明发现,最重要的就是发现自己本来面目的可贵。圣人与普通人的区别只是斤两的区别，而不是成色的区别，所谓圣人千两黄金，普通人一两黄金，但都是黄金。普及美学原理中最根本的价值原则正是体现了这一点。

"美即真"进一步解释了本来美之"本来"为何义。邱先生借助对存在主义美学的批判性继承和马克思主义美学的阐发，进一步阐释了他的看法。他认为，萨特的存在哲学和福柯的"生存美学"，试图从个人本身找到"美"所体现的"本真形态"。但是，这种对个人特殊生存状态的体认与真正的"真诚"和"本真"背道而驰。只有理解普通民众真实朴素的需要，才能把握全体民众最本质最真诚的情态，从而真正把握"美即真"的含义。强调苏联和中国现当代文艺实践能够发扬群众朴素情性，强调这种普及艺术的审美价值。只有将美学价值和民众本真朴素的情感需求相结合，普及美学才能拥有朴素审美的基础。美的本真属性才能在人民群众的艺术活动中得以实现。邱先生强调会通中国心学传统和马克思主义传统，最终呈现出一种由美及真的思想理路：

> 马克思美学提出人在改造自然的同时也在改造自身的自然；王阳明龙场悟道时指出人不需要外求而"吾性自足"；中国革命和建设时期对文盲进行扫盲，都在试图提高"眼、耳、鼻、舌、身、意"的品质认知。因而，碎片化后的重组是民众充分利用个体性、本真性，完成"自我完善"的社会秩序建构，符合马克思主义的"具体性的整体性"思想，又呼应中国儒学的"人人皆可成尧舜"的思想。如是，人人都可在这信息化、智能化的时代，通过对"本来美"的修缮成为独有风情的艺术品。这是一场民众基于自身"真情、真性"的"本来美"而出发的、为满足自身的"品质生活"、人人修己"成龙成凤"的

生命革新。①

这段话理论深刻，却在质朴而有逻辑的表达中生发了普及美学立足中国本位，以人民为中介，将个体的"本真美"过渡为人民之"本来美"的理论要旨。这也让我们最终发现了普及美学的根本价值所在。《普及美学原理》不是一种向普通人普及美学思想的著作，而是一部以人民性为立场，以"本来"和"真诚"为核心概念，以发扬人民群众朴素艺术实践的美学体系。这一体系最终能让个体发现其本真朴素的本心，在当代纷繁复杂的社会背景下，获得真正纯粹的审美意识，并进而发现其在世界中的伦理位置。

应该说，这一美学体系最终的目标是一种美学伦理学，以美学为体，以当代社会的人伦秩序为用，最终实现以审美启迪人心，教化群众的目标。但是，邱先生的思想雄心不止于此。在具体的写作过程中，这本书体现了如下特点。

首先是学术视野上的会通性。本书以中国老庄美学的核心命题为中心，涉及西方美学中的柏拉图美学、康德美学和存在主义美学，并以马列主义美学为基底和综合，将中西美学统一于"朴素"这一概念之下。整个体系视野广阔，涉及中西马三大美学体系，而邱先生又结合其商场生涯和人生历练中的实践智慧，让美学与人生结合在一起，让枯燥的美学思辨变得切合实际，有血有肉。这样一种美学体系，体现了作者深厚的学养和丰富的人生智慧。

其次是理论与实践相结合的组织构架。本书遵循孔子"见于事而深切著明"的特点。许多理论书籍喜欢抽象思辨，不仅没有实例，而且不重视实践中产生的理论命题。而读书作者不仅重视很多艺术

---

① 邱伟杰.普及美学原理[M].成都：四川文艺出版社，2019：195.

实践中的美学命题，而且把中华人民共和国成立以来中国共产党的文艺政策中的美学思想加以提炼，有真知灼见，也接地气。

最后，该书文笔真诚，立论质朴，没有八股气，能结合人伦日用和社会发展的形势进行立论。这充分体现了"普及美学"的要义：朴素近于本真，绚烂归于平淡。作者还将普及美学和普及历史学、经济学等学科进行跨学科阐发，也十分精彩，可惜没有单独成书。我们希望邱先生最终能构建一个"普及学"体系，为当代中国思想界提供更多精彩的论述。

见心·见形·见人生

——浅谈邱伟杰普及美学之三维

丛子钰 [1]

读罢《美的人》《味的人》《普及美学原理》，不禁为之惊叹，原来学院的象牙塔外，也有对美学有如此深研之人。邱伟杰的"美学三书"虽然不是严格意义上的学术著作，却在建立美学体系的道业上用功甚多，而且已经取得了不俗的成绩。他分别从心灵、身体和人生三个维度着手搭建"普及美学"的广厦，这个广厦既有中西古典美学的基础，又在马克思主义、存在主义、解构主义以及苏联和东欧的大众美学等现代美学中寻找雕栏玉柱。他尤其强调了中国传统美学在这座广厦中的地位，认为东方美学对于"本来美"的重视是解决现代物质文明扭曲审美价值的一剂解药。同时，邱伟杰沿袭了美学小品的写作风格，丰富的故事、充沛的感情和流利的语言，让三部作品浑然一体，共同形塑了普及美学的理论景观。

一、心灵的天赋——本来美

在邱伟杰看来，本来美是普及美学的基础，"本来的，都是美丽的。只是我们常常忘却本来的面目"。在他的笔下，坚守美的精神首先就是恢复人们原初已有的本心、初心、初性。"相信自己原初拥有

---

① 丛子钰：同济大学人文学院助理教授。

的最好，那么你就获得了净度和零度。"① 这一判断让人想起李贽提出的"童心说"以及公安派所谓的"性灵说"，这些学说都强调了人的本性之美。李贽认为："道理闻见日以益多，则所知所觉日以益广，于是焉又知美名之可好也，而务欲以扬之而童心失。知不美之名之可丑也，而务欲以掩之而童心失。"② 袁枚则表示："有性情，便有格律，格律不在性情外。"③ 晚明以降，这些学说主要反对的是当时的文人盲目拟古和掉书袋的倾向，呼吁人们复归自然心性。从理念上说，李贽和公安派都是阳明心学的后继者，王阳明晚年的"四句教"在弟子王龙溪那里变为"四无"说，认为心、意、知、物都没有善恶之分，而在另一位弟子钱德洪那里则发扬为"四有"说。王阳明听了两位弟子的争论后，认为二者应该互为补充："二君之见，正好相资为用，不可各执一边。我这里接人，原有此二种。利根之人，世亦难遇，本体功夫，一悟尽透。此颜子、明道所不敢承当，岂可轻易望人！""汝中之见，是我这里接利根人的；德洪之见，是我这里为其次立法的。二君相取为用，则中人上下，皆可引入于道。若各执一边，眼前便有失人，便于道体各有未尽。"④ 他担心王畿的学说只适合"中人"以上者理解，对于普通人是不太适用的。后来证明，"童心说"也是王畿学说的一种极端表现，李贽呼吁的童心其实是圣人的童心，而不是任何人的童心。

在中国古代如此，在西方也是如此。从柏拉图的"迷狂说"到康德的"天才"，都倡导"无中生有"的创造性。这一唯心主义的传统

---

① 邱伟杰. 美的人 [M]. 成都：四川文艺出版社，2019：8.

② 李贽. 焚书 [M]. 北京：中华书局，2018：564.

③ 袁枚. 随园诗话 [M]. 北京：人民文学出版社，1982：8.

④ 王阳明. 传习录 [M]. 北京：开明出版社，2018：394.

后来也产生了一批浪漫主义的诗人和艺术家，他们不仅诉诸个人的本心，而且非常强调一个民族语言的本性，搜集了大量民间故事和传说，用古老的故事来为民族的崛起树立自信心。其实道理很简单，就是一个民族自古就不缺少天才般的人民，而正是怀揣初心的人们构成了一个强大的民族。

如同李贽的"童心"、袁枚的"性灵"，本来美也诉诸人的心灵和精神，"本来之美是一种精神，一种理念"①，是一种关于美的理想。但是现实的美与理想的美之间必然存在距离，首先要承认现实与理想之间的距离，"无瑕之瑜或去瑕之瑜是不存在的""人朝着美和更美的方向靠拢，是在承认残缺和过渡的本来条件的基础上所作的努力"。② 也就是说，本来是一种理想中的美，要认识到在具体的现象中，事物美丽的程度总是不足或者过度，但不能因为没法达到百分之百的本来之美就放弃对本来之美的追求。人们应该做的，并不是一味承认或者拒绝本来美，"本来美并不意味着本来就美，什么都无须再做了"，而是"需要调整好距离，在适当的距离中成为美的人"。③

由此可以看出，邱伟杰所称的"本来美"并未止步于唯心主义的遗产，普及美学既继承了中西古典哲学传统，又用现代社会学理论对其进行了补充，普及美不仅是对本来之美的简单承认，更是对美有所追求，不断让灵与肉同本来美之间保持着既紧张又放松的关系。所以，本来美作为理想，是一种具体的理想，需要在现实的肉身修行和人生历练中去完善。

① 邱伟杰. 美的人 [M]. 成都：四川文艺出版社，2019：13.
② 邱伟杰. 美的人 [M]. 成都：四川文艺出版社，2019：18.
③ 邱伟杰. 美的人 [M]. 成都：四川文艺出版社，2019：19.

二、肉身的修行——普及美

如果说本来美涉及的是天地万物共有的美，那么普及美则更看重人类社会中的审美问题，这是邱伟杰"普及美学"的重要创造，他认为"只有根植于大众共性的'本来美'才具'普及推广'的必要性和可行性"[①]，并且对现代的大众美学进行了详细考察，《普及美学原理》中的大部分篇幅就是对普及美学进行史学梳理。

从文艺复兴、宗教改革之后"美学"概念的诞生，到马克思主义、存在主义以及苏联东欧的大众美学实践，邱伟杰的考察视角是广阔的，他把西方哲学中从古至今的美学思想史与普及美学相关的资源进行了举重若轻的阐发，尤其是认识到普及美学的根本意义在于回归大众，回归生活实践。他立足马克思主义的观点，反对贬低大众将大众看作是庸众的论调。在他看来，大众与自然之间保持着质朴的关系，因此是高贵的，而且正因为大众具有高贵性，所以"只有根植于大众共性的'本来美'才具有'普及推广'的必要性和可行性"。值得称赞的是，邱伟杰如果仅仅是从东西方传统美学思想中汲取营养的话，那么普及美学就还只是一种推论，但是他对新文化运动以来的左翼美学实践也进行了深入的分析，在"西体中用"（冯友兰语）的基础上，增添了当代现实的底色。他综合了传统的"尖端性本来美"和现代的"普及性本来美"的优点，同时又批判了两种美学的缺陷。他认为，"尖端性本来美"虽然是人类文明的瑰宝，"但容易造成曲高和寡，在科技快速发展的当代更容易导致冲突甚至分裂"[②]；而"普及性本来美"虽然注重民众体验和推广，但容易导向"爱本来

---

① 邱伟杰. 普及美学原理 [M]. 成都：四川文艺出版社，2019：142.
② 邱伟杰. 普及美学原理 [M]. 成都：四川文艺出版社，2019：143.

个性"而不是"爱本来美",从而被"迷幻式异化"所利用。这样一来,他的普及美学就兼具了历史性和辩证性,相对于纯赞赏和纯批判式的当代大众美学理论更具现实关怀。

大众之所以是美的,是因为在大众的质朴之中就有亲近自然的"本来美"。但爱"本来美",并不是停留于自然,而是既尊重自己的本来,还要通过肉体的修行来发挥人的本来之美。修行并不是修饰。因此,邱伟杰并不认同整容的手段,认为这是"想便宜获得成绩"。他认为:"在美的事业中,认清本质,依本质而修缮的体验,已然大美。这是以美为生命者的丰厚收获。"①在某种程度上,他认为应遵循东方传统美学的观点,主张含蓄有度,甚至像《洛神赋》中描写的那种盛极之美,在他看来也是一种"败笔",这种极致之美是一种悲剧的美,虽然令人震撼,却无法持久,就像荼蘼花一样,开花时炫目,却同时也是一种悲凉。极致之美是危险的,古代四大美人的悲剧也证实了。过度追求美,对于个人和社会而言都是一场灾难。

培养"本来美"是在普普通通的日常生活中进行的,既可内观根性,又可外求营养,简而言之就是处处发现美,处处以美为目的而不是手段。他也劝诫,不能为了追求美而消极避世,只要心中充满美,生活中有美,那么就连工作也是美的。"工作为了美,就是最彻底的心灵美,因为这是顺从你本来就美的内心的。"②工作是人类生活的一部分,也见证了个体的成长,而成长的过程就是"本来美"的呈现。"本来美"的实现虽然重在方向而不是努力,但努力是要有的,因为"美的事业真的就是一场旷日持久的战斗"③,只有在生活中不断

---

① 邱伟杰. 美的人 [M]. 成都:四川文艺出版社,2019:67.

② 邱伟杰. 美的人 [M]. 成都:四川文艺出版社,2019:76.

③ 邱伟杰. 美的人 [M]. 成都:四川文艺出版社,2019:76.

自我修行，才能发挥自己的"本来美"，并且这种修行的过程不仅属于自己，也属于他人。

三、人生的多元——独异美

邱伟杰的"普及美学"既强调了本体性的"本来美"，也强调了社会实践性的"普及美"，但我以为其中最重要，也最有魅力的一点在于回归了人生的"独异美"，因为人生才是"本来美"的出发点，这也是回归到儒家"仁者爱人"的初心，也符合马克思主义"合乎人性的人的复归"这一要求。对"独异美"的强调，在《味的人》中得到了突出的阐释。

中国美学与西方美学的一大差别就在于对人生的体味，古典诗学中也常用"味"作为评价诗歌的一个标准。如唐代司空图要求诗人写出"韵外之致，味外之旨"，他还提到"美在咸酸之外"，这一主张也影响了苏东坡和其他北宋诗人的写作。宋诗虽然比唐诗更在乎才学而非性情，但在品味人生这一层面上却丝毫不逊色。在邱伟杰的审美判断中，人生美比肉体美更上了一个台阶，"味是美的生发，是美的更高层面"，因为不同于感官的快乐，味的审美是关于整个人生的幸福。

与人生相关，也就意味着味的美是有时间性和历史性的。不同时代的人对于美的判断不同，同一个人在不同年纪对于美的判断也有不同。邱伟杰举例说："二十世纪六七十年代，吃豆腐是富足的表现，到了九十年代还在吃豆腐，就是贫穷的象征。如今，我们对豆腐的解读，又转化成了非肉类的优质蛋白质来源。"[1] 历史多元性证明了个体独异性的重要，每个个体的美取决于个体自身的价值判断，在一个地域、

---

[1] 邱伟杰. 味的人 [M]. 成都：四川文艺出版社，2019：14.

一个时代不被认可的特点，在另一个地域和时代可能就成为优势。打开眼界，勇敢跨界，人们就不会被眼前的评价遮蔽，而是首先认可自己的本来面貌，发掘自己的本来面貌，成就属于自己的美和人生。

邱伟杰更把人生看作当代艺术的一种，他说："任何地点，每一分秒，你的所思，所感，所言，所动，都是一部全息艺术作品的节段分章。人生艺术，是当代艺术中极前卫又极冒险的一种。"① 这一看法又是结合后现代艺术的审美发现，带有新实用主义的色彩，把人生的偶然性纳入审美范畴，让审美不再是孤立的，而是与全感官、全部经验联系到一起的总体艺术。决定人生艺术的是人品，建设人品美的过程也综合了"本来美"和普及美的过程，这样也实现了马克思的"具体性的整体性"，把人从自然的奴役和社会的异化中解放出来。

普及美学的建构方式与李泽厚的"新感性""主体性实践"等美学思想如出一辙，更有意思之处在于，普及美学不仅是一种美学建构，而且表达了对建设一种新伦理的强烈诉求。在邱伟杰看来，伦理就像生活中的困境一样，既阻碍人，也成全人。这就意味着，成为一个有品位的、美的人，不是只需要发扬自己的本来美就够的，还要有所克制。人生不仅仅是独异的个人的生活，也是在集体之中的生活。独异性以社会性作为自身的条件，"本来美"也以普及美作为自身的条件，它不是人类的动物性的美，而是李泽厚所谓的"内在自然的人化"，因此有必要将个人生活与他人的共同生活融入审美建构之中。

最后，令人眼前一亮的是，邱伟杰还在对普及美学的当代实践和未来展望中将广场舞、健身活动和网络游戏等现象纳入其中，非常接地气，也期待他能够对元宇宙、手机游戏等现象有更丰富的美学阐释。

---

① 邱伟杰.味的人 [M].成都：四川文艺出版社，2019：42.

明"朴"致"普"

——"普及美学"的两只眼[①]

易冬冬[②]

有学人曾指出，美学的学院派研究与其在社会上的普及逐渐脱离。一方面是日益层出不穷的审美现象在大众中广为流传，人们被一波波审美风潮裹挟，常常迷失正确的审美航向，堕入"天花乱坠"般的审美乱象的狂欢中；另一方面，许多美学家却对这些现象几乎失语，所生产的美学话语、理论批评常常"不及物"，堕入自说自话的窠臼。我们当然知道，在理论与现实之间有着"千回百转"的距离，精英的知识话语在大众那里产生的影响早已式微，但是这种美学知识与审美现象之间的脱节却几乎成为双方的共识。这里面的原因是很多的，有远因、有近因，有外因、有内因，但其中有一个原因却是不得不重视的，那就是美学的知识生产逐渐在其追逐自洽的"方圆"中游转，像是小狗总想咬住自己的尾巴一样，逐渐远离了人，逐渐不再关注人性、人文。美学作为人文学科的目标和价值，逐渐被许多学院派的美学学者遗忘，美学学者于是成了一些人口中的空疏理论的代表，成了远离大众的高贵精英。在精英那里，仿佛普及的只是大众的，是与低级趣味相联系的。

然而总有一些美学学人希望恢复美学本来的对人性、人文的关切，希望还原美学与大众生活世界的关联性，希望美学能够光复人

---

① 本文是中国青年政治学院校级项目"仪式感教育在青少年思想政治引领中的价值研究"（66618010107）之成果。

② 易冬冬：中国青年政治学院讲师。

性的"朴茂"。邱伟杰先生的《普及美学原理》正是这样的一本美学著作。这也许不是一本"纯粹"的学派式的美学原理的著作，但却切切实实讲出了一种普及美学的基本原理及其历史。"普及"一词是作者看待美学世界的其中一只眼睛。而他看待美学世界的另一只眼睛就是"质朴"，也可以称为"本真"或者"本来美"，将这几个词合起来，笔者概括为"朴茂"。一只眼睛看的是"外"，即美学在人的生活世界的普及、遍布，为大众所自觉、所接受和认同；一只眼睛看的是"内"，即人性的质朴，人性的本真，人的"本来美"，这是一种有价值的美学得以普及的本体依据。用中国哲学的术语来言说，就是"朴"为体，"普"为用，人性的本真与"朴茂"是"体"，美和艺术的普及与普遍是"用"，"朴"与"普"既是两只眼睛的关系，更是一种体用一如的关系。诚如作者所言："普及之本根植于'本来美'，普及之广取决于普及之本。"[①] 作者并不只是关注美学的大众普及和接受，如果只是停留在这个层面，那只能是一个美学的宣传家和传播者。但作者由这种普及之致用，即用见体，确立了一种"本来美"，也可以称为"美的本体"，这种本体就是人性的"朴茂"，人的真性情，人的本真性存在方式。而作者的价值目标，无非是希望人们借助对一切审美事物的品味，来护持人的"本来美"，来光复人性的"朴茂"。

一、致"普"——普及之中显高贵

作者意识到，在以往的关于大众的共性的讨论中，人们，尤其是知识精英，容易将这种大众共性与人的低级趣味，以及与人们的平庸相联系。仿佛一种过于普及的东西，一种广为流传的美，一种

---

① 邱伟杰.普及美学原理 [M].成都：四川文艺出版社，2019：142-143.

甚至在大众中引起巨大震动而起到革命性的东西，并不是那么高贵的。知识精英容易将大众所普遍自觉和接受的美，视为一群"乌合之众"受到蛊惑和灌输而被动接纳的美。作者当然知道历史上存在这样的现象，但作者更希望人们不能一概而论，他希望说明"大众共性的平庸论，是居高临下式的知识高贵论的必然逻辑推断，是狭隘的"①。作者更想为一种大众共性所自觉和接受的美来正名。为此，作者在该书的中卷"普及美学史论"中，与文艺复兴后的美学研究、现当代哲学、马克思列宁的无产阶级美学、日丹诺夫美学思想对话，并且尝试从苏联与大众美学、苏联建设时期的大众美学、中国的大众美学、其他社会主义国家运动中的大众美学实践来梳理和论证大众共性的"本来美"的高贵性。诚如作者自己所言："本书核心是西方宗教、哲学、马克思主义各流派以及东方传统美学中梳理和论证大众共性的'本来美'的高贵性；从西方哲学的人本主义、马克思'合乎人性的人的复归'和东方传统天人合一的天赋品质论三个维度，论证大众共性的'朴素、本真'的'本来美'是天地之大美，是根植于每个个体中的各具差异，但属天成而又高贵的质朴美。根植于'自然美'的质朴之美（本来美），是与人类社会'文明之美'相得益彰的天地之大美。"②

作者看到，以上所述的宗教家、哲学家和美学家所提出的美学理论和倡导的美学实践，以及社会主义国家中的一些美学实践和理论，具有"遍布、遍及于一般的大众共性"③，而这种大众共性具有深刻的历史价值和实践意义，在理论上更是具有一种品级上的高贵性，并不是与平庸相关联的。例如，西方哲学中的人本主义者，同时也是宗教改

---

① 邱伟杰. 普及美学原理 [M]. 成都：四川文艺出版社，2019：123.
② 邱伟杰. 普及美学原理 [M]. 成都：四川文艺出版社，2019：138.
③ 邱伟杰. 普及美学原理 [M]. 成都：四川文艺出版社，2019：137.

革家的马丁·路德所推进的宗教音乐改革，掀起了普遍的人性解放思潮，而这正是立足于人自身的"本来美"的高贵性。又如马克思对异化的批判以及对"合乎人性的人的复归"[①]的强调，在作者看来，同样是指向人的"本来美"的光复，是对"本来美"的高贵性的赞颂。再如中国的优秀传统文化中，老庄思想的"道法自然"是古代圣贤从天道中觉明"本来美"的高贵，是对"天人合一"下的人的"本来美"的高贵性的阐明；而孔子编《诗》三百篇，也是对民众的"质朴美""本来美"高贵性的阐发，且其"礼失而求诸野"更是立足天道发掘"本来美"的高贵性。在作者看来，甚至左翼文化运动也是知识分子将原来"士人"圈层的"本来美"美品论第一次投向民众的尝试，是一次对民众"真情、真性"的启迪和绽放。作者与历史上中外的一些广泛流行的美学的理论和实践资源进行对话，寻找其得以普及的秘密，从中抽绎出人自身的"本来美"的高贵性。高贵性是对大众共性的质朴性或对民众的"真性情"的价值锚定。那么，究竟何为"大众共性"，或者说"本来美""真性、真情"究竟所指为何？如果说作者与历史上的种种与普及美学有关的理论和实践进行对话，是以史带论，即用显体，那么作者的"论"究竟所指为何，作者的"体"究竟立足于何处？即"普"显"朴"，作者的另一只"内眼"所看到的美学世界究竟是什么？

二、明"朴"——真朴之中显大美

作者开宗明义，始终强调一个重要的思想，即人生来即美，造化即美，人的美是与生俱来的，叫作"本来美"[②]。人与生俱来，有一

---

① 邱伟杰. 普及美学原理 [M]. 成都：四川文艺出版社，2019：29.
② 邱伟杰. 普及美学原理 [M]. 成都：四川文艺出版社，2019：15.

种美，这种美乃造化所赋，此美便是"美的本体"或曰"美的精神"。仅如此言说，似乎又将美视为一个对象化的客体，认为其可以供人去认识。在作者看来，其实这美的本体，这与生俱来的本来美，就是人的质朴的真情、真性。作者说道："人的真情、真性是天赋的本来美，是最高的可以育人、化人的大美。"[1]作者对美的本体的思考，与其对人性的思考紧密相关，换言之，美的本体即人性的本体——真，在这个意义上，美与真是合一的。而对真的规定，作者又常常用到一个词，就是"质朴"，作者甚至在该书下卷辟专章来讨论"普及美学与质朴哲学"。

既言真，又言朴，且将之视为人性的本来规定，邱伟杰先生对人性的理解，无疑与老庄哲学的人性论有暗合之处。老子讲"常德乃足，复归于朴"。(《道德经》)庄子讲"素朴而民性得矣"(《庄子·马蹄》)，讲人之"真性"(《庄子·马蹄》)，讲"真人"(《庄子·大宗师》)，讲"缘而葆真"(《庄子·田子方》)，讲"法天贵真"(《庄子·渔夫》)，正足以体现这一点。且邱伟杰先生将人的真性、真情，将人的那种质朴之性视为"本来美"，一种本体的最高的美。而庄子在《天道》中有言："朴素而天下莫能与之争美。"在庄子那里，这种人性的朴与真，同样是最高的美。而作者将"本来美"也视为一种"天地之大美"，更是吸收了庄子在《知北游》中透出的智慧："天地有大美而不言。"我们由此可见作者在这本书透显的老庄哲学的精神与智慧，而我们也必须返归到道家哲学的人性论才能对作者普及美学的根本原理，对其所立之大"体"有一个根本性的理解。

我们究竟该如何进一步理解这个"本来美"，或者说素朴的真性呢？借用作者所引用的捷克存在人类学派创始人科西客的一句话，

---

[1] 邱伟杰.普及美学原理[M].成都：四川文艺出版社，2019：14.

人的本真性是指"人自身所包含的不可摧毁的人性力量"①。在作者看来，这种力量是"质朴美"，是"本来美"，是"天地之大美"。这种人自身的内在本真性，是人的超越性所在，它是超越一切宗教、文化、哲学和权威的，但是又常常被宗教、文化、哲学和权威所覆盖或者戕害。所谓人的异化，正是人的本真性不得开显，处在一种不自然的状态。人类的一切文化或者文明，其存在本来是要护持人的这种本真性，但在历史的发展中，人类常常为了文化或者某种意识形态的完美性、绝对性和永恒性，制造种种"偶像"和"宗教神话"，限制了人的这种"本真性"。

作者正是在与诸多哲学家、美学家的对话中发现了人的本真性，或者说"本来美"。说本真性被限制或者戕害，只是人在现实中不得开显本真性的一种描述，是人的现实性的存在状态。但作者知道，人的这种本真性或者说"本来美"，是一种"不可摧毁的力量"，只要条件和时机许可，总能重新绽放光彩，重新放出光明。而这种条件和时机的创造，在作者看来，就是普及美学要去做的。作者坚定地认为，通过提高人的审美水准，通过对一切艺术的欣赏与创造，通过与自然重新建立一种"物我合一"的感通关系，人能重新找回自身的本真性或本来美。作者曾说："普及美学，就是普及美品学，是让大众在对自我的'本来美'的认识、对艺术之'美品'的认识以及'物我合一'的相互呼应中，觉知本性和光大本性。"②作者的这种讨论，或者说作者所确立的"体"，并非凭空发生，而是"对众多先人的思想成果的进一步生发，借助了文化传统而超越文化传统，是艺术哲学归于天人合一的尝试。它也全然不同于西学的 Aesthetic，而是本土原创的艺术

① 邱伟杰.普及美学原理 [M].成都：四川文艺出版社，2019：140.

② 邱伟杰.普及美学原理 [M].成都：四川文艺出版社，2019：16.

哲学在当代的学术努力"①。这是作者的学术自白，更是作者的价值追寻。作者的普及美学的价值理想正是"希望通过相应的普及工作来提高人们的艺术审美能力和品质学水准，让人们发现'本来美'，光大'本来美'，它是人们获得快乐和幸福的生命自由之路"②。在这个意义上我们可以看到，作者确立了自己的大"体"，即人的本真性或"本来美"，但他意识到这个"体"在其现实性上总是容易被遮蔽、限制或者戕害，于是须待一种文化实践去护持、光复这个本体，作者期待一种审美还原，一种审美的实践来铸就其"复性见体"的价值目标。这种审美还原或实践，正是作者所提倡的"普及"美学之工作。

这里面需要注意的是，当作者谈及人的本真性时，这个本真性并不是抽象的，也不是在形式上完全相同的一种本真性。在作者看来，这种本真性总是与个体的差异性相统一。换言之，这种本真性是普遍与个体的统一，是形式与内容的统一，是总体性与差异性的统一。本真性如果脱离个体性，这种本真性同样是一种形而上学的虚构，并且这种形式上的相同，构成了对个体异化和统治的权威。从这个意义上讲，每个人都有一个属于它自身的本真性，甚至可以说没有两个相同的个体本真性，就像世界上没有两片相同的叶子。但即使世界上没有两片相同的叶子，也不妨碍它们都是叶子。作者同时强调个体性与本真性，在于他相信每个人都可以通过某种独特的审美实践，找到通向自身的本真性的道路。

正是立足于个体差异性的本真性，作者相信许多门类的艺术都有其存在的必要，关键在于如何"把玩"。如果这种对各门艺术的"把玩"是通向"修身养性"的，而不是仅止于欲望满足和附庸风雅，

① 邱伟杰.普及美学原理[M].成都：四川文艺出版社，2019：16-17.
② 邱伟杰.普及美学原理[M].成都：四川文艺出版社，2019：17.

那么，这就是普及美学所提倡的。他说："普及美学的艺术观是天然的、全然的艺术观，是有别于原始艺术观和专业格式艺术观的，是能够让生命本真性觉明和光大的艺术观。"[1] 基于此，我们甚至可以推论，很多知识精英在艺术门类之间所设定的品级屏障也可以取消。每个人都可以通过某种门类的艺术"把玩"而通向本真性，光复其"本来美"。那么，刻意在精英艺术和大众艺术之间所设立的那种屏障就应该取消。并不是说大众艺术的"把玩"就更低俗、更平庸，如果能由此通向本真性，那么这种艺术就是普及美学所提倡的。而所谓的精英艺术，如果人们"把玩"它是为了附庸风雅，或者技巧的炫耀，而不能使人通向本真性的光复，那么单纯地抬高这种门类艺术的高贵性而排斥其他艺术门类，则是作者不愿意看到的。对于艺术门类的品级而言，其关键在人的"把玩"。能够"玩以养心"，那么，一切玩其实都是通向艺术的，所"把玩"的对象都可以算是艺术。

三、体用一如抑或体用之"际"

明体乃为达用，体用本一如。换言之，明了"朴茂"的本来美，必然能致普及之大用，即明"朴"致"普"。作者是在与历史上诸多哲学家的对话中，建构自己的"本来美"美品论的。但是他同时注意到一个问题，那么多哲学家、美学家已经确立了朴素的"本来美"，即已经明"体"，但并没有达至所期待的那种普及之大用。难道体用之间还有分际而不是体用一如？或者说，是不是历史上的那些大哲学家、美学家们在明了"本来美"上还不够充分，即没有全面、系统地明"体"，故而不能达致作者期待的那种普及遍布之大用？作者也许更同意笔者

---

[1] 邱伟杰.普及美学原理 [M].成都：四川文艺出版社，2019：173.

的后一种推断。邱伟杰先生将这种"本来美"美品论又分为两种：一种
是纯"尖端性本来美"美品论；一种是纯"普及性本来美"美品论。

就前一种而言，作者认为这种美品论真可谓博大精深，中国老
子、庄子、孔子的美学思想和其他中国传统艺术哲学（包括现代的
王国维、朱光潜、宗白华），又如西方的孔德、海德格尔、克尔凯郭
尔、德里达的美学思想，又如东欧马克思主义各流派，这些都是"纯
尖端性本来美"美品论，对学术思想界影响深远，也具有一定的普及
性，但在"民众普及体验和推广上缺乏建构，要通过硬性灌输才能起
到较大作用"①。作者看到了这些人或者流派所确立的作为本体的"本
来美"，在历史上虽有影响和普及，但还没有达成充分的普及遍布之
大用，民众尚不能充分体验、认识和自觉到。换言之，这种本体美
还没有彻底深入人心。而且其要产生较为广泛的民众影响力，还得
通过权威的自上而下的硬性灌输。在"体"和"用"之间，作者认为
是有间隙的，而根本原因在于这个"本来美"之体，尚缺乏在"民众
普及体验和推广"上的建构，容易造成"曲高和寡，在科技快速发展
的当代更容易导致冲突甚至分裂"。②但作者并没有否认这些美学思
想所确立的"本来美"之本体的高贵性价值，认为这种美品论是"人
类文明的瑰宝，是人类文明几千年教化民众的方法论"③。

就后一种而言，这算是对前一种"本来美"的美品论的矫正，注
重"民众体验和推广"④，代表性的美学思想和审美实践是：萨特的存
在主义、马尔库塞的民众大抗拒、德里达的解构、第四国际摇滚乐

---

① 邱伟杰.普及美学原理 [M].成都：四川文艺出版社，2019：143.
② 同上。
③ 同上。
④ 同上。

和当代艺术。但作者看到，这种美品论同样有弊端，那就是导向"爱本来个性"而不是"本来美"，从而被"迷幻式异化"所扭曲或利用，甚至成为"迷幻式异化"的工具。之所以如此，在于这种美品论注重的是个体"从下而上"的对"本来美"的觉醒，虽然对前一种美品论有补充，但由于过于从个体出发，对个体的自觉有极高的要求，而容易导致只是注重个体性，而不能注重本真性。其流弊，也就是作者所谓的对"本来美"缺乏认知，只是爱"本来个性"。这种个体性再遇上资本主义的"绑架"，就会堕入"迷幻式异化"。作者同样看到，由以上美学理论和思潮所确立的"体"，即"本来美"，依然没有起到他所期待的普及之大用。作者认为，真正的"本来美"，应该是个体性与本真性的统一，萨特等人所确立的"体"，在其致用的过程中，只是凸显了个体性，虽然出现了广泛的民众普及或启蒙，但是这种普及有可能是一种"迷幻式"的普及，有可能为异化推波助澜。

鉴于此，作者想要综合"尖端性本来美"美品论和"普及性本来美"美品论为一体，使之成为一种"综合性本来美"美品论。这种美品论，既要强调保持和发扬"尖端性本来美"中"自上而下"的规训和教化，又呼唤"普及性本来美""从下而上"的觉醒和绽放，从而真正护持、光大民众的"本来美"，也能够为在资本主义阵营中民众对"迷幻式"异化的抗争提供软武器。[①] 作者对作为本体的"本来美"的两种区分显然与作者立足于人类社会历史发展的实际演变有关系。或许在作者看来，人类社会历史的发展是一个"个体"逐渐觉醒的过程，在以往个体尚不能充分觉醒，需要权威和教化的时代，诞生了那种"尖端性本来美"美品论；而自启蒙运动，尤其是20世纪以来，当个体逐渐从种种权威、团体和组织中解放出来，更需要其自身的

---

① 邱伟杰.普及美学原理 [M].成都：四川文艺出版社，2019：143-145.

觉醒，于是"普及性本来美"美品论便应运而生，且产生了"普及"之影响。作为本体的"本来美"，基于两种历史状况而呈现两种对应的普及方式，即权威"教化"和个体"觉醒"，呈现的路径分别是"自上而下"和"自下而上"，且各自产生了相应的流弊。

不得不说作者的这一揭示不可谓不深刻，彰显出作者深远的历史感和时代感。作者并不否认体用一如，即作为"本来美"之体，是达致普及之用的根本，有其体方能有其用，而其普及之大用必源于此"本来美"之体。但在由"体"达"用"的过程中，由于历史的条件和人的有限性，又会出现偏差和缝隙，会出现体用之"际"。于是对作为本体的"本来美"的美品论的理论建构同样是一个不断发展的过程，需要学人不断地完善、调整关于"本来美"的理论，以应对新的时代之用，以求在新的时代达致更彻底、更充分的普及之大用。但是这种完善和调整并不是凭空而起的，而是在以往所积淀的"本来美"中不断增添、调校。换言之，作为本体的"本来美"并不是一个在历史社会之外的超绝的本体，而是在历史的发展变化中不断地层累、积淀而产生的超越性本体。然而，这里却同时也引出一个问题，即教化和觉醒一定是对立的吗？是否能够单纯地借助"自上而下"和"从下而上"这种看起来不同的路径，在教化和觉醒之间造成对立。或许在作者这里，他并没有在二者之间造成对立，他更多地看到了两种方式都可能产生的流弊，需要相互补充。

四、结语及引申

邱伟杰先生的《普及美学原理》虽然只是一本"小书"，却触及了很多哲学上和美学上的根本问题，所牵涉的学科和领域非常广泛，诚如作者在擘画普及美学的学科方向时所作的说明。他说普及美学立足于人性的本真，涉及诸多相关学科，包括普及美学门类艺术、普及美学经济学、普及美学历史学、普及美学社会学、普及美学语言学等。如果用一个词概括其普及美学的原理，笔者认为明"朴"致"普"或许是一个较好说明。"朴茂"的人性即为"本来美"，明此"体"，方能达致普及、遍及民众之大用，方能真正"化民众"，作者对此问题的思考方式与其对中国哲学中的体用一如的方法论的体察密切相关。而其个体性与本真性合一的人性观，则与老庄哲学的人性论有甚深渊源。不仅如此，作者又能立足于马克思主义关于人类社会历史发展的论述，深刻意识到所谓"本来美"之本体，也是在社会历史发展中需要不断地被建构的，是在历史文化的层累和积淀中逐渐形成的具有超越性的"本来美"。作为一个美学学人，作者尝试立足当代，在与历史上诸多思想大家的对话中，在对他们的美学理论和实践资源的整合中，重构了"综合性本来美"美品论，以求达致更广大彻底之普及大用。

笔者相信，作者的思考同样是源于他质朴的个体本真性。其美学思考始终没有脱离人，没有离开人性的根基和人文的目标。他尝试借助美学这个人文学科的窗口，来呼唤人的本真性存在方式，乞灵于更真切的审美实践达致本真性的光复。他期待一种美学的普及，这种普及并不是某种美学知识和理论被许多人认识到，更不是某种审美现象要具有更大范围的普及遍布，他只是尝试说明，一种普及性的美学事实或现象在历史的发展中是可能的，在逻辑上是必然的，只要这种美学真正致力于发扬人的本真性、修缮人的质朴性、光大人的"本来美"。相应地，那种真正能够致力于弘扬这种"本来美"，光复人的本真性的艺术，才能更大范围地普及遍布大众，才能"化大众"。这种普及遍布不仅不是平庸的，反而因其真正合乎人性的本真，合乎人的"本来美"而具有高贵性。作者期待真正的"美的人"的诞生。因为当人们的衣食住行基本得到满足，人们对"生命快乐感、价值感"就会有更深层的呼唤。从这个意义上说，作者认为普及美学倡导的艺术人生便生逢其时。因为唯有对美的更深层的品评、品味，才能将人的各种官能彻底打开，并通向人的本真性。不仅如此，在作者看来，培养"美的人"，也是培养良善的人，更是让社会明德向善、经济发展的创新驱动力量。

最后需要说明的是，作者在普及美学的基础上，更是提出了他的质朴哲学的架构。立足于普及美学所言说的根植于人的个体性与本真性统一的"本来美"，质朴哲学乃是"养己成龙"的君子之学[①]，这种哲学还要重塑人与自然的关系、人与人的关系、人与组织的关系、组织与组织的关系。以其质朴哲学中所指向的新的伦理学为例，作者认为以往在天理和人欲之间、在义利之间设置的种种二元对立的障碍，在其质朴哲学的观照下则可以有新的发现。人能回归其质朴之心，其欲望就不是与天理相对的私欲，而是经过质朴之心疏导和净化的本真性的有限欲望。就义利而言，作者认为人的质朴之心乃是源于天道，从商之人能本天道、本其质朴之心而求利，那么义利便是一体的，根本没必要在义利之间铸就这种绝对的二元对立，并由此丑化商道。在作者看来，丑化商道并不是真正的儒家文化，而是"伪孔文化"，是士人文化"成龙"后不屑食人间烟火的"假清高文化"。作者立足其质朴哲学所给出这些伦理学上的论断发人深省，与真正的儒学是相呼应的。

---

① 邱伟杰.普及美学原理 [M].成都：四川文艺出版社，2019：164.

纳西塞斯的"自恋"与庄子的"丧我"

——"普及美学"中自我的出离与回返

乔　珂[1]

　　邱伟杰先生（以下简称著者）新近出版的"普及美学"三书《美的人》（2018）、《味的人》（2019）、《普及美学原理》（2019）一经问世，便刮起了一股"普及美学"（universal Aesthetic）的新风。这种"新"苦心孤诣而又别具风格。这种"探索一条让人们找回'本来美'并光大这份'本来美'的道路"[2]的努力，遍布著者对中外美学思想史的梳洗、对时代问题的剖判、对美学之为美学的追索之中。作为读者的我们，可以从诸多方面捕捉到其中充盈的"新"意："普及美学""美品学""本来美""尖端性本来美""普及性本来美""质朴快乐成功观""质朴哲学""玩圈""品质需求"等一系列基础概念带有鲜明的创发性；以梅花、樱花、桃花等 12 种花来拟喻人生诸阶段并标举人的"本来美"的诸面向；以滋味、趣味、体味等"味"的三重意涵来展演过一种审美性的整全人生的可能性；更无需说著者洞开了普及美学经济学、普及美学历史学、普及美学社会学、普及美学语言学等全新学科的门径……凡此种种，在我们这样一个呼唤创新、鼓励创新、包容创新的时代，的确称得上恰逢其时、当仁不让。

　　当然，无"旧"不可言"新"。相较于那些琳琅满目的新语汇，著者对于某些既有观念、叙事、理论的解读也同样领异标新，颇有

---

①　乔珂：清华大学哲学系在读博士生。

②　邱伟杰.普及美学原理 [M].成都：四川文艺出版社，2019：15.

慧识。这些新语汇与新解读建基于著者对中国传统美学、西方美学、马克思主义美学等历史遗产的独到见解，潜藏着不满于"功名利禄成功观"盛行的时代隐忧，也力图承载"未来中国将有美的事业"①的宏愿壮心。面对《美的人》《味的人》《普及美学原理》三书所呈现的"一体两翼"的理论框架，作为读者的我们需要用心领会著者向我们发出的问题之邀约。愚以为，《美的人》的核心关切是"人何以本来美"的问题，《味的人》关注"审美的人生何以可能"的问题，《普及美学原理》则把重心置于"美学应该为谁服务以及如何服务"的问题。要理解和回答这些问题，都免不了要从"自我"这一概念出发。显然，著者在"普及美学三书"中呈现了理解"自我"的两个线索：一个是纳西塞斯（Narcissus）神话所象征的"自恋"（narcissism）；另一个是庄子所言的"吾丧我"。

一、自恋还是恋他？

《美的人》一书最后一章以著者对纳西塞斯神话的解读作结，以此来阐发"你就是美本身，你已然与美合为一体"②的审美境界，可谓匠心独运、余"味"悠长。这个古老的纳西塞斯神话，显然已经具备了《庄子·天下》篇所言的那种"以寓言为广"的意义。无论是这个神话的原初版本，还是后世各种解读变体，其关注的核心问题始终都在人如何处理与自我的关系。而《美的人》对这一寓言的解读，则赋予了"自我"以美与审美双重意蕴。

奥维德的《变形记》记载了纳西塞斯神话的最初面貌。在这位

① 邱伟杰：未来中国将有美的事业　　[EB/OL]. http://zjnews.china.com.cn/yuanchuan/2021-10-08/304414.html.

② 邱伟杰. 美的人 [M]. 成都：四川文艺出版社. 2018：190.

古罗马诗人的笔下，美少年纳西塞斯傲慢而又执拗，他的翩翩风度为万千青年所追寻，其中就包括女神伊可（Echo）。一位对纳西塞斯爱而不得的青年诅咒他"只爱自己，永远享受不到他所爱的东西"。而当纳西塞斯有一天在水面上发现自己的倒影后，内心便燃起再也不曾熄灭的爱慕之火，但他无论如何也无法触摸拥抱这个唯一所爱——正如那句诅咒一般。他反复呼喊嗟叹，反复捶打自己的胸膛，在留下一句"我的爱情落空了"之后，纳西塞斯带着悲痛和疲倦死去，他的尸体化成了一朵水仙花（narcissus）。[①] 这则关于自省、自知、爱欲、死亡的古老寓言已经在哲学、心理学、美学等诸多论域中留下太多回响，同时也在诗歌、绘画、雕塑、戏剧等多种类型的艺术创作中充当经典题材。当然，后来人对纳西塞斯神话的引用和解读，并没有囿于《变形记》的情节窠臼，所以这则神话寓言始终处于不断流变和重述之中。《美的人》对纳西塞斯的引述也同样如此。与奥维德《变形记》相比，《美的人》的讲述呈现出许多不同，而这些不同正是普及美学的典型标识。

第一，女神伊可 (Echo) 隐失。在奥维德的叙述中，山林女神与回声女神伊可是一个十分重要的角色。在遇见纳西塞斯之前，伊可还具备人形，不过她因为受到女神朱诺的诅咒而永远只能重复别人说的最后几个字。伊可也像其他青年男女一样，在遇见纳西塞斯后便燃起了熊熊的爱慕之火。但是她的爱意得到的回应却是纳西塞斯的嘲弄和拒绝，于是在饱尝悲酸后她的形体逐渐消散，最终只剩下声音在山谷间回响。而在纳西塞斯垂死之际，伊可也放下心中怨恨转而生出爱怜，与纳西塞斯同悲同叹。而到了《美的人》中，著者保留了纳西塞斯"自我凝视"这个叙事核心而隐去了与女神伊可的纠

---

① 奥维德. 变形记[M]//杨周翰. 杨周翰作品集. 上海：上海人民出版社，2016：89-92.

葛。这或许是著者有意为之。伊可的"回声"本性显示了一种依附性——没有纳西塞斯的发声则不可能有伊可的回声，而纳西塞斯的发声同样也具有依附性——如果纳西塞斯不再向外探寻，那么也就不会发出声响。换言之，女神伊可象征着一种美的"三阶欲望"：一阶欲望（first-order desire）是最为本始的探寻美的欲望（也可以理解为本能的爱欲）；二阶欲望（second-order desire）是在一阶欲望驱使下与外在世界交接的欲望，这是一种将外在世界对象化的欲望；三阶欲望（third-order desire）则是在与外在世界交接中产生的反思的欲望，这种欲望蕴含着规范性力量，成为对二阶欲望的支撑或消解。纳西塞斯与伊可的爱情纠葛发生在纳西塞斯"发现自我"之前。在这种纠葛之中，纳西塞斯怀持的是一种戏谑玩闹的态度：他知道眼前的一切事物都不是真正的美而不值得去爱，在真正的美出现之前他只好以一种任性嘲弄的态度来填充爱欲的虚空。在这个意义上，伊可的消失恰恰是真正的美出现的标志。纳西塞斯凝视水中倒影的瞬间显现出美的终极性——借用《大学》的"止于至善"可以说是一种"止于至美"。据此我们也就能理解，为何纳西塞斯神话出现在《美的人》最后一章时已经隐去了伊可的角色。著者对纳西塞斯神话的改写——如果是有意为之的话——以一种隐微的方式将普及美学的基本原理和盘托出：第一章梅花的隐喻意在凸显"本来美只是种子，种子需要浇灌培育才会成长"①，而最后一章以水仙花的寓言来呈现"本来美"不断成长后的终极形态——"自赏"。在此之时，那种无可寄托而又放浪戏谑的爱欲完全消失了，一种永恒性的自我凝视构成了美的全部内容，所以《变形记》中伊可与纳西塞斯的同悲同叹，可以被自然而然地置换为《美的人》中伊可的隐而不彰。

---

① 邱伟杰. 美的人 [M]. 成都：四川文艺出版社，2018：9.

第二，命运而非诅咒。在《变形记》中，纳西塞斯壮年殒命而未能终其天年的原因有两重：一重是先知忒瑞西阿斯的预言，"只要他不知道自己是谁就可以（活到长寿）"①；另一重则是来自一个爱而不得的青年的诅咒——"我愿他只爱自己，永远享受不到他所爱的东西"②。换言之，纳西塞斯的自爱也是导致他早殒的原因。我们甚至可以进一步推论，正是纳西塞斯的自爱构成了他的自知——特尔斐神庙名言"认识你自己"意义上的自知。而令人遗憾的是，连接自爱与悲剧的乃是怨恨之人的诅咒，这看起来消解了纳西塞斯永恒性自我凝视的美感。《美的人》在述说纳西塞斯神话时，剔除了其中的怨恨色彩，将纳西塞斯悲剧之美呈现为一种命运的直观："他长大后会成为天下第一美男子，但他会因迷恋自己的容貌，郁郁而终。"③ 所以当纳西塞斯在水面上看到了自己的容颜时，他便不可阻挡地爱上了自己——因为这是最值得爱的事物，所以他也就不可避免地走向了死亡，正如他母亲所得到的神谕那般。在这一版本的纳西塞斯神话中，美表现得"更真实、更现实、更完整""成为对命运的不加修饰的表达"。④ 经由《美的人》的改写，纳西塞斯神话凝结成命运笼罩下自我之"本来美"的叙事核心，它不再包藏那种俗世、异己的怨恨力量，而径直展现为自我向命运的主动敞开。

---

① 奥维德. 变形记[M]//杨周翰. 杨周翰作品集. 上海：上海人民出版社, 2016: 87.

② 奥维德. 变形记[M]//杨周翰. 杨周翰作品集. 上海：上海人民出版社, 2016: 89.

③ 邱伟杰. 美的人 [M]. 成都：四川文艺出版社, 2018: 179.

④ 尼采在评价萨蒂尔合唱歌队时说："因为它比通常自以为是唯一实在的文明人更真实、更现实、更完整地反映出此在生命。诗歌领域并非在世界之外，作为诗人脑袋里的一个想象的空中楼阁：恰恰相反，它想成为对真理的不加修饰的表达。"借用尼采的表述，我们可以说纳西塞斯的悲剧之美在他凝视水面的那一个命运瞬间得到了最充分的表现。尼采. 悲剧的诞生[M]. 孙周兴, 译. 北京：商务印书馆, 2017: 73.

第三，自我意识的模糊。纳西塞斯知道水中的倒影是自己吗？这并不是一个易于回答的问题。《变形记》形容他在看到这个倒影后："他不知道他所看见的东西究竟是什么，但是他看见的东西，他却如饥似渴地追求着。"[①] 后来的诠释者从纳西塞斯对自己的爱（self-love）发展出"自恋"（narcissism）。以弗洛伊德为代表的心理学家进一步用"自恋"来描述某种特定的精神病态。不过，纳西塞斯是否具有作为对象的自我意识，这一点并不清晰。[②] 在《美的人》中，著者为水中倒影赋予了一种新的理解："他伸手，美人也伸手；他笑一下，美人也报以娇笑。他以为那个美人就是他的妹妹，其实，他并不知道那只是他自己的倒影。"[③] 并由此进一步引出了纳西塞斯到底是自恋还是恋他的问题。《美的人》认为："他把自己当作他人，并不是出于自恋，恰是出于恋他，恋一个绝对在他心目中最完美的形象。"[④] 这似乎是说，纳西塞斯找到了美的最终极的形态，但是他却又将此当作一种异己的存在——他早已消失的妹妹。不过，当他想要进一步触摸拥抱时，这种美就会消散。一种更深层次的意识在他心头涌现——那像是他的妹妹但又不是他的妹妹，于是这种美就呈现为一种熟悉而又陌生的灵魂震动。如果说奥维德的《变形记》力图引导读者思考纳西塞斯水中倒影"似我非我"的一面，那么《美的人》对这则神话的重述又引申出纳西塞斯水中倒影"似他非他"的另一面。这种似我非我、似他非他的美达到主客融合的最高境界，"你看和被看

---

① 奥维德.变形记[M]//杨周翰.杨周翰作品集.上海:上海人民出版社,2016:89-90.

② 无论是在《变形记》对纳西塞斯的描述中，还是在弗洛伊德对"自恋"的分析中，似乎纳西塞斯的凝视更应该被理解为一种自我的迷失。Gosmann U. Lost to Himself: Narcissus and Freud's Theory of Narcissism Reinterpreted. The Psychoanalytic Review, vol. 106, no. 2, 2019, pp.113-130.

③ 邱伟杰. 美的人 [M]. 成都：四川文艺出版社，2018：180.

④ 邱伟杰. 美的人 [M]. 成都：四川文艺出版社，2018：187-188.

都是同一件事，你已无须去追求美，美也不会再来诱惑你，你就是美本身，你已然与美合为一体"①。就此而言，纳西塞斯所迷恋的"自我"，并非那个被当下现实所框定的具体的自我，而是由对"本来美"的追寻所充实并且承载着"本来美"的"原初自我"。在这个意义上，审美便是向原初自我的回返，这正与庄子所谓的"吾丧我"相类似。

二、何以"丧我"？

普及美学与庄子美学之间有着极为密切的关联。庄子美学与孔子美学共同构成了中国传统美学的源头②，普及美学对这两者都有所继承和发展，其中尤以庄子美学为甚。在"美学三书"中，庄子美学的痕迹随处可见。例如，《普及美学》上卷第四章"普及美学概论"在阐述普及美学基本原理时就大段引用《庄子》一书，用以精准阐发"天道""自然""本性"等概念意涵，从这种阐发中就已经可以看出，普及美学的核心理念"本来美"与庄子美学的基本概念是高度类同的。中卷第十章"美学和普及美学概念再论"在论证"本来美"的高贵性时，也直接借用了庄子"道法自然"的思想资源。当然，普及美学对庄子美学的继承不仅仅是引用《庄子》文段，更渗透在普及美学的整个理论架构的重要关节处。例如，《味的人》在谈到美的多样性和差异性时，特地使用"度量衡"的隐喻来说明美丑之别具有一定的相对性——"因为度量衡的差异，每个人衡量的标准不尽相同"③。这自然而然让读者联想到《庄子·山木》中"阳子之宋"章："阳子之宋，

---

① 邱伟杰. 美的人 [M]. 成都：四川文艺出版社，2018：190.

② 李泽厚，刘纲纪. 中国美学史（第一卷）[M]. 北京：中国社会科学出版社，1984：280.

③ 邱伟杰. 味的人 [M]. 成都：四川文艺出版社，2019：26.

宿于逆旅。逆旅有妾二人，其一人美，其一人恶，恶者贵而美者贱。阳子问其故，逆旅小子对曰：其美者自美，吾不知其美也；其恶者自恶，吾不知其恶也。"这里就出现了不同审美主体对于同一对象的不同审美体验，这种不同甚至可以达到截然相反的程度。再例如，《美的人》《味的人》都反复强调的对机巧虚浮的批评和对稚拙单纯的推崇，这种态度在《庄子·天地》"子贡南游于楚"章孔子对子贡的批评中就可以找到依据："彼假修混沌氏之术者也。识其一，不知其二；治其内，而不治其外。夫明白太素，无为复朴，体性抱神，以游世俗之间者，汝将固惊邪？"重机巧而轻稚拙、重技法而轻观念，这是庄子美学和普及美学所共同批评的内容。

不过，如果要深刻领会普及美学对于庄子美学的继承与发展，还必须深入更为基础的义理层面，这也就是普及美学所推崇的"本来美"的自我观念。这个自我乃是美与审美的统一。这个统一的自我何以实现？或许通过庄子美学的"吾丧我"可以镜照出普及美学对于这个问题的深刻回应。《庄子·齐物论》开篇就提出了"吾丧我"的观念：

南郭子綦隐几而坐，仰天而嘘，嗒焉似丧其耦。颜成子游立侍乎前，曰：何居乎？形固可使如槁木，而心固可使如死灰乎？今之隐几者，非昔之隐几者也。子綦曰：偃，不亦善乎而问之也！今者吾丧我，汝知之乎？女闻人籁而未闻地籁，女闻地籁而未闻天籁夫！

什么是"吾丧我"？"吾"为何要"丧我"？"吾"如何"丧我"？关于这些问题，历朝历代的庄学研究者们已经贡献了一系列丰富的回答，在其中一些关键概念的理解上也存在不小的分歧①，对此我们不做过多展开而把讨论集中于"吾丧我"的美学意涵上。

首先可以肯定的是，"吾丧我"是一种不折不扣的美学观念。从

---

① 罗安宪. 庄子"吾丧我"义解 [J]. 哲学研究，2013(6)：54-61.

南郭子綦的回答就可以看出，"吾丧我"是与人籁、地籁、天籁直接相关的：达不到"吾丧我"的境界，也就无法领略作为至美的"天籁"。即是说，最完满的审美实践是"丧我"所达成的标志。这就引出了一个十分关键的问题：在美学视阈中，为什么需要"丧我"？

在庄子美学中，"我"的第一重意涵是自我之形体。在庄子看来，自我之生命包含神与形两个部分。"形"是"神"的物质基础，"神"是"形"的主宰。"神"与"形"之间的关系正是落在一个"耦"字上。① 就此而言，"吾"即是自我之"神"；"我"即是自我之"形"。"吾丧我"并不是指"神"脱离了"形"，而是说"形"不再对"神"构成具体的限制，就像"庄周梦蝶"寓言所传达的那样，我的形体与物的形体的界限将被消泯，"神"可以自由地在我与物之间驰骋往来，即所谓的"乘物以游心"（《庄子·人间世》）。"我"的第二重意涵是"成心"。"成"是现成、既成的意思。"成心"是"其寐也魂交，其觉也形开，与接为构，日以心斗"（《庄子·齐物论》）的结果。在欲望的不断摆弄下，"心"专注于"物"而逐渐偏离、遮蔽本真之道，由此而生出各种关于是非、得失、美丑的偏见。庄子认为这种状态乃是一种无休无止的痛苦和悲哀。依照这种理解，"吾"就是由"道"所规定的本真自我，而"我"就是由各种欲望所支配的庸俗自我，"吾丧我"就是要将自我从一种庸俗而不自知的状态中解放出来，重新把目光聚焦于最为根本的"道"。

毫无疑问，这两种"吾丧我"的美学意涵也正是普及美学所着重强调的内容。首先，"吾丧我"所力求实现的物我关系正是普及美学所讲的"人之'品'与事物之'品'通过深层呼应而达到某种'境

---

① 俞樾《庄子平议》引司马彪，赋予"耦"以新的理解："当读为寓。寓，寄也，神寄于身，故谓身为寓。"王叔岷. 庄子校诠[M]. 中华书局，2007：41.

界'"①。普及美学的一个重要维度就是"'物我合一'的相互呼应"②。
要实现这种呼应，就必须洞观我之"品"与物之"品"之间的勾连，
也就是要"用审美的眼光、感受，深深领悟客体具象中的灵魂生命，
完成、凸显一个审美主体"③。当我们也能够像庄子那样直观感受到
"化蝶之乐""鱼之乐"时，我们也就回到了《美的人》所描述的纳西
塞斯神话中那种"似我非我、似他非他"的永恒凝视中。其次，普及
美学所提倡的"本来美"观念中，也包含了与"吾丧我"类似的两种
自我之间的对照。如果说"吾丧我"的"吾"对应的是显现"本来美"
的自我，那么"我"则对应着《普及美学原理》中所讲的被遮蔽和异
化的自我。《普及美学原理》中卷"普及美学史论"精准地捕捉到马
克思、海德格尔、克尔凯郭尔、萨特、马尔库塞、福柯等人美学思
想中所共同蕴含的对于一个本真自我的吁求。这个本真自我出于种
种原因——资本主义生产方式、技术理性、整体主义哲学和宗教学、
本质主义形而上学、消费社会、权力的规训——而异化为一种逐渐
远离自我之"本来美"的俗陋自我。在这个意义上，普及美学就是要
倡导已经迷失的俗陋自我向那个本真自我不断回返。具体来说，就
是《普及美学原理》下卷第一章"普及美学与质朴哲学"所呈现的那
样，树立一种"质朴快乐成功观"作为人生之根基，重新理解人与环
境、义与利、生活与娱乐、人与技术之间的关系，从而最终达到"质
朴"④的境界。不过，相较于"吾丧我"的美学主旨，普及美学则蕴含
了更为强烈的、呼应我们当下现实的主张。不同于庄子对待形体的

---

① 邱伟杰. 普及美学原理 [M]. 成都：四川文艺出版社，2019：11.

② 邱伟杰. 普及美学原理 [M]. 成都：四川文艺出版社，2019：16.

③ 赵士林. 当代中国美学研究概述 [M]. 天津：天津教育出版社，1988：28.

④ 邱伟杰. 普及美学原理 [M]. 成都：四川文艺出版社，2019：151.

暧昧态度，普及美学以一种更为平实圆融的方式来对待自我的形体。在《味的人》中，著者细致地分析了自我的形体、容貌、体格、力量等在庄子那里不以"美"冠之的各种外在身体属性，并且进一步发展出"美体"① 的概念。与此同时，著者也提醒我们要谨慎对待"心灵美""内在美"等观念——这背后包藏着身心对立的错误观念②。由此观之，不仅审美体验是具身性的，而且作为审美对象的"本来美"也在一定意义上必然是具身性的。

最后，让我们再次回到纳西塞斯神话。在《美的人》的重述中，女神伊可消失了。就女神伊可的依附属性而言，这恰恰展现了纳西塞斯的"吾丧我"。在结束了一切纠葛之后，"我"不再构成对"吾"的纷扰，唯一且终极的美正是纳西塞斯的自我凝视。于是，纳西塞斯的人生便呈现为一个"吾—我—吾"的出离而又回返的过程。这个过程的终点即是"自恋"。不过此种爱恋所指向的，是经由成长而已然坚实饱满的自我的"本来美"。

---

① 邱伟杰. 味的人 [M]. 成都：四川文艺出版社，2019：181.
② 邱伟杰. 美的人 [M]. 成都：四川文艺出版社，2018：75.

花间漫步与风味人生

——从邱伟杰"美学三书"谈起

孙大坤 [①]

在《庄子·逍遥游》中，庄子写过这样一段广为人知的文字："朝菌不知晦朔，蟪蛄不知春秋，此小年也。楚之南有冥灵者，以五百岁为春，五百岁为秋；上古有大椿者，以八千岁为春，八千岁为秋。此大年也。"这段话讲的是人世间的参差，对于菌类和寒蝉而言，它们所经历的岁月不过一日或一年，然而同处世间的神龟和大树，其年岁却以千百年计。二者相较，自然不可同日而语。然而，一反常态的是，庄子并没有陷入"吾生也有涯"的悲哀，相反地，他反问道："彭祖乃今以久特闻，众人匹之，不亦悲乎？"如果我们陷入对修短造化的计较，总归人外有人，天外有天，除了无尽的悲哀，再也不能剩下什么。在《庄子》的外篇"天运"中，借助老子之口，庄子告诉世人："性不可易，命不可变，时不可止，道不可壅。苟得于道，无自而不可；失焉者，无自而可。"在道家那里，万事万物自有其不移的天生之性与自然之命，所谓得道，不过顺其自然而已。不同于儒家汲汲于人间的事功与名利，庄子所提倡的人生姿态，越出了现实考量的道德功利，更多体现出一种超脱的美学姿态。两千多年来，庄子这种超然的美学精神始终滋养着亿万中国人的心灵，跨越千年依然引发着哲思者的共鸣与回响。在庄子那里，首先识察人物之本性，然后任其自然；在当代，普及美学的哲思者邱伟杰提出了

---

① 孙大坤，武汉大学文学院讲师。

"本来美"的概念，由"美的人"与"人的美"出发，进阶于"味的人"与"人的味"，构建起属于自己的普及美学理论体系。

一、花间人世——本来美的美学漫步

在《美的人》序言中，邱伟杰开宗明义地提出了自己"普及美学"的基本概念——本来美。这一提法不禁令人想到《山海经》中的异兽凤凰，传说中这种神鸟"饮食自然，自歌自舞"，兀自美丽于世间，乃是天下安宁、远离纷争的象征。这美丽的神鸟同样令人想到庄子笔下的仙子，"藐姑射之山，有神人居焉。肌肤若冰雪，绰约若处子，不食五谷，吸风饮露，乘云气，御飞龙，而游乎四海之外；其神凝，使物不疵疠而年谷熟"（《庄子·逍遥游》）。无论是自歌自舞的凤凰，还是风姿绰约的仙子，都是中国人对美的至高想象，她们"自然"内蕴、顺乎天道，又遗世独立、无假于物，真可谓"本来美"的理想形态。

无论凤凰还是仙子，都是幸运的，生于安宁之世，游乎四海之外，不受人世间的纷扰的影响。然而，普天之下的芸芸众生，纵然具有本来美的禀赋，但经历了尘世间的种种风霜，使得这本来美蒙上了尘埃，丧失了光彩，无法美于天地间。

更何况，凤凰抑或仙子都是高度自觉又成熟的个体，美于她们而言只是顺其自然的结果，是既成的事实。然而正如世间气有清明浑浊之别，人亦有长短缺溢的区别。正如邱伟杰在书中告诉读者的，"本来美并不意味着本来就美，什么都无须再做了"[①]。相较于既成之事实，本来美更多时候，乃是作为一颗天赋的种子而存在。

---

① 邱伟杰. 美的人 [M]. 成都：四川文艺出版社，2018：1.

作为种子，当本来美被播撒到人间，除却自然的阳光雨露，同样需要禀赋之人的浇灌培育，这是美的成长，也是美育者的自我完善。非得如此，乃如邱伟杰所言"本来之美并不完善，从天然生出的东西都有长短缺溢，成长就是修缮短缺又平衡不足与过度"①。也因此，本来美集中讨论的，是作为本来美的禀赋和培育者个体的审美体验和成长方式，不涉及道德和事功层面的讨论。

正是因为对绝大多数人而言，本来美不能幸运地成为一种既成的事实，而是一种有待发掘的天赋，因为其长短缺溢，尤其需要后天的斧正和完善。如果说一个人的天然禀赋代表了"质"的面向，那么后天的斧正和完善就是"文"的体现。所谓"文明"，从本来美的角度，则也无妨发微，即通过"文"的方式，使得后天蒙尘之"质"重现光彩，"明"于人间。问题也正由此而发生，"文"与"质"之间的关系应作何解，尺度又应如何把握？谈及文质之辩，子曰："质胜文则野，文胜质则史。文质彬彬，然后君子。"（《论语·雍也》）所谓君子，亦是美人。孔子的道理很朴素，转换到本来美的语境下，如果只是放任先天的质朴，而忽略后天的修正，则无法进阶大雅之堂；若后天的修饰多于天然的禀赋，则华而不实，令人怀疑。只有先天的禀赋和后天的培养相得益彰，才能成全真正美的人。如何平衡文与质，既保持本来美的个体特殊性，又通过培养使之具有普适性，这大约是本来美实践的关键问题，其中体现的不仅有理论思辨的抽象逻辑，更有美育者的趣味与眼光。

在《美的人》一书的正文中，邱伟杰以花为品向读者展示了他长期从事美育实践和美学思考的趣味与眼光。一年可分十二月，则十二花品与之相应，以一年的四季流转为限度，邱伟杰关于本来美

---

① 邱伟杰. 美的人 [M]. 成都：四川文艺出版社，2018：2.

的精神历程也由此展开。需要说明的是，这种展开并不纯粹是一场宏观的抽象和思辨意义的形而上学探索，反而是从作者具体而微观的人生经验和实践思考出发，向读者发起的一次美的邀约。这是一场以赏花为名的美学漫步，仿佛两位老友，相与步于花丛，走过一年四季的轮回流转，唠家常般地品评着花间人世，在写意与平淡中，尽得风流。

二、风味人间——从花到果的品味

人与人的相处相知，大约总是从外到内、由表及里。思想的发展也是一样，由静态进入动态，从表象渐至内里。阅读《美的人》，如同与作者漫步花间，穿越四季的流转，于万花丛中品评鉴赏，乱花纵然不至于迷住人眼，却也足以令人沉醉其中，宁做长醉之眠。如果说《美的人》是走马观花的美学漫步，那么到了《味的人》，则已步出花丛，走进书房，借一杯清茶，与老友品味人生、推心置腹。正如作者邱伟杰所言，《美的人》是对美的品质的静态分析，《味的人》则是在体味人生间，渐至对美的动态分析，迈过对人体美的欣赏，走向对人生美的体味。

对于少不更事的青年而言，总愿意见识和占尽世界的一切美，见得美人，便醉心流连于那些鲜妍明媚的容颜和青春洋溢的肉体，仿佛那最多不过丈许的躯壳间，包藏了整个宇宙的快感和神秘。然而历尽千帆阅历增长之后，对美的品鉴终于超越了少年时情欲的迷狂，才懂得人间的百般风味，开始能够体味更加醇熟与广博的人间之美。"花有重开日，人无再少年"，逝去的时间如东去的流水，一刻不曾停歇，这是亘古不变的人世宿命。从本来美角度而言，任凭时间流逝，美就在那里。本来美就是一颗种子，从播撒下去那一刻起，注定要历经一生的枯荣。

人们总是偏爱少年时灿烂的容颜，期待鲜花锦簇的盛宴永不散场，然而，本来美有她自己的轨迹，岁月变迁中，显示出美的绵延与悠长韵味。正如作者告诉我们的，美也自有其层次，从滋味到趣味，最后到体味。

所谓滋味，似乎总是跌宕起伏，是大悲苦大欢喜，最令人印象深刻。正如人在少年时，血气方刚、英勇无畏，怀着对外在世界的憧憬与自信，奋不顾身地扎进命运中，品味人生的大悲大喜，借用杜牧的诗句，正所谓"鸟去鸟来山色里，人歌人哭水声中"，于人生的长河中尝尽滋味。

待到有所经历，进入中年，眼界开阔之后，不再如蝴蝶扑花，只是遵循本能的冲动。开始明白有舍有得的道理，开始养成独立的趣味和自信的眼光，在取舍进退的方寸间，展现个人的趣味和眼光。

眼光和趣味既确立，外在世界与内在自我的界限划定厘清，人生就进入下一个阶段，便是不断品味。这种品味，不是年轻时贪多嚼不烂的那种想要尝尽人间滋味的贪婪，也不是中年那种界定分寸、推移婉转的游荡与赏玩，更多变成了顺应万物、任其自然的从容，万物皆备于我又外于我，人生变成了不断体味美的过程，正如孔子所言，悠游于美间，"从心所欲而不逾矩"。

于是，我们可以说，滋味是品尝外在，趣味是外在的选项与内在的选择的统一，体味则终于从内在生发出。黑格尔曾以人对太阳的观察和认识来象征绝对精神的发展，太阳初生时，于黑暗中懵懂的人类，迷惑于太阳强烈的光芒而无法认清它的本体；到了太阳当空的时候，人们不再震惊，第一次看到了太阳本体的真切模样；到了黄昏，在稀薄的日光中，人们看到太阳西沉下去，然而黑暗不再令人畏惧，因为太阳的形象已经存在人们的头脑之中；等到第二天太阳再次升起，人们便无需再对此感到惊奇和不可思议。

本来美的精神历程亦复如是，最初人们沉醉于世间的美色，而忘却自己主观审美精神的存在，到了后来，渐渐于取舍推进中，斧正和完善自己的本来美，最后，则是对本来美的不断体味，在绵长的回味中，完成美的升华。

正如作者在《味的人》开篇的感叹，一句"味否"，多少人身在其中！

三、走向"普及美学"

邱伟杰长年从事美育的实践和美学的思考，"本来美"这一基本概念，就是他多年探索和凝思的结晶。从"美的人"到"味的人"，是邱伟杰围绕本来美进行的从静态到动态的探索，然而任何有抱负的思想者，都不会仅仅满足于实践经验，而是希冀于理论的创建，从"本来美"这一核心概念的提出到"普及美学"这一系统理论的建构，正是邱伟杰大胆而豪迈的理论尝试，体现出作者在这个理论浮躁年代的壮志与豪情。

在建构普及美学的过程中，作者从人类美学学科的既有知识谱系出发，以柏拉图和亚里士多德为代表的西方传统艺术哲学为基点，历经文艺复兴时期对个性美学的提倡，观照马克思、恩格斯以及列宁、斯大林等无产阶级思想家有关普罗美学的提倡，再结合中国现代学界关于大众美学的讨论，最终提出了自己的普及美学理论。

阅读《普及美学原理》，事实上也是跟随着者的思想历程，重走了先前杰出美学家所编织的美学道路。对于非科班出身的著者而言，这本书一方面显示出作者深厚的美学修养功底；另一方面，也蕴含了作者时代担当的意识，以民族的美育为己任，这些都是他区别于一般民间思想家的明显特质。

对邱伟杰而言，美从来都不是象牙塔里阳春白雪的高谈阔论，美源于综合性的实践，是一种"从下到上"的实践，普及美学正是走了这样的路径，从更根本的层面出发与更广大的群体结合，在最广袤的大地上，播撒下"本来美"的种子，收获普及美学的果实。

孔子是中国的万世师表，"兴于诗，立于礼，成于乐"（《论语·泰伯》），圣人立言立志，意图开拓的是艺术人生的本体论与方法论。数千年来，一代代中国人，秉承着先贤的遗志，力图以美为方法，塑造国人的精神，这是值得尝试的人生，也是值得奉献的事业，邱生勉乎哉！

普及美学的理论探微

普及美学：别开生面的"回心"之旅

金 浪[①]

现代美学虽然是自西方舶来的学问，但在与 20 世纪中国社会的结合中却产生了绚丽夺目的光彩，当代中国的两次美学事件——美学大讨论和美学热，便是这种光彩的体现。因为深度嵌入当代中国的思想文化变革，这两次美学事件也使美学走出了专业化领域，产生了空前的社会影响，由此带来美学普及的高光时刻。然而，自 20世纪 90 年代以来，随着商品浪潮冲击下人文精神失落危机的出现，美学也面临着窘境：一方面，美学被消费文化所征用，大量由文化工业生产的审美幻象带来了日常生活审美化的奇观，而揭示这些幻象的生产机制与权力关系，也被认为是学术研究的当务之急，文化研究强势崛起，美学则日薄西山；另一方面，与现实脱节后的美学逐渐退入书斋，似乎只能在学术界谋得自己的存身地，美学也日益成为高深学问。正是在这样的背景下，邱伟杰的《普及美学原理》（四川文艺出版社，2019 年）也才具有了强烈的现实针对性。

在以散文集《美的人》《味的人》书写日常生活的美学感悟后，邱伟杰终于在《普及美学原理》中将自己的美学思考和盘托出，那么，究竟何谓普及美学呢？他在书中这样写道：

普及美学，就是普及美品学，是让大众在对自我的"本来美"的认识、对艺术之"美品"的认识以及"物我合一"的相互呼应中，觉知本性和光大本性。它并非凭空生发，而是对众多先人的思想成果

---

① 金浪：重庆大学人文社会科学高等研究院副教授。

的进一步生发，借助了文化传统而超越文化传统，是艺术哲学归于天人合一的尝试。它也全然不同于西学的 Aesthetic，而是本土原创的艺术哲学在当代的学术努力。普及美学希望通过相应的普及工作来提高人们的艺术审美能力和品质学水准，让人们发现"本来美"，光大"本来美"，它是人们获得快乐和幸福的生命自由之路。①

在"美品学""本来美"这些自创概念的言说背后，作者致力于突破美学研究的专业化瓶颈，通过广泛吸收中西美学资源来构建普及美学体系的雄心壮志已跃然纸上。

为了论证普及美学的其来有自，作者别具匠心地在中西美学的宏阔视野中审视普及美学的思想资源。在作者看来，无论是西方美学，还是中国的传统美学和现代美学，都包孕着通往普及美学的密码，只不过在近年来美学逐渐专业化的发展趋向中，这些密码已然被人们抛诸脑后，因此，将这些美学密码从中西美学传统中重新打捞出来，并在普及美学的名义下再出发，便成了对美学未竟事业的接续。正是对美学未竟事业之接续，《普及美学原理》对中西古今美学资源的创造性解释，无异于对美学的一次"回心"旅行。具体而言，这种"回心"又包含了两方面的旨趣。

首先，普及美学是对美学理想的重温。众所周知，美学（Aesthetic）更准确的译名应该是感性学。虽然感性长期被视作理性的臣仆，但也因其普遍存在于日常生活之中而被纳入启蒙的事业。在继鲍姆加登启用美学的表述后，康德彻底扭转了美学在感性学意义上的低等地位。通过对审美判断力的论述，美学不仅被提升至丝毫不亚于理性的重要位置，还因共通感的设定俨然成为社会基石。如果说康德是资产阶级美学普及理想的创立者，那么，马克思则是

---

① 邱伟杰.普及美学原理 [M].成都：四川文艺出版社，2019：16-17.

将这一普及理想推及无产阶级的人。虽然并没有撰写出美学著作，但马克思对资产阶级意识形态的全面批判，却为美学普及理想带来了全新视野，并对后来社会主义阵营的美学研究产生了深远影响。可以说，正是康德与马克思在美学普及理想上的辩证交织，共同构筑了西方美学最隐秘的思想内核。对此，《普及美学原理》的作者显然是心领神会的，该书对西方美学的梳理不仅特意区分了（资产阶级的）西方美学和马克思主义美学，而且还花了大量篇幅对深受马克思主义普及理想影响的苏联、古巴等社会主义阵营国家的大众美学做了阐发。

尽管诞生于 18 世纪的欧洲，但美学普及理想的这种辩证关系却在 20 世纪的中国获得了波澜壮阔的开展，并分别产生了对应启蒙与革命的美学普及形态。作为向中国引介西方美学的先驱，王国维、蔡元培都特别重视美学的社会启蒙作用，无论是王国维分别以美术和宗教来教化上流社会和下流社会的构想，还是蔡元培对"以美育代宗教"说的提倡，乃至于后来朱光潜、宗白华等美学家的大量工作，其实都暗中继承了西方美学以社会启蒙为目标的普及理想。然而，就在这一美学普及理想得以开展的同时，受马克思影响的另一种美学普及理想同样在中国大地上生根发芽，并经由左翼文学、延安文艺到社会主义文艺的发展，取得了巨大成就。事实上，无论是美学大讨论还是美学热，都恰恰是因为两种美学普及理想的交织转化而产生了重大影响。在后革命时代的今天，如何协调启蒙与革命在美学普及理想中的张力关系，也理应受到提倡普及美学者的重视。

其次，普及美学也是对中国传统美学精神的重访。虽然追溯了普及美学的西方资源，但作者并没有止步于此，而是认识到西方美学的普及理想已然走上自我迷失的歧途。在尼采之后，对生命、欲望、身体的肯定，看似进一步扩大了美学的范围，但代价却是美的高贵性的失落，而这也让作者将目光转向了中国传统美学精神。在作者看来，中国传统美学精神与西方现代美学最大的不同就在于它并不追求欲望的膨胀，而是以顺应天道的方式对人的欲望进行节制与调和，从而达到与自然和谐共存的审美境界，这种审美境界不仅体现于孔子的人生态度，也被庄子发挥至极。人的这种与天道相应和的真情、真性，也便是作者所标举的。在作者看来，对的寻求不仅赋予了中国传统美学独具特色的"美品"形态，也深深浸润着中国现代美学。无论是朱光潜的"人生的艺术化"，还是宗白华对中国艺术心灵的礼赞，都可视作中国传统美学精神的现代承续。

令人印象深刻的是，作者对中国传统美学的表彰并非为了扬中抑西，而是旨在以中国传统美学重新激活西方美学的普及理想，对质朴哲学的阐发便体现出他在这方面的努力。作为对重建人和自然关系的思考，质朴哲学其实是将"本然美"论述扩展至文明批判层面的产物。在作者看来，质朴哲学意味着去除现代文明的异化伪饰，在"本来美"的基础上恢复其为民众服务的质朴初衷，而这也被认为是普及美学的题中应有之义。正是在质朴哲学的意义上，作者在孔子与马克思之间建立了联系，书中这样写道："马克思解放全人类的思想就是赞叹原始氏族社会中民众的质朴，从而希冀通过'政治解放'和'经济解放'的斗争，来达到在'自由人的自由联合体'中复归质朴而自由发展的学说。孔子的大同世界理想也是在赞叹三皇五帝时代民众的质朴，从而希冀君子阶层'修身、齐家、治国'，而直至'天人合一，消除一切分别，达到大同世界'的境界，人人回归质朴，进入'从心所欲而不逾矩'的生命自由世界。马克思和孔子的理想世界完成的过程就是复归生命质朴状况的过程。"① 这一在质朴哲学名义下对孔子与马克思的沟通，可以说是全书最具理论想象力的所在。

虽然《普及美学原理》在有限的篇幅中对中西美学普及密码的打捞常常是点到为止，甚至颇多散文般的灵动跳跃，这或许会让习惯了烦琐学术论证的读者不能轻松驾驭，但我们却不能因此轻易放过书中那些灵光闪现般的思想火花。事实上，从前述两种"回心"所包含的理论构想来看，作者对普及美学的阐发早就已经溢出了学科意义上的美学研究。因为在作者这里，普及美学既不是书斋式的学问，也不是情调品味的点缀，而是从美学视野观照当代社会物欲横流难题的解决方案。从这一角度而言，无论是对西方美学理想的重温，还是对中国传统美学精神的发扬，其着眼点都并非在学理的探究，而是通过对美学原点的别开生面的重访，恢复美学与现实的血肉联系，并由此期冀文明的自我更新。幸运的是，近年来国家大力提倡美育，已然为美学的复兴带来了契机，普及美学能否抓住这一机会大有作为，化理论构想为社会实践，不免让人充满期待。

---

① 邱伟杰. 普及美学原理 [M]. 成都：四川文艺出版社，2019：152.

"你真美啊，请停一停！"

——漫谈美育视野下的普及美学建构

秦兴华 [1]

"你真美啊，请停一停！"歌德在《浮士德》的最后一幕如此写道。[2]两百多年来，许多人被美感冲击时，脑海里总是会首先想起这句名言，审美的需求在瞬间得到满足，同时对美的进一步渴求也油然而生。人们这种发自"本性、本真"的需求，正是我们谈论美育与普及美学的前提。

"美育"作为一个美学概念，由席勒在《审美教育书简》中提出，提倡以审美自由活动培养全面发展的人，实现人性的复归。20世纪初，王国维将"美育"介绍到中国；1917年，蔡元培发表《以美育代宗教》的演说，倡导美育思想和建立美育体系，并于1930年将"美育"条目写进《教育大辞书》中，与德育、智育相提并论。然而，很长一段时间以来，我国并没有建立起一套完整的、系统的美育体系。从学科地位来说，美育常常被置于边缘地带，美学、艺术学、教育学都谈美育，但都不是其核心。由于没有相应的指导方案，美育最终沦为一句口号，如同应试教育束缚下的体育课，随时会被其他课程挤占；从思想观念来说，人们常常将美育等同于艺术教育，认为美育就是在学校和社会开展音乐、舞蹈、绘画等艺术门类的欣赏、学

习和实践。从效果来看，我们的美育与席勒提出的美育概念还存在很大的差距，至少"会一门艺术特长"并不意味着实现了人的全面发展和人性的复归，甚至在很多时候，此类刻意训练的技艺反而会成为钳制我们自由发展的异化力量，让人们变得机械、麻木。回顾身边的艺术考试培训班，或是当各类艺术能力仅仅作为谈资与炫耀工具而出现时，美育是否实现了？其中又是否存在丝毫的审美创造呢？答案显然是否定的。因此，要探索一条符合中国特色的美育之路，不能局限于艺术教育的框架，而是要回归美本身，也即对"美"进行一场系统的、富有建设性的反思，将其中核心的概念细节一点一点地呈现出来。为此，邱伟杰致力于从美学传统中寻找理论支撑。邱伟杰所提出的"普及美学"可以视作当代美育体系建设的一次尝试，从理论溯源、学科架构和实践方向等方面都十分切中当前美育存在的问题，具有广阔的发展空间。

在《普及美学原理》中，邱伟杰基于中西方美学传统提出了"普及美学"概念，认为"普及美学就是普及美品学，是让大众在对自我的'本来美'的认识、对艺术之'美品'的认识以及'物我合一'的相互呼应中觉知本性和光大本性"①。当然，邱伟杰并没有停留于概念制造和空谈设想，而是回到美学史中寻找理论支撑。在该书的中卷部分，他系统梳理了文艺复兴以来的普及美学实践或艺术运动，如马丁·路德的宗教音乐改革，马克思、恩格斯、列宁的无产阶级美学建构，以及苏联、中国及其他社会主义国家的大众美学实践；同时也剖析了海德格尔、克尔凯郭尔、萨特、马尔库塞、本雅明、德里达、福柯等现当代哲学家对普及美学的影响。

无论是历史梳理还是理论溯源，邱伟杰都秉着客观的态度，辩

---

① 邱伟杰.普及美学原理 [M].成都：四川文艺出版社，2019：16.

证地看待过去的美学理论或历史现象，用精练的语言总结概括这些
理论和实践与普及美学的关联，同时也毫不客气地指出其中存在
的问题。如中卷第二章梳理了存在主义哲学的三位代表人物海德格
尔、克尔凯郭尔、萨特对普及美学的理论贡献：海德格尔提出"诗
意""向死而生""内涵性延长"等观念，让人们在有限的生命中觉醒
和成长；克尔凯郭尔提出以"自己的美学"的满足为标准，发现"真
情、真性"以体验真正的人生；萨特提出"介入文学"的理论，号召
通过文学艺术把世界的本来面目提供给观众或读者，这些思想和我
们所说的"普及"是相通的。同时，他也指出了几位哲学家"普及"
观念的不足：海德格尔"对根植于民众'朴素、本真'的'本来美'的
高贵性认识不够深刻"，"其思想不利于普及美学在民众中的体验和
推广"[①]；克尔凯郭尔"对'本来美'止步于发现和运用，在具体的体
验和践行上沦为经验式的个人实验模型"[②]；萨特则没有对"朴素、本
真"的个性和自由与"个性过度解放"之间的区别进行界定，以至于
沦为"无限欲望解放者"的理论工具。以上分析既肯定了海德格尔等
人对普及美学所做的贡献，也充分认识到其理论的不足，我们今天
在进行普及美学建构时可以吸取一些经验。

　　该书还对苏联的大众美学实践和中国的大众美学实践进行了较
为详细的历史梳理，对中国普及美学建构和推广具有重要意义。在
列宁"艺术为人民服务"的理念指导下，苏联在电影、文学、戏剧、
音乐等方面践行了文艺的大众路线，促进了民众的精神觉醒。如苏
联的"诗电影"、"散文电影"、蒙太奇理论和实践、民族文学、社会
主义现实主义文学、斯坦尼斯拉夫斯基戏剧表演体系、全民音乐普

---

① 邱伟杰. 普及美学原理 [M]. 成都：四川文艺出版社，2019：45.

② 邱伟杰. 普及美学原理 [M]. 成都：四川文艺出版社，2019：45.

及活动等，既从民间汲取了大量的养分，也让艺术更加深入民间，既有"普及基础上的提高"，也有"提高指导下的普及"，形成了"自上而下"和"自下而上"相结合的普及美学路线。中国的大众美学实践经验也尤为丰富，如新文化运动时的白话文运动，对文化普及、文字扫盲和思想觉醒具有重要贡献；抗战时期的左翼文学运动、左翼电影运动等以民众喜闻乐见的方式唤醒民众的精神情怀，也使知识分子和民众之间建立起亲密的联系，更有利于文艺的普及工作；中华人民共和国成立后确立了"社会主义现实主义"的创作原则，推行"百花齐放、百家争鸣"的文艺方针，群众文艺运动得到空前繁荣；改革开放以后流行文化的崛起唤醒人们对美和爱、个体意识、生命价值的追求，将"本来美"扎根于当代生活实际，顺应时代潮流。

在此基础上，邱伟杰勾勒出普及美学的学科蓝图，包括普及美学门类艺术、普及美学经济学、普及美学历史学、普及美学社会学、普及美学语言学、普及美学数理学、普及美学政治学等关联学科。在此也可以看出，普及美学不仅仅关乎门类艺术实践，还需要从经济、历史、社会等各个方面进行探索。一旦接受了上述主张，我们就会发现：客观性不是学问的唯一追求。事实上，只要我们愿意睁开审美之眼，那么任何知识背后都能解读出美学意蕴。哪怕是最为抽象理性的数学，里面的对称性、迭代性和精简性不也是美感的体现吗？我们的建筑设计或其他活动领域，难道不该将这些美纳入其中吗？在当前以艺术教育为核心的美育实践中，普及美学可以提供更加广阔的视野和丰富的理论资源。

更进一步来看，普及美学与其说是一门学科，不如说是一种生存方式，这或许也是邱伟杰会完成《美的人》与《味的人》的写作的原因。在《味的人》开篇，邱伟杰提到在其浙江老家方言里，"味"的读音是第四声的"fi"，表示惬意、舒适之意。相应地，"味的人"即为快乐的人。因为美虽然需要借助具体的习得过程，但关键在于"以得自现实之道还治现实"。研究美学知识、探索本来美，以及培养美品的终极归旨，还是应当聚焦于怎样在现实生活中，成为一个有着审美追求的、快乐的人。质言之，美学（包括由之而生的美育）不可能是一门绝缘孤立的科目知识，相反，它理应融入伦理学，以及人类的基本生存体验。然而令人忧心的是，当今社会变化实在太快，我们或许还未熟悉一款 app 的使用方式，市面上就涌现出了大量替代品。目不暇接的选择撩拨着大众的情绪，诱导着我们的消费。与此同时，"精致的利己主义"风气盛行，流俗、谄媚与谎言充斥于日常生活。种种消极因素遮蔽了大家的审美目光，使接受美感滋养成为难题。于是如何抵制消费主义意识形态和世俗不良风气入侵，进而把握本真需求，陶冶审美趣味，实现自由禀赋的解放，并最终过上有品质的良好生活绝非轻轻松松便能达到的生活成就。当我们还原了邱伟杰的成书语境，他关于普及美学的系统勾勒，尤其是从美学出发，落脚于人类伦理生活的"质朴快乐成功观"（相应地，邱伟杰反对附庸风雅、假模假式的"功名利禄成功观"）就显得弥足珍贵了。不难发现，"美"绝不是盲目的，事实上，美体现了伦理道德，美关乎天人和谐。作为生存论方案的普及美学，既是一种迫切的时代之思，更关涉每个人的现实福祉，遵循此理路的美育方能彰显其教化之道。

除此之外，本书还整理了普及美学目前的实践活动，总结了其在提升大众审美水平方面的重要贡献，并对普及美学的未来前景进行了大胆构想，这些对于我们当前的社会处境，特别是"数字化生存"的时代而言，有着举足轻重的参考与借鉴意义。因为即使我们的生活媒介发生了变革，徜徉于 Web 3.0 或元宇宙世界里的普罗大众，依然无法脱离审美和美感（以及与美相关的伦理生活）而存在。

总的来说，普及美学立足于马克思主义和中华优秀传统文化，吸收西方哲学思想的先进部分，建构信息化、智能化时代的美好生活方式，以满足人的个体性和本真性需求，实现兴趣的多元化和审美的民主化，这也是美育的宗旨所在。

美学何以可能普及？

——评《普及美学原理》

李嘉华 [1]

从《普及美学原理》一书的题名就可以看出作者在美学问题上的抱负。"Universal Aesthetic Principles"的英文表述充分显示了一种尝试建构学科体系并将之立足于社会实践的勃勃雄心。全书的篇章结构也印证了这一点。书中不仅交代了提出普及美学的问题域，也从历史角度梳理了普及美学的具体表现形态，最后结合现实生活给出了普及美学的学科纲领。作者明确指出，普及美学所要解决的核心问题是：当今中国的美学任务是什么？美学应该为谁服务以及如何服务？因此，"美学的发展不应该拘泥于学理概念层面，更应该立足社会实践" [2]。虽说作者的告示已题写在前头，但是既然此书以"原理"（principle）命名，作者自己有意构设一套能够与实践保持协调的美学理论体系，那么也就少不了要从学理层面对普及美学的知识任务做一番分析。康德在《任何一种能够作为科学出现的未来形而上学导论》中提出了作为科学的形而上学何以可能的问题，从原理层面规定了知识被建立为科学的条件。如今，对照康德，我们也要根据《普及美学原理》，尝试回答美学何以可能普及的问题，以便对普及美学作为一套知识体系的条件进行批判。

---

[1] 李嘉华：清华大学哲学系在读博士生。

[2] 邱伟杰.普及美学原理 [M].成都：四川文艺出版社，2019：13.

一、起源：作为体系弥合剂的美学

我们之所以要对照康德提出美学何以可能普及的问题，是因为到了康德这里，对包括审美判断在内的反思性判断力的考察才变成了一项必不可少的综合任务。正如作者所言，Aesthetic 概念及美学的诞生，得益于英国经验主义哲学和德国理性主义哲学的争辩。[①] 在康德之前的鲍姆加登确实更早地提出了"Aesthetik"概念，并把它系统地阐述为感性认识的学科，也就是一门与逻辑学并举的学科，故而将"Aesthetik"称为"感性学"要更为合适一些。康德接续鲍姆加登建构知识体系的意图，通过对各种认识能力进行批判，划分相关知识领域。然而，与鲍姆加登在莱布尼茨－沃尔夫（Leibniz–Wolff）的理性主义传统中考虑美是否能够体现感性认识的完满性相比，批判时期的康德肩负着更为艰巨的任务：如何将理论与实践、自然与自由综合起来，止息理性主义与经验主义的分歧。在康德那里，"先验感性论"（die transzendentale Ästhetik）和"反思性判断力"（die reflektierende urteilskraft）之间有着错综复杂的关系。我们通常说的对美感的评判属于鉴赏判断（Geschmacksurteil, judgement of taste），鉴赏判断本身又属于反思性判断力中的审美判断力（aesthetische urteilskraft）。我们现在日常理解的美学概念，就大致对应康德所说的审美判断力。从严格意义上说，康德既不是要提出一门感性学，也不准备构建一门堪与自然科学和道德法则相并列的美学，整个反思性判断力不具有独立的认识领地。审美判断力也不是只有美，还包括崇高。如果把审美判断力算作美学的话，那么康德式的"美学"，到底是要解决什么问题呢？

---

① 邱伟杰. 普及美学原理 [M]. 成都：四川文艺出版社，2019：3.

邱伟杰认为，需要把美学所涉及的艺术和美感置于西方认识论的传统中。此言不假，康德批判哲学的大厦就是近代哲学认识论转向的产物。根据康德的《纯粹理性批判》，认识根据由客观对象转向主体的认识能力，对事物的认识其实是对现象的认识，感性直观和知性范畴相结合才能产生同时具有普遍性和经验性的科学知识。康德本人将这一转向称为"哥白尼式转向"[①]（Copernicus' Revolution）。于是，以牛顿的自然科学为范式的科学知识变成了知性主导的领域，我们无法独断地宣称主体具有认识自在之物的能力。现象和自在之物的区分显然是为了限制知识以便为信仰留下地盘，遵从道德法则行事的自由意志就成了理性主导的领域。批判哲学的划界行为使得人既是服从自然因果律观察事物的认知主体，同时又是具有自由意志的行动主体，原本完整的人却要被归入两个不同的领域。人到底是自然中的一部分，还是可以超脱因果律的自由个体？为了弥合不同领域之间的裂缝，贯通自己的体系，康德提出了反思性判断力作为沟通的桥梁，把单纯机械的自然提升为具有合目的性的自然。审美判断力通过自然的主观和目的性形式，可以发现一种虽不能认识，却能把特殊之物与先天原则联系起来的自然的超感性基底，并伴随愉快或不愉快的情感。审美判断力在他的哲学体系中显然扮演着自然和自由的弥合剂的角色。虽然所谓的"美学"没有自己单独的领地，但是借助包括审美判断力在内的反思性判断力，康德尝试回应了在自然之中自由是否可能的问题。

谁也不曾想到，从起源处来讲，本是作为哲学体系弥合剂的"美学"却引发了关于美和艺术的一系列问题。

---

① 康德. 纯粹理性批判 [M]. 邓晓芒，译. 人民出版社，2004：15.

二、悖论：美学的转型困境

在康德之后，美学不再被单纯地当作弥合体系的中介。这既和不同哲学家建构各自的哲学体系的不同需求相关，也和美学日益要求成为一门独立的甚至是奠基性的知识门类有关。说到这里，我注意到一个很有意思的现象。《普及美学原理》在史论部分向前追溯到了鲍姆加登和康德之前的马丁·路德、伏尔泰、卢梭，把论述的重点放在了德国观念论之后的马克思、恩格斯、列宁、日丹诺夫，苏联和中国等国的大众美学实践以及存在主义、法兰克福学派，德里达和福柯等思想家或思想流派。除了对黑格尔的着墨外，少见对德国观念论美学在内的德国 19 世纪的美学发展逻辑的分析和评价。我想倒不是作者有意忽略了这一部分，而是因为普及美学的理论指向所在。作者在观念论问题上的缄默以一种间接的方式指出了美学在德国观念论及其之后的思想史中经历的发展困境。

在康德的诸多后学看来，审美判断力还不足以弥合自然和自由之间的鸿沟，现象和自在之物之间的区分就像一块顽石一样。有什么办法能够做到这一点呢？费希特把认识论当作哲学本身，在构建"知识学"（Wissenschaftlehre）的时候，按照自我设定非我、自我设定非我限制自我和自我设定自我规定非我三条原理，从自我的绝对活动中演绎出整个知识的领域。费希特的"知识学"中没有系统的美学学说，但是想象力却发挥着基础性的作用，其活动能力也成为德国早期浪漫派所凭依的理论资源之一；谢林在费希特的"知识学"的基础上发展出了先验唯心论体系，把先验唯心论扩展为一个关于全部知识的体系。自我意识与自然事物不再是分开的，先验唯心论与自然哲学的关系是同一的，理智与自然实现了绝对同一性，这种同一关系的顶峰就是艺术哲学。谢林认为，哲学在美感直观这里达成了意识与无意识的统一，也就表现为一种终结的状态。和康德的审美批判相比，费希特和谢林的美学学说带有一种明显的超理性或非理性的色彩。康德那种将人类心智划分为自然、自由和艺术的近似三足鼎立的批判结构不复存在，取而代之的是把审美和艺术所体现的创造能力当作全部知识的基底。这就陷入了一种哈贝马斯所说的审美现代性的悖论，这种悖论也映射了现代文化危机的表征，即艺术一方面与科学和道德一样具有自律的结构和独立的领域，另一方面却被赋予了救赎现代工具理性的使命，演化为一种突破批判规范的形而上学力量或神秘力量。① 在这个意义上，邱伟杰用以批评鲍姆加登的话语同样可以用于费希特和谢林的观念论美学思路："一方面忽视和排斥了艺术哲学的全球化视域，另一方面让美学斥离了理性思维，这是狭隘的。"②

　　黑格尔有意用具有基督教-市民社会内涵的绝对理念解决美学的转型困境，为此他扩展了美学，把美学转换为"艺术哲学"。一方面把美学引入艺术理论的研究范畴；另一方面又把这种看似自律的艺术理论指向"绝对理念"（absolute idee）的感性显现，与"绝对理念"的逻辑显现构成了一种发展的阶次，使美学成为"绝对理念"在哲学以外的另一维度。③ 可是以历史目的论为准则的无所不包的理性体系最终被认为是头足倒置的自我幻梦。哪怕经过了黑格尔的扩容，美学仍然系于主体性原则，不得不承受历史主义和实证主义的夹击。

---

① Jürgen Habermas, "Die Moderne—ein unvollendetes Projekt", in: Kleine Politische Schriften IV. Frankfurt am Main: Suhrkamp, 1981. S. 456.

② 邱伟杰. 普及美学原理 [M]. 成都：四川文艺出版社，2019：136.

③ 邱伟杰. 普及美学原理 [M]. 成都：四川文艺出版社，2019：136-137.

如果承载理念的艺术形式无法负担起普遍性要求的重量，那么美学随时可能变成因鼓胀而破裂一地的气球。或许黑格尔自己都没有意识到，他的"艺术终结说"（the end of art）竟会变成理念突入现实的典型，预言了20世纪的艺术实践趋势，提出了一个时代性的难题：美学是否具有一种普遍性的主张？

三、普及美学：解围的一种尝试？

对德国观念论美学的考察，让我们看到了美学在现代发展中面临的悖论，同时也找到了让美学继续前行的两条路径：一条是为美学划界，赋予它以自律的专门领域，建设专业的知识体制和评价体制，用符合这一领域的有效性标准来对美学进行检验和批判；另一条则是先锋艺术开辟的扬弃艺术于生活实践的尝试。不论是先锋艺术就艺术形式展开的种种创新实验，还是随着电影等可机械复制的技术的发展，美学与其他领域的边界不再牢固可靠。而且伴随着对不同文化艺术形式的发现和比较，我们能够像邱伟杰所说的那样认识到像中国文化这样的艺术经验与生活形式紧密联系的案例。因此"在今天全球的政治、经济、科技、文化大融合的信息智能时代，重新梳理和定义美学的概念既有可行性也有必要性"[①]。对美学进行重估并把它放置到更为广阔的生活世界中，进行广泛的社会普及成为19世纪中叶以来愈演愈烈的呼声。

《普及美学原理》选择的主要是第二条路径。普及美学既是从中国艺术的历史经验而来，与中国传统的追求生命自由的品质之学一脉相承，也接续了西方现代思潮中关于艺术和生活的关系之思考，

---

① 邱伟杰. 普及美学原理 [M]. 成都：四川文艺出版社，2019：137.

马克思主义促进人的自由发展的学说、存在主义希望唤醒生命品质的精神、法兰克福学派对大众文化的批判等共同在欧洲文明中推动着普及美学的发展。马克思主义学说被视作"最彻底的普及美学实践学说"①。身为马克思主义者的本雅明，对电影等可机械复制的技术充满信心，后者所带来的艺术政治化和大众化的思想对变革社会现实具有深远影响，是欧洲普及美学的一次重大理论发现和实践突破。②作者之所以要用大篇幅概述马克思、恩格斯和列宁的无产阶级普及美学，梳理苏联、中国和其他社会主义国家的大众美学实践，是因为上述社会运动中的美学实践体现了普及美学的"化大众"和"大众化"两个并行的维度，对于构思一门关于普及美学的系统原理具有很强的历史借鉴意义。

话说回来，如果要让美学普及，使之扬弃于生活实践，也遇到了一系列的问题：是否还存在一门叫作"美学"的学科呢？或者是否可以采取"以美育代宗教"的社会整合模式？这不仅是席勒思考的审美教育的问题，也是杜尚以来的先锋艺术一直面临的拷问。考虑到美学创立之时所根植的主体性原则，怎样对它进行范式转换才能不至于只是简单地首尾颠倒，没有从根本上打破美学在体系中的结构位置呢？邱伟杰提出了一个解围的尝试，对美学进行了重新界定。与常见的把美与情感和感知联系在一起的做法不同，他诉之于一种关于人生品质的"美品之学"，既通过普及大众的"本来美"确立一种美的根本方向，也通过对人生之味的多样性的、深层次的挖掘，拓宽美学介入现实生活的可能：美学是人之"品"与事物之"品"通过深

---

① 邱伟杰.普及美学原理 [M].成都：四川文艺出版社，2019：30.

② 邱伟杰.普及美学原理 [M].成都：四川文艺出版社，2019：136-137.

层呼应而达到某种"境界"的学问^①，既符合马克思主义的"具体性和整体性"，也呼应着儒家"人皆可以为尧舜"的思想。^② 在这个意义上，邱伟杰认为，人既是"美的人"，也是"味的人"，"美学"即是"美品学"。

"美品学"的提法再次把我们的思绪带回到美学学科诞生的那个时代。说来有趣，当我们像新康德主义者一样主张"回到康德去"，便会看到，康德的鉴赏判断也可被称为趣味判断，"鉴赏"所对应的"taste"正有品味之意。康德对"taste"的使用不是孤例，在康德生活的那个时代，英国学人哈奇森（Hutcheson）、杰拉德（Gerard）、阿利森（Alison）和休谟（Hume）等掀起了一股推崇和普及品味的风潮。他们以社会刊物等为阵地，致力于向公众普及现代风尚，提升鉴赏品评的能力。公众生活的自觉意识也随之提高，为进入现代公民社会打下了扎实的实践基础。"美学"学科就诞生于这样一种时代风气之中。乔治·迪基（George Dickie）甚至把这些人所在的十八世纪称作"趣味的世纪"^③（the century of taste）。通过对那个开放而又注重生命品质的时代的回顾，"美学"在其起源处与社会实践和生活世界的联系对普及美学的继续完善来说，不啻是一个可供今人参考的范例。

"普及美学"体现了对当下社会现实的明确而忧深的观照，也包含了一种渴望从文本到行动成为施行话语的要求。对于普及美学是否可能解围美学的发展困境，不宜心急，而是应该留待历史和实践的双重检验。正如作者所言，普及美学中的"本来美"蕴含着普遍之美的

---

① 邱伟杰. 普及美学原理 [M]. 成都：四川文艺出版社. 2019：11.

② 邱伟杰. 普及美学原理 [M]. 成都：四川文艺出版社. 2019：195.

③ Cf. George Dickie, The Century of Taste: The Philosophical Odyssey of Taste in the Eighteenth Century, Oxford University Press, 1996.

可能，并非意味本来就美而无须变化，而是说"本来美"就是需要浇灌培植、不断成长的种子。① 至于它什么时候发芽，没有哪一片天空的神谕或天意会告诉我们，我们亦无法以目的论的视角完全预测。当前所能做的就是把美学何以可能普及的逻辑指出来，不求自己的评析完全熨帖作者之用意，只愿"不以文害辞，不以辞害志"吧。

---

① 邱伟杰. 美的人 [M]. 成都：四川文艺出版社，2018：1-2.

"美育"与"育美"

——邱伟杰《普及美学原理》的美育价值

李国成 [1]

近年来，我国在教育、文化领域越来越强调美育的重要性，继国务院办公厅于 2015 年印发《关于全面加强和改进学校美育工作的意见》之后，中共中央办公厅、国务院办公厅于 2020 年又印发了《关于全面加强和改进新时代学校美育工作的意见》，五年之内连续出台两份关于美育的国家层面的指导性文件，不仅推动了我国美育事业的巨大进步，也在学界进一步引发了对美育的广泛关注和热烈讨论。

事实上，无论在西方美学还是中国美学中，美育都有深厚的思想资源和悠久的实践传统。孔子在《论语》中说："兴于《诗》，立于礼，成于乐。"这即已指出了艺术、审美在文化教育和人格修养中的重要作用，王国维据此认为孔子之教人正是"始于美育，终于美育"。其后，自《礼记·乐记》中"致乐以治心"的主张到章学诚《文史通义》中"三代以后，六艺唯《诗》教为至广也"[2] 的观点，也无不表现出中国传统文化中美育所占有的关键地位。同样，美育在西方思想传统中向来也颇受重视。柏拉图《会饮》认为"爱若斯"（Eros）是"在美中生育和繁殖"，并将"观看美本身"作为最值得过的生活。[3] 而在德

---

① 李国成：南京大学文学院助理研究员。

② 章学诚. 文史通义校注 [M]. 北京：中华书局，1983：72.

③ 柏拉图. 柏拉图全集（第5卷）[M]. 王晓朝，译. 北京：人民出版社，2016：188，193.

国古典美学，特别是席勒那里，美育思想则实现了其最初的理论自觉，审美教育被视为弥合现代性危机下人性分裂的治疗方案，尤其是有助于克服理性对感性的过分压制。席勒施以美育的这种效用在西方思想中的反响至今不绝，后殖民理论家斯皮瓦格在 2012 年出版的《全球化时代的美育》一书中，仍采用美育作为帮助我们挣脱全球化带来的"双重束缚"的重要手段。

值得注意的是，在中国现代思想和现代学术的开端处，王国维、李叔同、梁启超、蔡元培、朱光潜等即已综合中西方的思想资源，提出了各自的美育主张并或多或少地投身于美育实践，使美育成为中国现代思想百废待举和万象更新时的一道夺目的风景线。他们兼采中西之长，将中国古典美学、美育理论的精粹与康德和叔本华哲学中的审美超功利说、形式说及游戏说，杜威的实用主义，柏格森的生命哲学等糅合到一起，面向中国的现实问题和时代背景的具体要求，在中国现代思想中为我们树立起美育思想的光辉传统。在我看来，邱伟杰先生所提出的"普及美学"理论无疑从这一传统中汲取了思想资源，并在某种意义上正是接续这一传统的尝试，同时也为这一传统做出了自己独特的贡献。

尽管邱伟杰先生并未着意从美育的角度来标举自己的"普及美学"，但其《美的人》《味的人》以优美细腻的笔墨引导人们认知、保守、养育"本来美"，倡导人们活出个人特别的一番美味，所从事的无疑是美育的实践工作。在《普及美学原理》中，他以"普及"来命名和定义自身的美学，对大众的美育当然也属于题中应有之义。同20 世纪初的先行者一样，邱伟杰先生也在自身的理论建构中将中国古典美学和西方美学的思想资源都熔为一炉，而有所不同的是，他对马克思主义和社会主义国家的美学实践给予了特别的关注，这为他的理论赋予了更多的人民性的特质。那么，就美育方面而言，邱伟杰先生的理论观点相较于我们的一般认识主要有哪些独到之处呢？也许可从以下几个方面略作窥探。

首先，是对大众性的强调。在当下学界话语中，美育往往被局限于学校教育，置于学科建设和教学改革的话题下讨论，然而美育本身所要求的实际上远远超出学校教育的特殊领域，是对社会大众的普遍性的公民教育。在蔡元培等中国现代第一代美育思想家那里，美育即与培养国民和改造国民性密切相关。在题为《文化运动不要忘记了美育》的演讲中，蔡元培认为"文化进步的国民，既然实施科学教育，尤要普及美术教育"，并将美育的方式分为"专门练习的"和"普及社会的"。① 就此而论，邱伟杰先生的"普及美学"也超出了学校教育的层面，而指向对社会大众普泛的美育，可以说是对美育原有的普遍意义的一种恢复。并且，在很多语境下，美育常与启蒙相关联，是由启蒙者将美学思想和审美品味"自上而下"地教授或灌输给大众，大众需要努力去学习才能领略、获得和鉴赏美，这显然带有精英话语的特征。邱伟杰先生则认为大众具有"本来美"，这一"本来美"出于人的天性并归于人的质朴，从而让每一个人在其自身即能发现、培育和成就美②，这在一定意义上旨在对美和美学进行"祛魅"。能够看出，这种观点也得益于作者对马克思主义无产阶级美学的借鉴和吸收。另外，还应注意的是，启蒙观的美育与大众文化、流行文化、通俗文化是天然对立的，有志于将大众的审美品味从通俗提升为高雅，是对大众审美素养的再塑造，而邱伟杰先生则正视了大众文化本身的审美价值，甚至将广场舞、互联网游戏等也

① 蔡元培. 蔡元培美育论集 [M]. 长沙：湖南教育出版社，1987：57.

② 邱伟杰. 美的人 [M]. 成都：四川文艺出版社，2018：1-2.

纳入普及美学的实践中①，让人们在"玩起来"的同时收获个体性、本真性的审美体验，这也表现出大众性原则在他的理论中的深入贯彻。

其次，是对自主性的宣扬。美育之"育"既可作"教育"解，也可作"培育"解。若解作"教育"，则被育者总是被动的，要将外在于自身的知识、标准、领悟吸纳进自身，并以此规范自身；若解作"培育"，则被育者是主动的，只是借别处的营养来滋养自身的种子，辅助自身天性的发展和完成。邱伟杰先生的"本来美"正是要将美从"教育"的对象变为"培育"的对象，不是设置高高在上的美学标准，而是认为"'本来美''质朴美'是最珍贵的天地之大美"②，由此就保证了每一个人对美的自主性。据此自主性，一方面，审美具有了鲜明的个体性，"人人皆可为尧舜"，人人也皆可获得美，并且无论在展览馆里欣赏毕加索的画作还是在广场上伴着"野狼disco"起舞，都同为审美的活动，只是表现方式有所不同；另一方面，审美也具有了突出的过程性，因为"本来美"的"培育"需要一个过程，所以审美与"成己"是同属一体的，这要求我们对美的分析也要从静态转为动态，要应时而变，随事而动。同时，美的"过程性"也保存了美的"多元性"。在《美的人》中，作者以十二种花对应人生的各个阶段，以此喻指每一阶段不同的美的品质和美的追求，为不同的境况树立了不同的美的典范，"本来美"也因此从抽象的概念转化为丰富多彩的具体形态。

再次，是对生活化的注重。美育若要指向社会大众，就需要"接地气"，需要能融入社会大众的日常生活。卢卡奇认为，不论是对现实的科学反映还是对现实的审美反应，都是"由日常生活的需

① 邱伟杰. 普及美学原理 [M]. 成都：四川文艺出版社，2019：189.
② 邱伟杰. 普及美学原理 [M]. 成都：四川文艺出版社，2019：142.

要形成的，并要回答日常生活所提出的问题"①。并且，在我们当代社会的发展过程中已呈现出日常生活审美化的趋势，费瑟·斯通即从后现代艺术消解艺术与日常生活的距离、生活转化为艺术作品的谋划、日常生活充斥着符号与影像之流三个方面对这种日常生活的审美化进行了描述②。在这样的趋势下，美育更应能够应对日常生活的挑战并帮助我们处理日常生活的问题。在其"普及美学"中，邱伟杰先生对日常生活和处于日常生活中的人如何去生活表现出了高度的重视。一方面，他充分肯定了人们在日常生活中产生的欲望和需求，并不将审美视作完全非功利的游戏，而是要引导欲望和需求走向审美化。他反对"功名利禄成功观"，但认可人们对更高品质生活的追求，甚至鼓励去玩书、茶、石、乐等，"每个个体因此都随兴趣进入几个玩圈"。③在他看来，一个"艺术娱乐文化时代"已经到来。另一方面，邱伟杰先生特别注意人们在日常生活中的行为和心态，希望培育一种生活艺术和人格美。在《美的人》和《味的人》中，他紧扣日常生活的具体经验，将审美体验和成长方式结合起来，对于人在不同阶段和不同处境如何坚守和浇灌"本来美"，如何实现"人生美"提供了方式方法。在某种程度上，邱伟杰先生的著作正是告诉人们怎样去艺术地生活的指导手册。

20世纪30年代，朱光潜提出了"人生艺术化"的理想，他认为："人生本来就是一种较广义的艺术。每个人的生命史就是他自己的作品。这种作品可以是艺术的，也可以不是艺术的，正犹如同是

---

① 卢卡奇. 审美特性（上）[M]. 徐恒醇，译. 北京：社会科学文献出版社，2014: 2.

② 费瑟斯通. 消费主义与后现代文化[M]. 刘精明，译. 南京：译林出版社，2000: 95-98.

③ 邱伟杰. 普及美学原理 [M]. 成都：四川文艺出版社，2019: 166.

一种顽石，这个人能把它雕成一座伟大的雕像，而另一个人却不能使它'成器'，分别全在性分和修养。知道生活的人就是艺术家，他的生活就是艺术作品。"①这段话想必能够引起邱伟杰先生的深深共鸣。美育的意义不只在于让人认识美、知道美，更在于让人将自己和自己的生活创造为艺术作品，从而成为"美的人""味的人"。由此看来，美育也就是"育美"，在"普及美学"的愿景中，人人都各自守护、培育和成就着属于自己的美，最终所达到的乃是"各美其美，美人之美，美美与共，天下大同"的完美境界。这不但是美育的目的，在邱伟杰先生的笔下，这也是马克思关于共产主义社会中"合乎人性的人的复归"和"自由人的联合体"的实现。

我们可看出，对于美育和育美，邱伟杰先生洋溢着热情并充满乐观，朱光潜认为人生能否艺术化"全在性分和修养"，邱伟杰先生通过将"本来美"作为"大众共性"而弭平了人与人之间在"性分"上的差异，使人生的艺术化全然成为"修养"功夫，这显然为每个人都许诺了蜕变为"美的人"的机会和可能，从根本上体现了他的理论的大众性特征。不过，从现代思想中反主体主义的浪潮看来，"本来美"的观点似乎给人们赋予了过多的主体性，现代社会的大众是否还能称得上独立自主的主体，是否真拥有一个带有形而上色彩的作为"美"的"本来"？这也许仍会招致不少争议。在此也涉及现代美学中审美超越与大众文化的关系问题。倘若大众文化是资本的谋划下对人们的主体性的一种操弄，如阿多诺所说的那样，大众文化在现代社会的文化工业中已然"变成了对大众的欺骗，转变成束缚意识的镣铐。它妨碍了自觉地为自己下判断做决定的独立自主的个人的

---

① 朱光潜. 谈美 文艺心理学 [M]. 北京：中华书局，2012：92.

发展"①，那么对大众的美育就需要帮助人们从大众文化的规训中摆脱出来，进入一种相对于日常现实保持着自律的艺术世界，但这实际上又让美育从大众性走向了精英化。邱伟杰先生的乐观态度让他避免了这一矛盾，因为他从现代经济、文化和科技的发展中看到了越来越多有利于人们艺术化的高品质生活的因素，如大数据计算对人们需求的精准分类和满足为人们各具特色的高品质生活提供了条件。但从另一角度讲，大数据的精确计算有可能同时也是对人们的欲望更为细化的制造和操控，是让文化工业的统治更为深入的利器。对于"普及美学"来说，这种科技和文化发展的"双刃剑"的可能性需要引起更多的重视，因为若要真正实现对大众的"普及"，就必须对大众实际面临的困境和危险拥有足够清醒的认识。

在我国当前的发展阶段，"人民日益增长的美好生活需要"越来越得到凸显，如何在物质需要得到满足之后去实现更高层次的精神需求，如何让我们的日常生活从"活着"到"活好"再到"活美"，这已成为社会大众愈加紧迫的需求，邱伟杰先生"普及美学"理论的出现正是应时之需、应势之举，对于社会主义美育事业无疑具有切实的意义和独特的贡献，值得我们认真对待和高度赞赏。

① 阿多尔诺.阿多尔诺基础读本 [M]. 夏凡，译. 杭州：浙江大学出版社，2020：293.

在减法与加法之间

——"本来美"的理论位置与人文意蕴

耿弘明 [①]

　　《普及美学原理》一书分为三卷，上卷名为"论普及美学"，中卷名为"普及美学史论"，下卷名为"普及美学学科纲要"，在三卷文字之中，中卷着重于对历史的梳理、反思与回应，而上卷和下卷则体现了作者独到的理论建构。在作者的理论诉求中，上卷中的"普及美学概论"一篇和下卷"普及美学与质朴哲学"一篇，都着重强调了"质朴"和"本来美"这两个概念，可见，这种倡导回归质朴与本源的美学诉求，是整个"普及美学"的理论归宿。作者认为："'质朴'意为天真自然，心无旁骛，即'本来美'的返璞归真，又包含拒绝多余做作的装饰和受旁人之意影响的浮华。" [②] 这句话鲜明地解释了"本来美"与"质朴"的理论位置，它们是浮华的反面，也是多余做作的装饰的反面。从全书的整体架构来看，本来美也与作者提出的其他概念有明显的亲缘关系，本来美与质朴是本体与表现、根源与呈现的关系，当本来美呈现到具体审美范畴时，它便是质朴。从作者几本书的理论思索来看，本来美与"美的人""味的人"是抽象理论与具象人格的关系，"美的人"与"味的人"在现实中的生成，便是本来美的映照与具身化。

　　在美学史上，我们也可以发现诸多与之类似的理论思路，在比

---

① 耿弘明：清华大学写作与沟通中心讲师。

② 邱伟杰. 普及美学原理 [M]. 成都：四川文艺出版社，2019：151.

较的视野下，探索"本来美""质朴"与其他思路的关系，更有助于理解本书作者的独特诉求。

例如，在《道德经》中，老子谈及"复归于婴儿"，将其作为一种至高的人格境界，在《童心说》中，李贽倡导"童心"，公开和传统儒家礼教进行对抗，在《爱弥儿》中，卢梭赞颂"原始与自然"，认为后天污染了人类那神圣而朴拙的天性，在《查拉图斯特拉如是说》中，尼采谈到了精神演化的三种境界，其中最后一种境界便是儿童。他们这种种理论诉求，有的是就认识论而言的，有的是就伦理学而论的，由于时代精神的差异，论战敌人的不同，与"本来美"的说法自然有其不同之处，不过，在其美学意义上，它们也有着明显的共通之处，形成了一种跨时代的思想关联。

而这些说法的背后，与美学史上一个重要的思想冲突有着密切的关联，这个思想冲突源于重要的理论问题：从方法论上讲，如何实现、体验、获得美？

为了回答这个问题，在方法论和功夫论的层面上，美学史上的思想家们曾经设想过很多种方案。其中，较为重要的有两种方案：第一种方案的思路便比较接近于本书作者的"本来美"的思路，它要回归于质朴，返归于天然，摆脱世俗樊笼的囚禁，过量知识的束缚，与浮华之美的异化，它是一种减法，减去多余之物，美便自行呈现出来；第二种方案则接近于"建构美"的思路，它要求一种不断的、永无止歇的自我超越，要求个体不能停止在美的问题上的反思与追求，要不断提高境界，丰富知识，增加体验，增益技巧，它是一种加法，将外在的美的规律、知识、技艺加诸自身，从而臻于美的境地。这两个方案的背后，则潜藏着两种形而上学假设。

在第一种方案背后，它潜藏的根本的形而上学假设是——美是天生的、自足的存在，它在人的自然本性之中，在人的赤子之心中，心灵本就有它活泼生动的美，因为后天的遮蔽、操劳、异化，人类才丧失了天性中的美，这是一种类似于《圣经》中伊甸园的比喻，当我们离开了伊甸园，一种彻底的不可逆的堕落就发生了。如果我们细细品读李贽的《童心说》一文，便能发现这种从形而上学假设过渡到美学诉求的思路。在《童心说》中，李贽提出："夫童心者，真心也。若以童心为不可，是以真心为不可也。"[①] 当然，也要认识到李贽所说的"真心"，虽然与中国古代道家思想中的真心有密切的关联，甚至存在一种理论的启发关系，它们相同的地方在于，二者都是一种形而上学的假设。但是，它们在意义上有所不同，于是，在这种假设下，李贽由形而上的构建过渡到对伦理问题的思考，又更进一步，由此谈及文章做法的问题。李贽认为，人有了童心，则有了真心，有了真心，则可成为真人，成为真人，才可写天下之至文；无童心，则为假人，而言假言，行假事，作假文。这样，童心的本体论意义，与它的美学意义也就构建起了关联。这就是说，拥有童心状态、拥有真心状态的人与文都是最美的存在，它没有过大的知识压力，也不假以过度的外在修饰，更不会将后天的道德法则视为终极的目标与追求，一个人如果失去了这种状态，就会走向堕落的方向，离美的境界越来越远，再也无法挽回了。

当然，在这一思路的内部，关于自然本性的定位，也存在不同类型的理解。在第一种类型的理解中，自然本性是一种纯净的婴儿状态。在第二种类型的理解中，定位为真性情的状态。在第二种方案背后，它潜藏的形而上学假设是——天性是无美无丑的，美不是天然得来，而是一种后天的建构，因此，自我超越、知识习得、技

---

① 李贽. 焚书·续焚书 [M]. 长沙：岳麓书社，1997：97.

巧培养会辅助这方面能力的提升，这是一种传统神话中英雄历险故事一般的比喻，只有经过千锤百炼，万般考验，在艺术作品与艺术评论以及艺术史的海洋里遨游，而后才会体验到真正的美，获得真正的感性飞跃。王尔德便持这种观点，他认为，为了达到美、获得美、在生活中实现美和在艺术中捕捉美，我们需要付出很大的努力，要学习复杂的知识，掌握高超的技巧，臻于玄妙的境界，从而构建出一种"谎言"，这个谎言是美的，而真实的自然则是不美的。王尔德说："大自然其实缺乏设计感，非常诡异和粗糙，又极其单调无趣，大自然是彻头彻尾的未完成品。"[①] 王尔德认为，"谎言"是对真实自然的超越，又会通过个体生命，反过来影响真实的自然世界。第二种方案涉及了审美境界的自我超越问题，在这之中，也有几个类型的超越。

第一种是古典主义色彩的，某些唯美主义艺术家也持类似看法，它是一种具体技巧层面的超越，强调通过技术的不断进步，更好地促进在艺术比例、层次的构建上实现和谐、恰当、精准。第二种是浪漫主义色彩的，是超验维度的超越。例如，施莱格尔认为，人应该通过个体精神与宇宙精神的契合，从而构造出一种普遍诗，它不是简单心理维度的诗歌心理学，而是一种在实证主义时代维持"诗"的宗教性与独立性的必然道路。

上文已经提及有两种获得美的办法，上文还阐述，我们可以称第一种为审美的减法，称第二种为审美的加法。那么，通过审美的减法，我们可以去除杂念，远离概念，消解知识，反观自性，直观自在本心之美。而通过加法，我们借由艺术作品完成自我升华，借

---

① 王尔德. 王尔德文选：镜子、谎言与瞬间 [M]. 耿弘明，译. 北京：生活·读书·新知三联书店，2021：137.

由美学理论获得认知升级，从而提升个体的审美境界，获得后天建构的美。

在这一背景下，分析本文作者所提倡的"本来美"概念，可以发现，毫无疑问，它是一种减法，"本来美""质朴""普及美学"等概念也应该在这样一种美学谱系中得到它的定位。我们可以进行"本来美""质朴"与和它存在亲缘关系的美学概念的比较，在这种比较之中，我们可以发现本书作者观念的独特之处。

"普及美学"和"本来美"意图完成审美的减法和加法的结合，这是作者这个概念谱系的独特之处。就审美的减法而言，《普及美学原理》一书中，体现的是上文所提及的第一种方案中的前一种类型的理解，强调的是返归于质朴、朴拙的状态，作者反对的则是资本、物欲、专业化带来的人的异化状态。作者写道："消费社会中民众在'迷幻式异化'下心甘情愿并竭尽所能地奔向'他人'制定的消费方式和生活方式，这种'心甘情愿'是在民众被'迷幻式异化'关闭了自身'五感六觉'之后的成瘾式消费，是'麻木人'成为傀儡而不自觉。"①而这样的现象，正是作者提出的"本来美"所要反思和批判的对象。而就审美的加法而言，《普及美学原理》一书中，体现的是第二种方案中的后一个类型的理解，带有个体超越的、由现象及天道的浪漫主义色彩。作者写道："普及美学的社会学是基于'天人合一'论的，以'个体性''本真性'的具体性出发，而实现整体性和谐共生的社会学。"②

于是，我们可以发现，曾经的美学家们提倡的美学的减法，大多是针对概念化思维方式的，以及过于复杂的人伦礼教的，曾经的美

---

① 邱伟杰. 普及美学原理 [M]. 成都：四川文艺出版社，2019：202.

② 邱伟杰. 普及美学原理 [M]. 成都：四川文艺出版社，2019：186.

学家们提倡的美学的加法，大多是针对个体与天道的关系而言的。而邱伟杰基于当前时代下的中国语境，注重了个体性与社会性的结合，进行了独特的思考。在这一背景下，反观作者对于"本来美"的建构，可以发现，其中有两个富有启发的思路，有助于在"童心""赤子之心"与"个体超越""普遍诗"这两个谱系中增加新的维度。

第一，作者反对过于专业化的美学游戏，提出要反思过度的、专业化的审美的学院派玩法。随着现代社会的确立，科学作为一个重要的意识形态话语，也反向渗透进了社会科学和人文学科之中，于是追求专业化、科学化也成了文学、艺术、美学专家们的任务。在法国学界与英美学界，这样的文艺评论都被叫作"新批评"，这一"新"，主要是新在语言学思维的介入，这么一来，文学和艺术中的美才可以被还原为学术研究的对象而非个体感性的附着之物。这是学院派与非学院派言说的差异之处，学院派话语越来越远离质朴，因为在学院派美学这里，美学的基本目的并非实现美，而是形成一套科学化、理论化的认识美的系统，这个系统本身可以被修辞、感发，因此带有美的色彩，但它的基本规定性是不美的。而《普及美学》一书，带有专业知识性的思考，却整体呈现出流畅自然的反专业化特点。作者指出："当今中国的美学任务是什么？这就涉及美学应该为谁以及如何服务的问题。美学的发展不应该拘泥于学理概念层面，更应该立足于社会实践。"①

第二，质朴不等于野蛮，减法不等于归零，本来也不等于虚无。这是邱伟杰字里行间流露出来的一种非常有启发性的想法。卢梭在《爱弥儿》和《论人类不平等的起源》等著作中都曾提出，原始状态是美好的自足的状态，文明建构才导致了堕落。而邱伟杰提出："文明，

---

① 邱伟杰.普及美学原理[M].成都：四川文艺出版社，2019：13.

即人类所创造的财富的总和，特指精神财富，其反义词不是质朴，而是野蛮。质朴不应该被指向野蛮，而是依凭于本来美的返璞归真，是与文明育化野蛮后的文质彬彬相对应的存在状态。"① 这是很有启发性的。

不过，这里对野性的分析，似乎是就其恶的层面而言的，不是就其野性层面而言的。"本来美"是纯粹归于一种纯洁、寂静、质朴的美，还是归于一种摆脱机械文明和商业文明的野性活力的美，这也是一个值得再思考的问题，这一思路与前文提出的获得美的两个方法论有关。不过，在"质朴"的常见语用学中，它是对农民的特性的一种描绘，如果真的如此，那么，在这里，它是童心之"本来美"与野性之"本来美"的一种结合，它们都与人的动物属性有关，又是对人的动物属性的超越。因此，邱伟杰书中对野蛮的思考，显得很有价值。这使得"本来美"和质朴是同时完成审美的加法和减法，是从野蛮而上的加法，却是过度文明累积之后的减法。

综上，邱伟杰书中"本来美"与"质朴"的假设，也属于本文提及的第一种形而上学的方案和第二种形而上学方案的结合，而作者对学院化、商业化与野蛮化的反思，饱含了作者的审美经验与理论关切，也成全了这一概念的独特的思想品格，为专业的学院派美学研究者，提供了可贵的他者视角与镜鉴。

---

① 邱伟杰. 普及美学原理 [M]. 成都：四川文艺出版社，2019：55.

"美学"实现整体性转型了吗？

——读《普及美学原理》

汪尧翀 [①]

　　邱伟杰所著《普及美学原理》属于"论纲"性质，长于从跨度大、涉猎广的文献资料中提炼出服务于自身论点的论据。虽然书名包含了"原理"这一严肃的术语，但书本身却清晰易读。记得冯庆兄向我推荐此书时，我听到书名的第一反应是疑惑：究竟是读作《"普及美学"原理》还是《普及"美学原理"》？现在读罢此书，觉得读法上的区分虽然看似文字游戏，但其实已经触及了全书给我感触最深的一个问题。实际上，"普及美学"原理当然也是一种"美学原理"。通常来说，"美学原理"出于各种现实的和思想上的需要，当然需要普及。"普及美学"则试图为"美学原理"的"普及性"提出一种原理说明。这相当于说，如果恰切地理解了"美学"，便可以看出"美学"实际上必然包含这种普及性。用时髦的话说，这意味着这本书的核心主题在于讨论"美学"的一种现代转型，且按照此书所主要依据的思想资源，也可以说这种转型主要是基于马克思主义的转型。

　　说"转型"是时髦话，倒不是因为学者著书立说都喜欢提及这个词，而恰恰是因为著书立说不得不提到这个词。"转型"首先意味着提出一个关键的、有效的问题，之后才能端出服务于此的"烦琐论证"。但提问始终是最核心的。我的讨论实际上仅限于《普及美学原理》所提出的一个非常有意义的问题。这个问题用作者的话说，包含

---

① 汪尧翀：中国社会科学院文学研究所副研究员。

了如下两个层次：首先是确立"美学"的任务是"应该为谁服务以及如何服务的问题"；其次是作者给出的答案，即回复一个关切心性的问题，所谓"普及美品学"，"是让大众在对自我的'本来美'的认识、对艺术之'美品'的认识以及'物我合一'的相互呼应中，觉知本性和光大本性"①。

全书的逻辑框架实则是根据上述问题的两个层次组织起来的：首先，从第一个层次来说，作者很清楚，"美学"作为一个学科的意识和建制，经历了西方漫长的知识历史，虽然包含了许多转折，但无论如何，任何"美学"讨论都无法脱离"Aesthetic"一词尤其在近代哲学演化中所逐步获得的含义。这样一门命名和规定性算到鲍姆加登头上的学科的历史，直到今天仍决定性地规定着美学思考，无论其对象范围和规范立场与最初的规定相比拓展得多远，也无论其提问方式和问题所指发生了怎样的变化。其次，第二个层次的规定性则包含了作者最核心的意图，即如何将中国传统美学及中国现代美学的独特意识与"美学"的学科意识和建制结合起来。作者虽然将这种独特意识的基底锚定在心性论上，但仍离不开——正如作者在"中卷"用大篇幅讨论的——包括文艺复兴以来的西方、苏联、中国以及其他社会主义国家大众美学在内的马克思主义美学思想资源，并触及美学的社会功能这一同样非常关键的问题。

一言以蔽之，美学大众化的任务是双重的，既意味着美学走出它源起的精英主义立场，但又要能够把握对艺术品质的认知。但是，"美学"转型为"大众美学"的诉求不太可能仅仅通过美学之社会功能的转变就能实现。马尔库塞曾经面对纽约的超现实主义者发表演讲，说过一句名言：塞尚的画即便挂在厕所里也是塞尚的画。至少从表面上看，

① 邱伟杰.普及美学原理 [M].成都：四川文艺出版社，2019：13-17.

这句话是直接针对杜尚名作《泉》的一句反讽，即场域性或者说体制性并不能决定艺术作品的真正本质。从另一个角度看，这句话首先承认了塞尚的画具有其自身不因时空变化而改弦更张的"美品"；其次，这句话也暗示了艺术作品能够彻底摆脱制约它的社会关系，或者说至少预设了"美品"本身不依赖于这种社会关系。譬如，作者把"美品"从根本上规定为"本来美"，并以"质朴哲学"作为其知识支撑。

但问题是，这种理解也许并未彻底消除美学大众化所包含的困难。艺术作品的"美品"当然是基于其感性自在的认知品质，但如果坚持这一点，那么美学的大众化只意味着变革艺术作品（美品）的社会功能。"普及"在这种意义上更多涉及接受层面，即一种旨在面向大众的传播。作者完全意识到这里潜藏的困难，看到了面向大众的传播也可能变成"强行灌输"。同时，作者也试图从心性论的角度，从质朴哲学的角度给予回应，即区分所谓的"尖端性本来美"和"普及性本来美"的美品论差异。[1] 无论如何，探讨从"尖端性"到"普及性"的美品论差异，为的是容纳从古典艺术到流行文化的艺术变革的整体差异，从而才能从历史演化视角重构普及美学发挥"本来美"的不同阶段。同样，在论及我国大众文艺普及的阶段时，问题也会浮现出来，即作者所提到的"大众化"和"化大众"区分。"化大众"在某个历史时期乃至历史阶段的合理性已毋须赘述，并且当然也涉及"席勒化"和"莎士比亚化"这一马克思主义美学的经典问题。作者也比较精巧地把"化大众"暂时导致的对民众"朴素、本真"即"本来美"的搁置，看作"美品的本体论和方法论的人为建构"。[2]

我特别关注上述思路，是因为在我看来，这个问题触及了马克

---

[1] 邱伟杰. 普及美学原理 [M]. 成都：四川文艺出版社，2019：142-147.

[2] 邱伟杰. 普及美学原理 [M]. 成都：四川文艺出版社，2019：110.

思主义美学乃至一般美学转型的核心争论，即艺术的变革是不是一种整体性变革。换言之，如果大众美学的问题不是艺术整体性变革的问题，那么便更多是社会—经济问题。大众能否享有社会的文化财富，除了生产领域的再生产技术及方式的变革之外，就是消费—分配领域的方式变革，当然，也可以说，归根结底是社会关系的变革。这种思路虽然比较有力，但终究会落入一种资本主义文化补偿机制的陷阱。因为一般意义上的审美大众化并非变革力量，而是马尔库塞曾经批驳过的那种补偿美学。本雅明在《拱廊计划》1935 年的提纲中曾经分析过这种机制的原初模型，即 1798 年巴黎的世界博览会。文献记载，第一次世界博览会的创办意图是让工人阶级娱乐，让他们感受到节日的解放并成为商品的主要消费者。但本雅明根据马克思的商品价值理论所给出的分析则是："世界博览会推崇的是商品的交换价值。它们造成了一个让商品的使用价值退到幕后的结构。它们成为一个学校，给在消费上遭到排斥的大众灌输商品的交换价值观念，让他们认同这种价值观念：'不要触摸商品'。世界博览会由此提供了进入一个幻境的途径，让人们进来寻求开心。"① 当然，这里的商品指的是奢侈品。

幻境的建立实际上与早期摄影中"光晕"的出现是一回事，无论是新兴的资产阶级市民家庭，还是工人家庭，都能够通过幻境来占有他们当下无法触及但却可以渴望的事物。这种渴望之物以及距离，归根结底还是社会意识形态的建构。换言之，只要审美距离存在，美学就能够在一定程度上满足大众的需求，尽管是虚幻的满足，但美学的这种社会功能本身是真实的，而且是资本主义社会有意识的创造。至少可以说，批判理论得出一个比较有力的结论：外部自然的强制，一定会导致对内在自然的控制。因此，围绕内在自然可以

---

① 本雅明. 巴黎，十九世纪的首都 [M]. 刘北成，译. 北京：商务印书馆，2013：41.

形成一个批判的视角。内在自然的批判从主体性内部去突破文化所创造的虚假的满足机制，从而实现主体对个人、对外部自然、对社会的真正需求。在我看来，普及美学彰显基于大众共性的"本来美"，并倡导回到质朴哲学的思路，这在很大程度上呼应了上述路径。因此，如前所述，"普及"包含了一种心性论的规范维度，也理所当然地以美学为载体，由此导向对当代社会一系列问题的富有意义的诊疗。就此而言，"普及"或者说遍及一般的大众性之于心性论的建构，确实是一个值得挖掘的面向"他者"的社会维度。

不过，心性论的建构又必须看作对上面已提及的艺术整体性变革问题的一种回应时，才真正具有其意义。我想再沿着马克思主义美学的路径对此继续做些讨论。马克思主义美学要完成其真正转型，必须跨越如下鸿沟：一边是"艺术自律"，另一边则是艺术自律崩解之后艺术的继续发展。艺术如果丧失其自律地位，也就意味着否定自身所具有的"真理性内容"。从社会学角度来看，这种真理性内容并非艺术形而上学的产物，而是源自资产阶级文化领域的漫长演化。但无论如何，随着"艺术自律"崩解，原本起整合作用的"美学"框架也瓦解了，人们不得不面对艺术的具体发展。黑格尔"艺术终结论"在现代思想语境下复活，其实也是为了回应艺术领域的极大变革，如何解释先锋派及后先锋艺术已成为焦点。这实际上也包含了"普及美学"所关注的如何定位所谓的"大众文化"及"流行文化"的问题，后者也曾在我国大众美学的历史建构中发挥着极其重大的作用。不妨来看一个德国思想史上涉及艺术的整体性变革的经典例子。

1930 年，布莱希特通过一次诉讼质疑了艺术在晚期资本主义社会中的地位和功能。事情的起因是他与一家电影公司签订了《三毛钱歌剧》的电影合同，拟定由这本书的作者，即他本人来改编出合适的电影剧本。但布莱希特的改编与电影公司的预想差距过大，因此电影公司重新找人改编剧本，以便继续被布莱希特阻碍了的已经投入巨资的拍摄工作。布莱希特则于解除合同之后的一个月起诉电影公司，要求其停止拍摄工作，因为剧本不符合布莱希特的意见。这显然是一出本来便不可能成功的起诉。布莱希特心知肚明，他的目的是进行一场社会学试验，以便检验当代市民的意识状态。这场诉讼的吊诡之处就在于，布莱希特希望借助法律来维护的著作权和他依法签订合同转让了的著作改编权（两者都是受法律保护的所谓市民阶层的财产权）以及艺术本身应当不受其他因素影响的水准（即"艺术自律"），实际上它们本来就是相互矛盾的和彼此冲突的。用布莱希特的话来说，诉讼显示了市民意识的虚假，因为"公正与司法在魏玛共和国的判决中永远无法统一"①。

考虑到布莱希特激进的马克思主义立场，他显然不再认同"艺术自律"，也就是不再认同艺术具有的所谓"真理性内容"。换言之，布莱希特不再关切艺术是否为"真"，而仅仅关切艺术在社会中是否具有"可行性"（Durchsetzbarkeit）。通过这种转换，布莱希特才能发起这场诉讼，因为只要"艺术自律"（对他来说就是电影剧本的改编权）无法在电影机构中得到贯彻执行，遇到资本基于市场的阻碍，"艺术自律"就被证明是纯粹的幻觉。布莱希特的观点极具现实性和挑战性，人们实际上面对的是作为商品的艺术，艺术彻底的商品化才是马克思主义艺术理论的出发点。艺术商品化论题所表达的即是艺术的整体性转型。

艺术的整体性转型确实有助于我们瓦解过去由传统"美学"支撑的审美经验和艺术经验。正如本雅明通过分析电影所预示的，传统

---

① 克诺普夫，布莱希特：昏暗时代的生活艺术[M]. 黄河清，译. 北京：社科文献出版社，2018：263.

美学的特质在于静观，而新兴的技术媒介则要求人们通过"分心"来重新塑造审美感官。大众文化及流行文化同样如此，它们不再依赖于传统感知方式所形成的审美模式，随之而来的是整体感知方式及生活意义的变迁。然而，在艺术的整体性转型语境之下，另外一个至关重要的问题浮现出来。不断变迁的感知方式推动了艺术形式的变革，那么，如何保证艺术的倾向性和形式的一致呢？这个问题曾经引发了西方马克思主义者激烈的论争，尤其是围绕德国表现主义的论争，卢卡奇便是其中持反对意见的代表，这场论争由此也一度被视为"现实主义"与"表现主义"之争。继之而起的则是譬如加洛蒂《论无边的现实主义》这样的论著，开始反对卢卡奇为"现实主义"定下的严格教条，试图为"现实主义"这个美学范畴扩容，实际上也是纠缠于正确的倾向性与艺术形式之间的复杂关系。至少，在通常习以为常的意见之中，这两者似乎是独立的、并行的。这似乎意味着，艺术的美学形式与其倾向性的演化并不同步。

然而，艺术的整体性变革首先涉及的恰恰是艺术完全及物的一面，即艺术的美学形式，布莱希特称之为"艺术的技术化"。实际上，这个问题由来已久，马克思·韦伯已经关注到艺术生产技术的变化，并从这个角度来理解"艺术自律"。他把艺术自身规律的发现视为审美合理性的进程，即对审美的特殊价值有意识的掌握之于艺术生产技术的必然影响。韦伯的例证主要在音乐方面，譬如和声技巧以及现代记谱法的形成等等。但从韦伯的观点进行推论，宣传手册和报纸之于纸质书阅读，广播之于传统纸媒，电影电视之于广播，乃至互联网手段之于广泛的传统媒介，实际上都属于这类技术进步。如果像布莱希特或者本雅明那样将"艺术自律"视为一种历史主义的意识形态，那么，艺术自律及围绕这一命题的理解架构就成为理解当代艺术的最新发展的阻碍。这种理解在 20 世纪 30 年代呈现为固守"现实主义"、拒斥先锋艺术的美学教条，而在今天则同样显示为面对新媒体乃至互联网技术的暧昧态度。《普及美学原理》第五章"日丹诺夫美学批判"也可算作对此问题的批判性印证。毕竟，日丹诺夫曾在 1934 年的莫斯科作协大会上的讲话中宣告了一种"社会主义的现实主义"，并由此禁止先锋派艺术。这种将正确倾向性与美学形式彻底割裂的极端做法，是"在社会主义普及美学事业上开了倒车"①。毫无疑问，这种教条主义与苏联先锋派对大众美学的实践恰恰背道而驰。②

关于布莱希特事件的回顾就到此为止，魏玛时期的艺术发展和媒介演化确实为理解艺术的整体性变革提供了土壤。实际上，对上述教条主义态度的批判，同时也是关于艺术整体性变革最精妙的解释之一就来自彼时与布莱希特过从甚密的本雅明之口，即著名的《作为生产者的作者》一文的核心论点：只有美学上进步的艺术形式才能同时是政治上进步的。③从本雅明这个命题出发，作家对自己在生产过程中的位置进行反思的要求最终会浮现出来。如果就我们的处境而言，对这个反思加以心性论上的讨论，确实也是题中应有之义——在我看来，这也正是普及美学试图吸收中国传统美学的意图所在——但心性论究竟能够触及何种程度的问题解决之道，也许仍然是一个值得深挖的问题。无论如何，追问"美学"究竟是否实现了整体性转型，《普及美学原理》提供了一个值得思考的答案。

---

① 邱伟杰. 普及美学原理 [M]. 成都：四川文艺出版社，2019：63.
② 邱伟杰. 普及美学原理 [M]. 成都：四川文艺出版社，2019 年：65-72.
③ 本雅明. 作为生产者的作者[M]. 王炳钧，等译. 郑州：河南大学出版社，2014：5.

普及美学的当代潜能

美学普及作为启蒙之责

——《普及美学原理》中的伦理维度

梁心怡 ①

当下的时代是一个高度信息化、娱乐化的时代，经济审美化趋势亦愈发明显。消费方式的多元化、精细化和品质化使得审美活动与人民群众的日常生活息息相关，人们开始追求美的生活，有品位的生活。毫无疑问，人民群众审美素养的提高已经成为提升一个国家文化影响力的重要方面。2018 年 8 月 30 日，习近平总书记给中央美术学院老教授回信，提出"弘扬中华美育精神"这一重大时代命题，号召中国当代美学研究者与美育工作者，汲取中华传统美学资源，承担起新时代的文化使命。作为一位在美学与美育领域深耕多年的思考者，邱伟杰先生在《普及美学原理》一书中，以中西比较美学的宽广视野，挖掘中国传统艺术哲学思想与西方现代美学的不同内涵，强调发现、塑造人之"本来美"作为"普及"美学的重要潜能，其思考与探索对当今中国美育事业颇具启发意义。

在西方古典思想中，自然之美高于人为之美，这一看法随着现代美学专业的产生而发生了根本性的转变。来自希腊文"感觉"一词的 Aesthetics（美学），被鲍姆加登选择成为其两卷本专著《美学》（*Aesthetica*, 1750）的名称，既标志着这门新科学乃是关于美之感觉及趣味的研究，也彰明了这门学科自创生那刻起就与现代启蒙思想血肉相连。人对美的趣味与人对美的创造，是现代美学的关切所在，

---

① 梁心怡：中国社会科学院文学研究所博士后。

其背后的基石是对"人"的定义的革命性更新：作为审美的动物，人对于美的品味与创造是人之为人的关键。因此，致力于美学思考的人们就自然会对如何激活人的审美能力，如何进行审美教育乃至如何普及美的文化等问题产生强烈的问学与实践欲。对于邱伟杰先生来说，这一探索在中国当今的语境下，首先意味着回答什么是中国美学的自身使命。自 2019 年开始，邱伟杰先生先后出版《美的人》《味的人》《普及美学原理》几部著作，呈现了其思考深入发展的过程。在前两部简洁隽永的美文集中，邱伟杰先生通过对人体与人生动静之美的探讨，提出了普及美学理论的核心概念："本来美"。强调人之本性与美的天然合一，"人的真情、真性是天赋的本来美"。进而他又指出，人性质朴之美的成长与强壮，离不开疏通、引导与修冶。正是在这个层面，《普及美学原理》对前面问题的回应发人深省：中国美学应当服务于民众，人民大众的真性情具有自然的"本来美"，是最高贵的育人大美，而普及美学作为中国当代美学建设的学科层面尝试，其使命就是让大众在对自我的"本来美"的充分认识与光大之中，走上幸福快乐的自由之路。

毫无疑问，邱伟杰先生对于美学普及的探索，体现出一种强烈的启蒙责任感。尤其值得注意的是，通过对中西颇具代表性的思想家、美学流派及相关文学、艺术、社会学、历史学等知识领域的探索，邱伟杰先生不仅考察了作为现代化进程的一部分的西方现代美学，如何在事实上无力应对审美异化及现代心灵的困境，而且站在古今比较视野的高度，揭示了美学普及作为启蒙式美育所必须平衡的两个方面：其一，作为美育者的美学研究者、实践者不能将"大众的"简单理解为"平庸的"，甚至以居高临下的姿态指挥大众对美的理解，而必须首先明确普及之本在于人皆有之的"本来美"的高贵性；其二，普及所指向的"遍布、遍及于一般"的大众共性，根植于个体性与本真性，却不能仅仅停留于此，否则就谈不上美的教育，也不需要普及了，个人只要"爱自己的个性"即可。换言之，前者是所谓"自上而下"的启蒙，获得了专门艺术审美训练的人士以文明开化的高度审视考察大众的美学文化与审美生活，但不可傲慢地"脱离群众"，否则曲高和寡，不仅于普及无益，甚至可能适得其反。而后者则意味着民众或大众自身所代表的那种最根本、最广泛也最富有生命力的美品生活，在鲜活的多姿多彩的人生实践中"自下而上"地启发普及美学的建构与发展。但这种质朴美缠绕在文明与自然复杂的关系之中，如果缺少了能对文明品质做出甄别、判断的启蒙美育者的引导，那么最富有生命力的审美生活则有可能会朝着糟糕的、错误的方向发展。正如邱伟杰先生所指出的，追求功名利禄并不违背人的质朴的物质需求与精神需求，甚至这些追求是人的生命力的体现。但是，"质朴快乐成功观"与"功名利禄成功观"的区别是本质性的：前者是生发于自身兴趣的自然奋斗目标，后者却是社会僵化的价值体系未经省思的复制。

邱伟杰先生试图在《普及美学原理》中以"本来美"为基础建立一种"质朴快乐成功观"。在资本主义市场经济与消费主义盛行的时代，人性欲望的膨胀被无限鼓舞，这带来了人的异化，尤其体现在对本来美的遗忘、忽视与扭曲上。而质朴的生活与质朴的美所带来的快乐，既不是单纯的欲望享乐，也不是一味克制种种欲望，而是要人民大众在接纳、敞开胸怀拥抱这个物质生活极大丰富的时代所带来的新鲜经验的同时，更必须明白：学会对纷繁、复杂、多变的人、事、物的品质做出甄别，能知恶择善是激发"本来美"之潜能的关键。邱伟杰先生强调，"其择善观不是外在权威道德对他的要求，而是鲜活的身体与精神的个体性、本真性在汲取养分时的自然选择，是在觉醒和光大质朴（本来美）的'自我意志规训'时，对缺乏品质的人、事、物的本能拒绝，是理性的甄恶择善"①。

在《普及美学原理》这部著作里，我们能感受到邱伟杰先生创立的普及美学作为一种启蒙美学的责任意识，更能清晰体会到这一启蒙努力中厚重的伦理思考。美学普及与伦理秩序的建立关系紧密，秩序的建立基于普遍的共识，秩序的稳定壮大则离不开高低有别、善恶有分的义理。邱伟杰先生通过论述"质朴快乐成功观"试图为某种由"利"到"义"的伦理学提供参鉴，希望以普遍的"本来美"之高贵来疏导个体本真的欲望，以基于质朴的"本来美"的普及美学来引领乃至塑造民众的伦理观念与伦理行动。可以说，普及美学的伦理维度体现了邱伟杰先生对"自上而下"与"自下而上"两种启蒙道路的审慎平衡。质朴美包含着对最广大、最普遍的人性的信心，是人文主义式的人的自尊与自爱，但是质朴美的美育离不开对伦理德性的塑造。普及与升华并不矛盾，自由而多元的审美生活"从心"却不可纵欲，丰富却不可无端。对于美与德之品质高低的鉴别，离不开美学普及教育中的那些思考者、塑造者与引领者，邱伟杰先生就是其中的一位，他的思考有助于我们看清当下中国审美生活的复杂性以及复兴美育事业的重要性。

---

① 邱伟杰.普及美学原理 [M].成都：四川文艺出版社，2019：155.

二十世纪普及美学之我思

李智星 [1]

  邱伟杰先生的《普及美学原理》提炼了"普及美学"这一概念。审美之普及，在中国是一个典型的二十世纪命题，它伴随着大众启蒙和社会教育的时代需求而到来。审美也成为启蒙教化的路径之一，正像美育恰是一个二十世纪提出来的范畴一样。由新文化运动时期倡导的"新小说"和白话文到延安文化革命脉络下的"民间形式"和"方言土语"运动，尽管两种传统中设想的文艺实践在具体的社会空间（都市／乡村）、服务受众（小资产阶级市民／无产阶级大众）与精神气质（土／洋）上很不同，但都关切文艺如何在民众中产生广泛传播与启蒙影响这一问题。

  然而，二十世纪同时又是一个充满斗争和运动的时代，不论是民族救亡的全民动员还是民族解放的大众觉醒，都与新旧力量和秩序间的历史较量相伴生。在这个过程中，审美启蒙的普及问题构成一个斗争性的场域，关乎如何刺激中国民众的主体性崛起，以挑战种种旧权力的压迫。被卷入"革命的二十世纪"的大众审美启蒙运动，也难免被刻上战斗性的紧张情绪与姿态，与敌友划分和新旧对峙的局面密不可分。这也决定了像王国维、蔡元培、朱光潜等人曾经在二十世纪提出过的"静"的美育理念，显得不合二十世纪之时宜。王国维提倡通过"纯粹之美术"和"无用"之审美净化人的实用主义与"内界之争斗"，以臻"血气平和""无欲""无人无我"的"宁

---

① 李智星：汕头大学马克思主义学院讲师。

静"；蔡元培向往"永永宁静"的"纯粹之鉴赏"；朱光潜重视发挥审美对国民"怡情养性"和"脱俗"的教育功能……近现代中国被迫适应一个竞争与冲突的严峻状态与动荡时势，亟待由自身传统的"静"的文明体性转型成新的"动"的文明体性，彼时提倡"宁静"和免去争斗之心的美育学，无异乎复使中国返趋"静"的传统文明性格，这恐与二十世纪的时代大潮扞格不入。而革命与救亡的普遍审美动员，则主动回应着一个文化上和社会政治上召唤民众主体的斗争性运动时刻，与二十世纪的主流历史趋势和现代中国的整个"动"的文明新样态无疑更相应合。

中国在二十世纪经历了由传统东方型的"静"的文明样式向现代欧洲型的"动"的文明样式的转折，这与中国正在介入的世界史时刻紧密相关。无论是"万国竞争"的世态下急剧"内卷"的国际社会，还是革命浪潮席卷下激进改造人类旧秩序的新历史，都标志着二十世纪作为一个冲突与较量烈度史无前例的独特纪元的涌现。

而包括精英阶层和普罗大众在内的中国人，都不可避免地被拖入这一急剧运动的二十世纪历史局势之中。康有为在《法国游记》里引述的古典中国格言"民能静而不能动"，在旋一发表之际，几乎就已瞬间过时。

因之，在二十世纪的历史运动中，面向大众的普及美学问题便首先围绕着救亡与革命的动荡时势，并与启悟民众自觉的斗争意识分不开。反之，彼时斗争性的历史现实动态与任务需要，也进一步刺激着大众审美启蒙和审美动员的有力展开，为后者提供历史的动能。与之相关联，二十世纪的审美动员和文化斗争相应形塑其大众美学的时代特征。

二十世纪的美学在革命战争年代的一则往事中体现得较为典型。

在一场演给延安军民们观看的话剧演出中，舞台上上演着一名旧社会恶霸（或日本士兵？）欺凌百姓的场景，这种现代剧的情节与革命动员机制中常见的诉苦活动一样，均展现了大众普遍相似的被压迫、被霸凌体验。而在激起受众同情与义愤的过程中，这种展示起到一种革命和民族救亡的情感动员作用。而在上述延安军民观看话剧表演的案例里，情感动员机制是通过大众审美经验的中介产生影响的，审美构成情感动员政治的一部分。由是，在延安军民观众中出现以下一幕就在情理之中：一名八路军战士因为受到舞台上展演的压迫者与被压迫者景象所刺激，一怒之下，跑到舞台上，拔出手枪，将饰演压迫者的演员当场射杀。

这一案例时常会在当代大学生的美学入门课堂上作为素材以供讨论，论题多半围绕到底何为审美和艺术，严格意义上的审美是否应当具备超利害性，审美是否应拉开"审美距离"，等等。但是，这终究是在脱离二十世纪历史现场的一间当代教室中作为美学理论问题而被讨论的。而回归彼时的历史现场，大众审美的日常普及主要是作为情感动员机制中的一个组成部分而发挥它的感性效应，在实践上服务着社会运动与感情塑造。这一能动的政治性目标支配着革命文艺产生的大众情感感召，反映和重塑着大众的日常身心感受和情感结构本身，而不是以悬置它们为前提。一般的大众审美现代性现象恰恰是以隔离日常性生活空间和经验感觉为审美发生的条件，在现代都市空间中，诸如剧院、电影院等场所，无不依托一座封闭的建筑物划定一个独立的物理空间。该空间与外界社会相分割，进入该空间中的观众也跟自身的日常生活处于相离的关系。在这种结构下，审美与生活是一种二元论的分立关系。但是对一种革命和战争动员的审美机制来说，如何建立感性审美跟大众日常身心状态和社会斗争经验直接的对应、链接甚至重叠，搭建两者之间的互动，却构成一个现实的美学问题，它关乎审美与日常斗争实践的相互介入。这种相互嵌入达到一定的程度，观众甚至区分不了舞台的表演和真实的冲突，戏剧的普及也就与大众斗争同在，成为参与和影响大众斗争的方式。

以中华人民共和国成立初期的影片《白毛女》为例（1951），该影片如果置于面向农民们进行露天播映的场景中予以考察，那么它的诸多影像美学设计均应得到重新审视。在影片里得到丰富展现的乡村山河全景，跟农村中真实的大地与河山相一致。而当电影在户外敞开的乡土露天大地上放映时，便能产生一种仿佛越出荧幕的边界、跟广袤的乡间自然景观浑然相连的观影感觉。影片对劳动场景的鲜活展示，也和作为观众的广大农民群众自身的日常劳作生活达成共鸣与呼应。甚至连扮演喜儿的女演员田华都被要求要有乡土气息，以与农民观众们的切身感受及趣味相亲近、相契合。这一切正与1942年毛泽东在延安文艺座谈会的讲话中所传达的革命文艺旨趣相吻合：文艺要为工农大众服务，要回应工农大众的生活经验与审美习性，这不但有助于文艺的普及，也更能获得工农群众的接受和认同，进而在这基础上帮助对工农群众进行内在的政治教育和政治动员。《白毛女》讲述的故事正是乡村的社会变革，乡村姑娘喜儿从遭受压迫到实现翻身解放，从旧社会的鬼变成新社会的人的命运转折，恰与新中国广大农民群众不断深化的新社会新生活体验及其关于解放的自觉，能形成直接的对话与碰撞。

饶有意味的是在《白毛女》开机拍摄前的选角阶段，电影导演王滨一开始并不认可由演员田华饰演喜儿一角，理由是田华的脸长得浑圆而缺乏棱角，即没有所谓的 camera face。而在实际的拍摄过程中，王滨也时常因为找不到田华的 camera face，而不得不停下来寻找拍摄她脸孔的更优角度。然而，电影摄制组最终确认由田华来饰演女主角，则是因为，田华的脸虽然不符合镜头背后那位接受过现代专业视听语言训练的导演的审美逻辑，然而却是一张不乏乡土气息的脸。而农民观众对待这样一位样貌与乡土气质浓厚的喜儿，这样一位看上去就跟他们的模样差不多的农妇角色，自然会更有认同感，更能将自己的情感投入和代入喜儿这一人物中，与她产生共情。而喜儿的最终翻身解放，也转而感召观影群众对解放斗争和社会变革的热情认同。这也是影像面向农民大众谋求政治询唤的一种美学策略要求。

这种在乡间露天播映的电影，当其被置于都市电影院里播放时，在空间设置和审美感受上，都会产生鲜明的差异。都市电影院好比筑起一座与周遭外界环境分割开来的、封闭而独立的场所，人们走进影院往往会产生一种暂时告别日常世俗生活的感觉状态：他们即将要进入另一个世界。电影里发生的人与事跟他们也是有"审美距离"的，与他们切身的经验也是不连续的。坐在影院座位上的观众也互不相连，彼此之间并不相识也不会发生任何关系，他们是互相分立的诸原子。然而露天电影播放的空间场合则截然不同。《白毛女》通过放映队，下到乡间进行露天播映，电影是在开放的广场或大片空地上展映的，影像里展现的乡村风景与周围整个乡村本身的风景是相对应与相统一的，影片里的人和事与农民群众相亲近，也息息相关。电影中人物的脸相与气质也可跟他们自家的长相与气质相对接，使农民观众能在影像中辨认出他们自己。而且，观影的群众就是熟人社会空间中的乡里邻居，观影同时营造起大家伙热闹相聚、沟通感情的场域，起到加强群众友爱共同体的社会作用，与新社会不断强调和生产的新的人际体验密切相应。大众影像审美和社会生活空间相互衔接，后者在前者中延伸，而前者也介入并参与生产后者。这种特殊的美学特征与关系是革命战争年代普及的审美实践传递下来的。

本稿说不上是一篇严格的书评，倒像是由阅读引发的一些联想和进行补充讨论的不成熟尝试，如果尚能闪烁一些零星的价值，那也是拜邱伟杰先生的著作对思想的刺激所赐。

在大众中普及美学

——从"普及美学"回看鲁迅点评木刻青年作品

杨　儒 ①

邱伟杰先生的《普及美学原理》是近年来致力于推广普及美学的一本理论著作。全书分为三卷：上卷"论普及美学"、中卷"普及美学史论"、下卷"普及美学学科纲要"，三卷史论结合，结构清晰，相得益彰，可见作者对于普及美学的整理构想以及长远规划。本书开篇首先回归美学传统，阐明普及美学的概念，然后对古今中西美学史上有关普及美学的论述进行系统梳理，最后提出普及美学的学科纲要和发展前景。这些理论成果对于专业人士以及社会公众了解何为普及美学，为何提倡普及美学，以及如何发扬普及美学等都很有裨益。

作为现代学科的"美学"（Aesthetic）来源于"美学之父"鲍姆加登。1750 年，他把研究人的感性认识和感性表现的学科定义为"感性学"。② 他认为，感性认识包括人的情感、直觉、想象、记忆等，而对人的感性认识和表现的研究也必然和艺术相关。此后出现了一系列重要的美学理论著作，如康德《判断力批判》、席勒《审美教育书简》、谢林《艺术哲学》、黑格尔《美学》等。黑格尔是古典美学的集大成者，他提出美是绝对理念的感性显现，这一过程可以通过艺术形式呈现出来，因此美学也被称为艺术哲学。

回溯美学史，邱伟杰提出"普及美学"（universal Aesthetic）这

---

① 杨儒，北京大学–中国美术馆博士后。

② 鲍姆加登. 美学 [M]. 简明，王旭晓，译. 北京：文化艺术出版社，1987：13.

一具有原创性的概念，具有重要的现实意义。他认为"普及美学，就是普及美品学，是让大众对自我的'本来美'的认识，对艺术之'美品'的认识以及'物我合一'的相互呼应中，觉知本性和光大本性"①。"普及"一词，在这里既可以作为动词，普遍推广；又可以作为形容词，普遍的，遍及大众的。"一是'普'在本来，即人人禀受天赋，人人皆有内心标准，无论长短损益，人心归向于天然的质朴，质朴就是最大的美，古人所谓'抱朴'，即抱守本来的质朴。这个观点与当今西方消费主义的消费标准针锋相对，它强调美的天然性，抵抗审美的话语霸权，还民以美的自主与独立。其二是指'及'在于生长。本来美作为'知'的种子是活生生的，好比花粉，必要传播，必要生长，而生长是任何力量都无法抗拒的。美学的普及，并不是某种人设的价值的信息传播，信息传播从根本上说，都是强势话语，都是逼迫，而天然的力量，是生长性传播，知中有行，行中有知，这就是邱先生的普及美学的知行合一。"② 这体现出作者致力于在大众中推广美学的初衷，普及美学，就是让大众学会品味美，品味自我本自具足的美，品味艺术品之美，以及在"物我两忘"中实现审美的超越。对于品味艺术品之美，在其他美学和艺术哲学著作中多有论述，而对于自我的"本来美"却容易被人忽略，但这个"本来美"对于人提升生活美感和幸福感却有着重要意义。

由此可见，"普及美学"不是对西方的 Aesthetics 亦步亦趋的模仿，而是中国本土美学在当代的努力。今天提出普及美学，是适应当下时代、社会及个人的需要。普及美学的提出对于中华传统审美

---

① 邱伟杰.普及美学原理 [M].成都：四川文艺出版社，2019：16.

② 美的生长是不可抗拒的《普及美学原理要义》[EB/OL]. http://www.zjthink.com/?jiaoliu/975.html.

文化的复兴有着重要意义。从王国维、梁启超和蔡元培关于培育未来国民的"美育"，到朱光潜和宗白华美学中通过审美教育帮助青年人摆脱功利主义心态的"人生艺术化"，美学对于平衡人的物质生活和精神生活越来越重要。针对当下普遍存在于社会上的焦虑、内卷，邱先生认为这是民众普遍失去了真性情导致的，普及美学的出现弥补了这一缺失。强调普及之本来美，必然把关注点引向质朴哲学，即如何重建人与自然的关系。"普及美学希望通过相应的普及工作来提高人们的艺术审美能力和品质学水准，让人们发现'本来美'，光大'本来美'，它是人们获得快乐和幸福的生命自由之路。"① 创造审美的生活，要将审美融入生活，多去博物馆，多去欣赏艺术作品，让优秀的作品滋养人的心灵。看到自己的"本来美"，本自具足的美，在生活中时时处处去发现美，用美的事物来与内心的"本来美"相呼应，从欣赏艺术中获得美的体验。

邱先生在书中提到了抗日救亡中的普及美学。随着"左联""社联""剧联""美联""教联"等团体的成立，一大批号召人民奋起抗日救亡的小说、散文、诗歌、戏剧、电影、音乐和美术等文艺作品纷纷涌现。"这些作品饱含爱国主义激情，深深植根于民众的苦难与觉醒，与民众心灵共鸣共振，发挥了战斗号角的作用，推动群众性抗日救亡运动更加高涨，是中国民众全方位、立体式的普及美学的探索和践行。"② 在20世纪30至40年代的左翼文艺运动时期，鲁迅看到了大众文艺特别是版画对于提升民众审美能力的重要作用。鲁迅指出，提倡版画的初衷有三：好玩、简便、有用。鲁迅把好玩放在了第一位，虽然版画有很强的实用功能，但它首先是一门艺术，因

---

① 邱伟杰.普及美学原理 [M].成都：四川文艺出版社，2019：17.
② 邱伟杰.普及美学原理 [M].成都：四川文艺出版社，2019：91.

为其趣味性受人喜欢。因此，对于题材的选择，鲁迅也认为如果没有处在革命斗争的风暴中，没有必要一定去表现斗争场景，他认为风景、人物皆可以入画，特别强调平时要多注意观察生活，注重素描功底的训练。"我以为少年学木刻，题材应听其十分自由选择，风景静物，虫鱼，即一花一叶均可，观察多，手法熟，然后渐作大幅。不可开手即好大喜功，必欲作品中含有深意，于观者发生效力。倘如此，即有勉强制作，画不达意，徒存轮廓，而无力量之弊，结果必会与希望相反的。"① "我的主张杂入静物，风景，各地方的风俗，街头风景，就是为此。现在的文学也一样，有地方色彩的，倒容易成为世界的，即为别国所注意。打出世界上去，即于中国之活动有利。"② 只有把基础打好，才能驾驭复杂的场面。只要抓住了生活中的一个有意味的瞬间，便能创作出一幅有价值的木刻版画作品。

受鲁迅对于艺术的思想观念影响，艺术院校的青年们纷纷拿起刻刀，尝试进行木刻版画创作。早期的木刻青年非常勤奋，创作了一批批作品，并和鲁迅保持通信，听取鲁迅对作品的评价。鲁迅从一个版画"外行者"和观众的视角出发，对青年们的版画作品给予中肯意见，他常常会提问是否符合现实、普通观众能否看懂等。现代版画来源于欧洲，表现主义的版画非常强调对人的内在精神和心灵的表现，因此不乏用抽象手法，但鲁迅最看重和提倡的还是现实主义的版画。

据《鲁迅日记》，最早将木刻作品寄给鲁迅的是陈铁耕。他于1932年7月寄给鲁迅泥刻版画5幅，同年12月又寄木刻8幅。受陈铁耕影响开始木刻创作的罗清桢，是较早受到鲁迅肯定的。鲁迅与李桦的通信在木刻理论、木刻未来发展上探讨比较多。陈烟桥曾30多

---

① 鲁迅. 致罗清桢[M]//鲁迅全集：第12卷，北京：人民文学出版社，2005：421.
② 鲁迅. 致陈烟桥[M]//鲁迅全集：第13卷，北京：人民文学出版社，2005：81.

次给鲁迅寄信，鲁迅回复达 26 封之多。目前在《鲁迅全集》中就保留二十几封。鲁迅对青年指导的细致程度通过他对作品细节的点评、对提高技法的意见，以及青年的修改稿中体现出来，这堪比师父对学徒手把手的指导。鲁迅虽然提出了指导意见，但并未限定方向，因此其中优秀青年的创作是风格多样的。通过下面例子可以看出，鲁迅是如何具体指导青年的，这种指导方式在以后的木刻运动中得到继续发扬。

鲁迅点评段干青的《豢养》（图 1）抓住了劳动者倒猪饲料的瞬间，富有生活气息，但在人物造型上有欠缺。比如，手和身体比例不协调，头部有些扭曲。出现这样的情况，"一者因为基本练习不够（如素描及人体解剖之类），因此往往不像真或不生动，二者还是为了和他们的生活离开，不明底细。试看凡有木刻的人物，即使是群像，也都是极简单的，就为此，要救这缺点，我看一是要练习素描，二是要随时观察一切"[1]。鲁迅的木刻观点是基于青年的木刻实践的，因此是符合现实需求的，他一直在强调素描和观察。"照现在的环境，木运的情况是一定如此的，所以我以为第一着是先使它能够存在，内容不妨避忌一点，而用了不关大紧要题材先将技术磨练起来。所以我是主张也刻风景和极平常的社会现象的。"[2] 基于对青年创作现实的了解，他对木刻运动的发展也指明了方向，第一是先要让木刻存在下去，所以为了练习技术而在内容上务求广泛。鲁迅的指导是符合艺术发展规律的，虽然他知道木刻是现实的艺术，但不会为了现实功利性而损害艺术的自律性，提高技术是有利于木刻长远发展的。而随着革命的意识越来越多地成为主流意识。政治性和思想性越来越被强调，技艺反而不被强调了。

---

[1] 鲁迅. 致段干青[M]//鲁迅全集：第13卷，北京：人民文学出版社，2005：351.
[2] 鲁迅. 致段干青[M]//鲁迅全集：第13卷，北京：人民文学出版社，2005：351.

　　为了揭露社会现实，真实地表现阶级矛盾，工厂和工人题材是常被表现的对象。段干青的《送饭》（1935，图2）刻画了家属给在工厂上班的亲人送饭的场景。全图分为近景、中景和远景。近景是站在茅草屋外抱着小孙子的老人背影，中景是走在蜿蜒路上的母女俩的背影，她们各自提着篮子，远景则是一排排工厂以及高大的烟囱，浓烟一直延伸到天空。茅草屋和工厂形成了对比，家人和未出场的工人也形成了对比。浓烟暗示着工厂繁忙的生产，送饭也暗示出工人工作忙碌，无暇休息。整幅画刻画出比较完整的情节，但感觉画面有些散，中心不够突出。罗清桢的《起卸工人》（1933，图3）同样以一条蜿蜒的道路贯穿画面的中央，在初稿中人物刻画明显而稀疏，但修改后人物变得黯淡而紧凑，似乎被压在两旁的建筑物之间，而两旁的建筑物以细腻的直线刻画，给人以稳定感。初稿与段干青的作品类似，主题不够突出，刻画内容多而显得乱，但修改后整体给人的感觉好很多，鲁迅认为"荒凉之感确已减少"。罗清桢的《爸爸还在工厂里》（1934，图4）表现同类题材，但主题更集中。这幅图的最下面是一位抱着婴儿的老人背影，她的左边还有个孩子和狗。他们站在岸边，望着对岸的工厂，中间可见一列矮小的工人身影，正在将货物推进工厂里，其中或许有孩子的爸爸。对工厂的刻画采用了平直纤细的线条，显示出罗清桢细腻的刀法。而占据画面一半位置的是笔直的烟囱及滚滚的浓烟，浓烟代表在当时先进的机器生产力，机器压榨着工人的血汗，有吞噬人的力量感，而对岸的老幼显得很无力。陈烟桥的《汽笛响了》（1934，图5）也是工厂题材的创作，鲁迅4月5日复信评价说："这一幅构图很稳妥，浪费的刀也几乎没有。但我觉得烟囱太多了一点，平常的工厂，恐怕没有这许多；又，《汽笛响了》，那是开工的时候，为什么烟囱上没有烟呢？又，刻劳动者而头小臂粗，务须十分留心，勿使看者有'畸形'之感，一有，便成为讽刺他只有暴力而无智识了。"[①]陈烟桥将修改稿寄给他，4月23日又复信说："这回似乎比较的合理，但我以为烟还太小，不如索性加大，直连顶颠，而连黑边也不留，则恐怕还要有力。"[②]鲁迅的点评针对物和人，在物的方面是工厂的烟囱和浓烟。鲁迅的点评是从生活出发的，他认为烟囱太多而烟太小。从修改稿来看，仍然有五根烟囱之多，且烟仍然太小，未占满顶颠。在烟囱和烟的关系处理上，罗清桢的《爸爸还在工厂里》处理得更有表现力。在人的方面，陈烟桥塑造了一个张开双臂的工人形象，但显然刻画人的功力不如风景，给人"畸形"之感。他从窗户伸出头，张开口呼喊着。在这幅图中，依然是上部的工厂场景和下部的村舍场景对比，是人的力量与机器的力量对比，仿佛听到工人在呼唤工友，以及远处机器轰鸣的声音。

如果说《送饭》和《爸爸还在工厂里》通过侧面人物（工人的家人）表现了工人劳动繁重，受资本主义压榨，给人以悲凉之感，那么《汽笛响了》则表现出伴随着工业生产新的生产方式而崛起的工人阶级，这股来自底层的新的力量必然会震动整个上层统治阶级。鲁迅认为陈烟桥的画"构图稳妥"，整幅画空间很满，充满形式感，可以认为表现了大机器生产的冷酷无情和荒诞感，以及对人的异化，像是卓别林的电影《摩登时代》表现的，这样的图景在20世纪30年代的上海是伴随着资本进入的新鲜事物。鲁迅两次对这幅画提出修改意见，可见对其重视。这三幅画创作于1934—1935年之间，都在表现工厂和人的关系，这样现代的题材在当时其他画种是没有的，可见木刻艺术的现实性和及时性，是对时代的记录。

---

① 鲁迅. 致陈烟桥[M]//鲁迅全集：第13卷，北京：人民文学出版社，2005：63-64.

② 鲁迅. 致陈烟桥[M]//鲁迅全集：第13卷，北京：人民文学出版社，2005：83.

鲁迅非常强调构图的真实性，展现生活的本真性和"本来美"。在一类拉船图像中，鲁迅认为只见人和绳索，而不见船，犯了避重就轻的毛病。如罗清桢 1934 年作"《韩江舟子》（图 6）的风景，极妙，惜拉纤者与船，不能同时表出，须阅者想象"①。从三个拉纤者弓着的身体可以看出他们的用力程度，以及纤绳的长度可以想象船的大小、重量，或许比画面中的帆船还要大，以此表现出纤夫的辛苦。与之类似的，陈烟桥的《拉》凸显了拉纤绳苦力的肌肉。鲁迅同样指出，何白涛的"《马夫》一看虽然生动，但有一个缺点，画面上之马夫，所拉之马在画外，而画中之马，则为另一个看不见之马夫所拉，严酷地批评起来，也是一种'避重就轻'的构图，所以没有用"②。但将马夫和另一匹被拉的马并置在画面中，是否就能让画面显得更紧凑呢？可以推断出是有多位马夫和马匹的队伍，从一个侧面而窥视全部。

鲁迅在致多位青年的书信中都鼓励风景画创作，描摹中国乡土社会的本来美。他在致罗清桢的信中说："广东的山水，风俗，动植，知道的人并不多，如取作题材，多表现些地方色彩，一定更有意思，先生何妨试作几幅呢？"③"先生何不取汕头的风景，动植、风俗等，作为题材试试呢。地方色彩，也能增画的美和力，自己生长其地，看惯了，或者不觉得什么，但在别地方人，看起来是觉得非常开阔眼界，增加知识的。例如'杨桃'这多角的果物，我偶从上海店里觅得，给北方人看，他们就见所未见，好像看见了火星上的果子。而且风俗图画，还于学术上也有益处的。"④虽然风景画不是新兴木刻的主流，但其中也有佳作，如罗清桢的《黄浦江滨》（1933），陈烟桥的《窗》

---

① 鲁迅. 致何白涛[M]//鲁迅全集：第13卷，北京：人民文学出版社，2005：162-163.

② 鲁迅. 致何白涛[M]//鲁迅全集：第13卷，北京：人民文学出版社，2005：162-163.

③ 鲁迅. 致罗清桢[M]//鲁迅全集：第12卷，北京：人民文学出版社，2005：467.

④ 鲁迅. 致罗清桢[M]//鲁迅全集：第12卷，北京：人民文学出版社，2005：532.

（1933）、《风景》（1933），受英国版画家斯提芬·蓬的影响，张望的《船》（1934）表现出线条的韵律和动静。尽管在革命年代，版画主要用于宣传，但其中不乏许多有趣味的版画小品，特别是在南方广州的现代版画研究会《现代版画》在这方面进行了探索，曾出版《藏书票专辑》《南方年画专辑》等。在这些专辑中，我们可以看出，这些作品有着民族特色。鲁迅和木刻青年的这些尝试，对于艺术的大众化和民族化都非常有意义，这一传统在 20 世纪的中国社会语境中继续讨论，对于当下的普及美学也有借鉴意义。在今天物欲横流的社会，如何继承这些宝贵的精神遗产并发扬光大，仍然是重要的课题。①

邱伟杰先生长期从事美体事业，不仅从事美学研究，还身体力行地进行文学创作，将他的美学观念以润物细无声的方式渗入隽永的文字中。他的散文随笔集《美的人》和《味的人》是近年来的佳作，通观精练的文字，《美的人》以十二月的花品讨论美的内容、质地和美的成长方式、阶段，提出了"本来美"的观点，你本来就是美的，你的美还需要成长。"味"在中国传统文化中是个说不尽的字眼，《味的人》通过对人生各阶段各种体验的艺术化描述，深入剖析了精神美、灵魂美和生活美，引领人走出人生困境，不同人生境遇有不同心境，值得读者细细品味。邱伟杰先生还根据其学术著作，创作了原创诗剧《普及美学原理》，以学术为精神内核，以戏剧为手段，用艺术手法表现其美学观念，收到了好的视听效果。总之，普及美学的道路任重道远，但是我们看到了美学界在理论和实践方面的努力，值得期待。

---

① 邱伟杰.普及美学原理 [M].成都：四川文艺出版社，2019：99.

图1 豢养（段干青 1935年） 图2 送饭（段干青 1935年）

图3 起卸工人（罗清桢 1933年） 图4 爸爸还在工厂里（罗清桢 1934年）

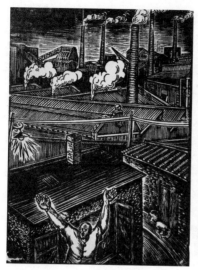 

图 5　汽笛响了（陈烟桥　1934 年）　　图 6　韩江舟子（罗清桢　1934 年）

审美是日常的

——评邱伟杰《普及美学理论》

张佳峰 [①]

一、从"文化是日常的"到"审美是日常的"

20 世纪英国著名文化研究学者雷蒙·威廉斯（Raymond Williams）曾提出过一个经典的文化研究命题——"文化是日常的"（Culture is Ordinary）。威廉斯指出，文化是日常的，那是首要事实，每一个人类社会都有其自身的形态、目的与意义，每一个人类社会都在各种各样的机构、艺术和学识中表现这些。一个社会的形成就是对共同意义和方向的寻求，而其成长就是一种在经验、交往和发现并记录下来的压力下的积极讨论和完善。进而他指认，我们一般是在两层意义上使用文化一词：一方面它意味着一种整体性的生活方式——共同意义；另一方面意味着艺术和学识——发现和创造性成果的特定过程。一些写作者往往坚持其中一种含义，但是他同时坚持两种意义，并且坚持它们相互结合的价值。最后威廉斯坦言，他所追问的关于我们的文化的问题就是关于我们的普遍而共同的目的的问题，也是关于深刻的个体性意义与价值问题。因之，文化是日常的，蕴藏于每一个社会和每一个人心灵之中。如果我们再结合德国哲学家恩斯特·卡西尔（Ernst Cassirer）的论述，我们或许会得出一个更为深刻

---

① 张佳峰：浙江大学传媒与国际文化学院特聘副研究员。

的论断。依卡西尔之见，人的突出特征，人与众不同的标志，既不是他的形而上学本性也不是他的物理本性，而是人的劳作，正是这种劳作，正是这种人类活动的体系，规定和画定了"人性"的圆周。语言、神话、宗教、艺术、科学、历史都是这个圆的组成部分和各个扇面。因此，一种"人的哲学"一定是这样一种哲学：它能使我们洞见这些人类活动各自的基本结构，同时又能使我们把这些活动理解为一个有机整体。①

细致寻绎上述两位学者的理论意涵，我们不难得出以下结论：人之为人的核心要义，便在于人能够创造文化，通过语言、神话、宗教、艺术、历史等不同领域，编织意义与价值世界，此其一；其二，这一意义与价值的世界并非一种高悬于日常生活之上的抽象理念，存在于知识精英和经典著作之中，更多的时候它是"随风潜入夜，润物细无声"的，生息于我们的伦常日用之中，即一种整体性的生活方式之中，潜藏于每一个社会和个体的心灵之中。

揆诸邱伟杰的著作，可以说其围绕普及美学所展开的理论建构是上述观念的生动阐释。邱著指出："当今中国的美学任务是什么？这就涉及美学应该为谁服务以及如何服务的问题。美学的发展不应该拘泥于学理概念层面，更应该立足于社会实践。"②此外，他进而指出："普及美学，就是普及美品学，是让大众在对自我的'本来美'的认识、对艺术之'美品'的认识以及'物我合一'的相互呼应中，觉知本性和光大本性。它并非凭空发生，而是对众多先人的思想成果的进一步生发，借助了文化传统而超越了文化传统，是艺术哲学归于天人合一的尝试。普及美学希望通过相应的普及工作来提高人们

---

① 卡西尔.人论 [M].甘阳，译.上海：上海译文出版社，1985：87.

② 邱伟杰.普及美学原理 [M].成都：四川文艺出版社，2019：13.

的艺术审美能力和品质学水准，让人们发现'本来美'，光大'本来美'，它是人们获得快乐和幸福的生命自由之路。"①在邱伟杰眼中，美学并非不接地气的高头讲章，而是一种整体性的生活方式，对其展开理论探讨则意味着艺术和学识，并是对人的创造力的高度阐扬。从逻辑的层面来看，艺术和审美活动作为文化领域中的重要扇面，我们有理由断言邱伟杰有关普及美学理论的知识生产表明了下述理论命题——审美是日常的。

细读邱著，如《美的人》和《味的人》，从寻常生活与鸟兽草木之中寻找切入点，以小见大，充满了哲人的睿智，令人不禁联想到了蒙田的《随笔集》。其行文如风行水上，自然成文，其文又如万斛泉源，不择地而出，常行于所当行，常止于不可不止。又令人想到朱光潜《给青年的十二封信》《谈美》等平易朴实而又脍炙人口的美学读物。一言以蔽之，无论从邱著行文风格来说，还是从其所论述内容而言，皆展现了其普及美学理论建构所秉持的理论要义——审美是日常的。

二、普及美学的理论星丛

承上所言，作为当代普及美学的身体力行者和理论建构者，毋庸置疑，邱伟杰其理论所包蕴的内容是多方面的，从而构成了一个本雅明意义上的理论星丛。既然将其指认为"星丛"，毫无疑问里面的理论肌理是丰富而富有张力的。那么，这一理论星丛主要蕴含着哪些理论维度呢？或者说我们应该如何勾勒邱著中的理论星丛呢？我们不妨从以下几个维度做一番理论考察。

---

① 邱伟杰.普及美学原理 [M].成都：四川文艺出版社版，2019：16-17.

托马斯·艾略特（Thomas Eliot）在其《传统与个人才能》一文中指出，诗人应具备一种历史意识，不但要理解过去的过去性，而且还要理解过去的现存性，历史意识一方面令诗人写作时有他自己那一代的背景，而且还要感到从荷马以来欧洲整个的文学及其本国整个的文学有一个同时的存在，组成一个同时的局面，这个历史的意识是对于永久的意识，也是对于暂时的意识，也是对于永久和暂时结合起来的意识，就是这个意识使一个作家成为传统性的；另一方面也使得诗人最敏锐地意识到自己在时间中的地位、自己和当代的关系。① 艾略特在此提出了两个独到的审视视角，即"传统"与"个人才能"。所谓的传统，便是一种深邃的历史意识，意识到自己与古老过去之间的深刻勾连，意识到自己在时间中所处的历史坐标和地位，由此，其个人才能才具有一个可以做出清晰厘定的坐标系。明乎此，我们也就不难理解人文学科之中所谓的"照着说"与"接着说"②，只有在前人理论驻足之处，继续推进知识生产方"接着说"，而这就有赖于其历史意识，即对传统学术资源的汲取与转化，这就是我们接下去所要论及的邱伟杰普及美学理论星丛的第一个维度。

第一，中国古典美学资源的创造性转化。虽然美学作为一门现代学科，诞生于启蒙时代的西方世界，是由德国美学家鲍姆加登（Baumgarten）最早提出的，其进入中国则是在晚清"西学东渐"的潮流中，但是无论西方还是中国都有着丰富的美学资源。换言之，美学的学科史仅有两百多年的历史，虽肇始于鲍姆加登的命名，但是美学思想史却源远流长，西方可上溯到古希腊时代，而中国则可以

---

① 艾略特. 传统与个人才能 [M]. 卞之琳，李赋宁，等译. 上海：上海译文出版社，2012：2-3.

② 冯友兰. 新理学 [M]. 北京：北京大学出版社，2014：7.

远绍至先秦时期。因此，可以说当代中国美学领域展开的知识生产皆有着可资借鉴的古典美学思想的资源，这对于邱伟杰而言自然也概莫能外。翻检邱著，我们很容易发现，对于义理的阐发是建基于扎实的古典美学修养之上的，《味的人》之中作者从《道德经》《论语》《说文解字》等传统古典著作之中撷取可资申发的理论命题。读《美的人》我们仿佛置身于充溢传统审美元素的殿堂之中，宛如在山阴道中行，千岩竞秀，万壑争流，草木蒙笼其上，若云兴霞蔚。作为一个对传统美学观念熟稔的美学研究者，邱伟杰的个人才能的呈现很大程度上是在对传统中国美学资源的创造性转化过程之中实现的，实现了在建构普及美学过程之中对传统美学资源"照着说"的同时又"接着说"。

"周虽旧邦，其命维新"，中国作为一个亘古更新的文明体，积淀的美学资源是丰厚且多元的，邱伟杰从中撷取的古典美学资源具体是什么呢？一言以蔽之，那便是诗骚传统。诗骚传统导源于我国先秦时期，凝聚在《诗经》和《楚辞》二者之中，虽然二者之间存在明显的张力，但是二者对于草木鸟兽的咏唱，无论是风人的赋比兴，抑或是屈子的香草美人，共同为中国美学的"比德"观念作了有力的理论奠基。且不消说细细品味邱书《美的人》的具体章节的内容，只要稍稍浏览其章节的题目，我们就能感受到一股浓郁的诗骚传统扑面而来，如"桃之夭夭""初樱""梅魂就是美之魂""合欢蠲忿"等等不一而足，都是蕴含着上述传统，从而由此细致阐发，寻幽探微，直达生命的幽微之处。

第二，趣味理论的再发明。在邱书《味的人》中，他从浙江金华的方言切入中西方美学中重要的观念——趣味："味，滋味也，就是味道。我们吃肉咸，吃橙子甜，或是闻橙皮香，都是味道。这是味的第一层意思，质料层面的，即滋味。第二层意思就是趣味、情趣，即人的审美倾向，也就是事物属性层面的。还有一层意思，是关于审美活动的，即体验，体味。滋味，趣味，体味构成了味的三个层次。"①围绕"味"这一关键词，邱著层层剖析，直指美学理论的核心问题"趣味"，由物及人，探源情趣，品味体味人生在世，欣赏体验形体美、容貌美、体格美、力量美、人格美。从《味的人》全书来看，邱伟杰可以说实现了对趣味理论的再发明，将其投诸宏阔的人类历史文化领域，进而加以提炼。

近代美学家梁启超曾在《趣味教育与教育趣味》中指出："趣味是生活的原动力，趣味丧失掉，生活便成了无意义；趣味是活动的源泉，趣味干竭，活动便跟着停止，好像机器房里没有燃料，发不出蒸汽来，任凭他多大的机器，总要停摆，然后生锈，产生出诸多有害物质；人类若到把趣味丧失掉的时候，虽勉强留存世间，也不过是行尸走肉，倘若全社会如此，那社会便是痨病的社会，早已被医生宣告死刑。"②趣味如此这般重要，故而，梁启超直言："假如有人问我，你信仰的什么主义？我便答道，我信仰的是趣味主义。有人问我，你的人生观拿什么做根柢？我便答道，拿趣味做根柢。"③比照其著述，邱伟杰确乎是梁启超的知音，一个梁启超意义上的"趣味主义者"！

第三，西方博雅之学的采撷融汇。作为一个当代学者，理论建构和知识生产的取径必定是多元的，一个富有生命力的理论体系必

---

① 邱伟杰.味的人 [M].成都：四川文艺出版社，2019：2.

② 汤志钧，汤仁泽.梁启超全集（第十五集）[M].北京：中国人民大学出版社，2018：352.

③ 汤志钧，汤仁泽.梁启超全集（第十五集）[M].北京：中国人民大学出版社，2018：352.

然是融汇古今中外的，向中国古典传统汲取理论资源的同时，必然也会将视线投向异域文化的理论观念，从而别立新宗且另铸伟辞。在邱伟杰的《普及美学原理》一书中，我们可以看到一个轮廓分明的脚踩中西文化的知识生产者的形象。作者分"论普及美学""普及美学史论""普及美学学科纲要"三卷，次第展开普及美学的建构。在第一卷"论普及美学"部分，作者采取威廉斯意义上的"关键词"研究法，对"美学"和 Aesthetic 做了词源学的考察，同时描摹出美学作为一个现代学科从西方到中国本土的"理论旅行"的轨迹；在第二卷"普及美学史论"中，作者确立了一种历史的眼光，细致勾勒出西方美学的历程，从西方古典到现代，从审美形式主义到审美文化政治论，为我们呈现出一幅西方美学充满张力和对话的历史场景。第三卷"普及美学学科纲要"，作者以逻辑的眼光展开论述，探讨了普及美学与质朴哲学的关系、普及美学的学科内在逻辑、普及美学的未来前景等方面的内容。此外，需要提及的是，在《美的人》和《味的人》中，作者展现出自身扎实的西方古典文化修养，西方的"两希文化"传统在其理论创构之中得到了有机的融合。

以上我们从三个方面描摹出邱伟杰普及美学的理论星丛，可以说，上述理论考察，我们更多是在描述性层面上展开的，下面我们将循着邱著的思路，进一步走向纵深，迈向一种对邱伟杰普及美学规范性层面的理论透视。

三、自我技术与生存美学

从我们对邱伟杰普及美学的核心命题的提炼，到对其普及美学的理论星丛的勾勒，我们都可以明显地感受到作者并非一个枯坐书斋的美学研究者，换而言之，鲜明的文化政治蕲求和人文关怀栖居于其著述之中。这种文化政治蕲求和人文关怀可以概括为一种睿智的自我技术和诗意的生存美学。我们来谈谈自我技术。

"自我技术"一词源于法国思想家米歇尔·福柯（Michel Foucault）。在福柯看来，人类历史上产生了四种主要的"技术"类型：一是生产技术，使我们能够生产、转换或操控事物；二是符号系统技术，使我们能够运用符号、意义、象征物，或者意指活动；三是权力技术，它决定个体的行为，并使他们屈从于某种特定的目的或支配权，也就是使得主体客体化；四是自我技术，它使得个体能够通过自己的力量，或者他人的帮助，进行一系列对他们自身的身体及灵魂、思想、行为、存在方式的操控，以此达成自我的转变，以求获得某种幸福、纯洁、智慧、完美或不朽的状态。按照福柯的理论逻辑，邱伟杰所竭力建构的普及美学无疑属于一种"自我技术"。在《美的人》和《味的人》等著作中所探讨的有关涵育趣味、培养情趣、欲望管理、寻求艺术化的人生，都可以将之视为一种睿智的"自我技术"，昭示出在现代社会的"铁笼"之中，人如何管理自身的身体、灵魂、思想与行动，进而获得一种幸福、纯洁和完满的生存状态。

如果说将普及美学理论视为一种"自我技术"是在个体意义层面而言的话，那么从人类文明的视野来看，邱伟杰所倡导的普及美学亦可被视为一种"生存美学"。这在邱伟杰的《美的人》一书的收束处得到了淋漓尽致的体现，邱伟杰直言："美的人就是这样，心心念念，锲而不舍，精诚所至，金石为开，终于有一天你分不清主体客体，你看和被看都是同一件事，你已经无须去追求美，美也不会再来诱惑你，你就是美本身，你已然与美合为一体。你就是美，美的人，人的美。"① 在邱伟杰看来，人的生存在本质上是审美的，二者是二而一的存在，人是按照美的规律来创造的，人也是按照美的观念来生存的，审美是人之为人最为核心的内在规定性！

作为当代普及美学的理论的建构者和践行者，审美是日常的，蕴含着邱伟杰独特的理论思致，普及美学在某种意义上扮演着一种福柯意义上的寻求幸福和完善的"自我技术"，展现出"诗意地栖居"的生存美学品格。

---

① 邱伟杰. 美的人 [M]. 成都：四川文艺出版社，2018：190.

"美的人"的"爱美心"

——《美的人》一书读后

熊海洋 [1]

众所周知，现代意义上的美学是一门从西洋舶到东洋，又从东洋舶到中国的学问。它是一门研究人类的审美能力和各种美的现象的学问。它扎根于人心中感性和情感的部分，向着知识和道德延伸。然而，从人类理智历史的第一个篇章开始，美感和美的现象就是一个让无数大哲人殚精竭虑的难题。庄子云"天地有大美而不言"，苏格拉底说"美是难的"。在东西方思想的开端，各自的大哲人就不约而同地遭遇到了美的难题。围绕着天地之间的"大美"是"不言"还是"难言"，东西方美学产生了不同的看法，形成了不同的思想线索。如果说东方美学认为"此中有真意，欲辩已忘言"，走上了超越语言、超越形式的道路，那么西方美学则认为"语言的解体意味着宇宙的解体"，正面从语言、形式和逻辑入手来解答这个美的难题。除了把握感性之学的方式不同，感性自身也应该有着很大的区别。至少，这里探讨的感性是人的感性。人不仅仅是自然意义上的人，而且是处在特定的历史和文化中的人。人的感性也是被文化"化了"的感性，是一种文化的潜在基质。因此，中国文化当别有一套感性模式，与之相关联，中国的感性之学也当别有一生面。既然上文提及的中国的感性之学历来崇尚"言语道断"，走的是"不可思议"一路，那么，

① 熊海洋：东南大学艺术学院讲师。

能否单刀直入、直接去探取中国独特的感性模式呢？邱伟杰君从"美的人"入手，揭示了"本来美"范畴，对此进行说明。那么，"美的人"究竟有什么样的精神－情感结构呢？这是笔者读邱伟杰君这本书最大的兴趣点。

也许，中国有一种极其特殊的情感模式。这种情感模式在道德和艺术领域屡屡现身，却又没有一个恰当的名字。到了现代，这种情感就借用各种现代情感的名字在中国人的心灵之间穿行。现代情感是现代精神的安排，是主体对自身的"资产"进行批判和盘查的产物，与"中国固有之精神"下的情感有着实质差异。柏拉图在区分灵魂的诸因素的时候，讲到灵魂是一辆双驾马车，一匹良马是理性，一匹劣马是感性。在另一处，柏拉图谈到人的意志，将它称为"愤怒的本能"。这就是西方对人心进行的知性、情感和意志的三分。而中国对人心的认知却有所不同。中国素有"四端七情"之说，"四端"源出于《孟子》："恻隐之心，仁之端也；羞恶之心，义之端也；辞让之心，礼之端也；是非之心，智之端也。"（《孟子·公孙丑上》）"四端"是四种道德情感，是康德所谓情感的智性兴趣。那么，"七情"能否是更为纯粹一些，是所谓"纯粹的情感"呢？"七情"源出于《礼记》，是指"喜、怒、哀、惧、爱、恶、欲"七种感情。这七种感情也仍然与纯粹的、关联于表象的感性方面的愉快或不愉快的情感方枘圆凿。那么，差异究竟在何处呢？以及这种情感模式究竟是什么呢？既然我们采取了从玫瑰的芬芳中去寻觅它的名字，那就从一首邱伟杰君《美的人》一书也谈到的一首中国古诗开始吧。

桃　夭

桃之夭夭，灼灼其华。之子于归，宜其室家。

桃之夭夭，有蕡其实。之子于归，宜其家室。

桃之夭夭，其叶蓁蓁。之子于归，宜其家人。

——《诗经·国风·桃夭》

这首诗的内容非常简单，先描写桃树的花、果和叶的灿烂丰硕，随即转入一句简洁的祝福：宜其室家。但是，这两种内容究竟是如何连接起来的呢？这首诗并没有交代。它只是在这两种内容之间反复跳跃了三次。这种"反复"虽然有三次之多，但是对于诗人而言，显然还显得意犹未尽。想来，一定有一种生命力饱满的情感在支撑着诗人。这种情感究竟该如何清晰地阐明呢？回到这首诗，想象这样一个场景：一位女子出嫁了，诗人可能是她很熟悉、很亲近的人，也可能是她的兄弟姐妹。诗人睹物起兴，随口就吟唱出了这首诗歌。花树的绚烂展现给我们的是"美"，而"宜其室家"则是对这个女孩子的真诚祝福。其实，可以进一步想象：诗人是如何看待这位女孩子的出嫁呢？诗中没有明确交代，但是，可以想象得出，诗人至少在情感上既很欣赏喜欢这位女子，又不忍心她远嫁出去。这位姑娘的青春让他想起"桃之夭夭，灼灼其华"。甚至繁花盛开都不足以形容这位姑娘的美，所以，他又来了两句："桃之夭夭，有蕡其实""桃之夭夭，其叶蓁蓁"。对"美"的爱，让他对这位姑娘的出嫁充满了不舍。尽管如此，姑娘仍然要嫁人了，诗人的"爱美"之心、不舍之情只能转为一句短短的祝福。

可是，这种"不舍"并不是对这位姑娘的爱慕，而是一种介于爱慕与欣赏之间的情感，是一种既存在一定的距离又处在同一共同体之中的情感。古人曾屡屡用所谓"A 而不 B"（李泽厚）的句式总结过这种独特的情感结构："好色而不淫""怨诽而不乱"。这就是邱伟杰君在这首诗里发现的内里的张力结构："夭属阴性，但更有阴中之阳。'桃之夭夭，灼灼其华。'夭而灼，艳得灼人，有一种难以抵挡的光华，不忍直视。"①用现代的话来说，这种不舍就是一种"爱美心"。所谓"爱美心"，即是一种爱慕而不欲占有，欣赏而又没有距离感的情感，就是一种独特的非对象化的"审美"，就是在康德孤独主体的纯粹的审美判断力之上加上一个共同感。这种情感结构将愉快的感情与共同感结合起来，将"无概念的普遍"中的"普遍性"落到实处。愉快的情感基于主体与客体的分别，基于主体对客体感性表象的鉴赏关系，而共同感基于主体之间、主体与客体的合一。如果说愉快的情感产生于主体与对象保持一段审美距离，那么，共同感则来源于主体的感受也能在另一个主体那里得到普遍的同意；也来自主体发现自己所观赏的客体的令人愉快的审美表象与主体的心灵状态处于一种和谐的、自由的游戏状态。这种主体之间的共同共通，主体与客体之间距离、自由与和谐，让整个审美的世界变得既有秩序，又活泼有生气。如果说康德为了批判，为了盘查人类心灵的愉快和不愉快的情感能力，分别揭示了审美之心的两个侧面：一个是主体孤独的审美判断；另一个是审美所造就的共同感。那么，正如在康德那里，审美一方面是无利害的，另一方面则又是德性－善的象征。

中国古人则刚好相反，并没有在审美现象学的原初被给予的实事中提炼出一个孤独的主体，并从这个孤独的主体出发去"批判"这种现象，而是时时处处（存在论的层面）都意识到审美之我已然身处在审美这一实事之中。从这一简单的实事出发，中国古人的审美情感才呈现出一种独有的"爱美心"。这就是流动于"美"与"祝福"之间一种无名的情愫。因此，这首诗才有这么突兀的转折。如果我们对这首诗做一个改写，那么将会非常有意思：

---

① 邱伟杰. 美的人 [M]. 成都：四川文艺出版社，2018：48.

桃夭

桃之夭夭，灼灼其华 …… 之子于归，宜其室家。

桃之夭夭，有蕡其实 …… 之子于归，宜其家室。

桃之夭夭，其叶蓁蓁 …… 之子于归，宜其家人。

这里的省略号就是那种"无名的情愫"。这种改写将诗歌变得更明晰的同时，也更浅显了；点出了这首诗巨大的情感张力的同时，也失去这首诗内在的节奏感。因此，在"美"与"祝福"之间，还是留下这段空白为好。空白、无言就是中国人的"至情"，就是这种"爱美心"的无形式的形式，就是中国文化传统所形塑出来的独有的情感模式。

这同一种"爱美心"，在道德伦理体系中有一种经典的表达：仁、慈、孝、友等等。对美的喜爱，对"万物静观皆自得"，对自己同胞的那种"民胞物与"的共同感，向来被视为儒家道德的情感根基。这种情感从孟子以来，逐渐支离陆沉。逮及有宋，朱熹起衰振弊，提出一个"敬"字，来弥合诸种"知见"。有明一代，赓续这种倾向，阳明先生提出"致良知"。所谓"致良知"，就是将"良知"贯彻到"意志"之上，触物而成善事。循着这个思路，晚明的士人汤显祖进一步发现了"至情"："情不知所起，一往而深，生者可以死，死者可以生。生而不可与死，死而不可复生者，皆非情之至也。"从"良知"到"至情"，晚明的士人实际上是将沉潜千年的"爱美心"推到了极致。

然而，"爱美心"并没有如《牡丹亭》所表现得那样，能在"天理"中得到生存，能与既有的伦常秩序处在一种自由和谐的关系之中。相反，"爱美心"仅仅是一个美丽的瞬间。它越美，就破灭得越干脆。因为"爱美心"无法装进人伦秩序，即黑格尔所谓的枯燥的理智，即道德教条之中。换言之，"爱美心"以及它的对象，即"美"的内容过于宽广，而人伦秩序或说正义的秩序又太过狭窄。这样，要么彻底破坏这种枯燥的道德框范，于是，就形成了晚明人欲横行的图景；要么，就在这种严酷的人伦秩序中展示"美"的毁灭。与之相应，"爱美心"就自然由晚明的轻盈、愉快和浪漫的情调转为清代的感伤和凄美。[①] 而这就是《红楼梦》的深刻意义所在。在《红楼梦》那里，贾宝玉的"意淫"就是一种典型的"爱美心"，而宝黛姐妹们就是"美"的化身。然而，即使《红楼梦》再美，最终还是众芳离散。"美"在旧有的正义的秩序中黯然凋零，因此，"爱美心"无路可走，只能转向感伤，遁入空门。这一切正如鲁迅先生所言："悲凉之雾，便被华林，然呼吸而领会之者，独宝玉而已。"[②] 美的凋零与"爱美心"转向感伤相互呼应，敷衍出了末世的曲终之雅。这首末世之曲的内容就是旧有的正义秩序已经容不下"爱"与"美"的存在了。末世的人间只有枯燥的道德伦理教条和放荡不羁的横行无忌的人欲。二者互相攻伐，联合充塞了"至情"。心灵是文化赖以成立的根本。然而，文化发展到了晚期和末世，总会压抑和窒息心灵，让心灵的敏感性丧失，让心灵变得坚硬而无温度。而审美和道德便是这创造文化的、心灵的两种最重要的内容。审美以及更高一级的道德乃是一种文化的灵魂，审美和道德的破产意味着文化的没落。从这个意义上讲，《红楼梦》的主题已经走出了审美表现领域，也超出了道德哲学意义，而达到了文化和历史哲学的高度。这文化和历史哲学的高度又恰恰是身处于文化的"晚期"或末世。

从《桃夭》到《红楼梦》，我们可以清晰地看出"爱美心"在中国审美意识历史上的第一声呼喊和它最后的绝唱。与之息息相关的就

---

① 李泽厚. 美的历程 [M]. 北京：生活·读书·新知三联书店，2009：209.

② 鲁迅. 中国小说史略 [M]. 北京：北京理工大学出版社，2020：187.

是中国的正义秩序。远在先秦，中国文化的心灵——"爱美心"活泼而有生气。由周礼建立的正义秩序虽然已经出现了种种问题，但大体上还是"爱美心"的一件合体的外衣。所以，由"爱美心"出发，先秦的诗人在看到春天、桃花和女子之时，情感是鲜活、丰沛、有生气的，没有一丝一毫的病态和纤弱，直接通往了一段深情的祝福："宜其室家"。文化作为一种类似于有机结构体的存在，也有其生命的周期，也有其春夏秋冬，也有其生老病死，也有其方生方死。在文化这种神秘的节奏中，春秋忽然代序，冷暖骤然交替，人心不断地扩展和正义秩序逐渐僵化。这样，同一种"爱美心"在面对同样的情境之时，已经在看到"灼灼其华"之余，更多地看到"明媚鲜妍能几时，一朝漂泊难寻觅"。因此，祝福没有了，剩下的只有感伤和悲叹。正如邱伟杰在谈及《桃夭》时所提到的那样，"从初樱到桃夭是一种精进，也是一种解放。质朴而生涩的美是一种底子，在这底子上才可能成妖"[①]。"爱美心"自身也是一种"素以为绚"的结构。这种情感结构可以导向审美的"潜在基质"，也可以导向道德的"情感基础"。这种融合道德和情感的独特的情感结构，就是儒家和道家共同的体验之根，共同的自然基础。道家追求方外之学，进而将这种独特的情感结构引向了方外与方内、无与有、神与形、境与象、寓意于物与留意于物等一系列结构之中，从而将人间世归并为一个无关紧要的前景，将万里江山点染为墨色数重，以便将重心放在"爱美心"的"审美"一极。唯独儒家企图在"方内"实现"爱美心"，将"爱美心"的"审美"一极实现在现世的道德秩序之中，追求一种"真名教即真风流"的境界。正因如此，历代大儒都异常喜欢生命。周濂溪先生独爱莲，且不除窗前草，以为"与自家意思一般"；朱熹甚至

---

① 邱伟杰. 美的人 [M]. 成都：四川文艺出版社，2018：52.

感叹"埋头书册无了日，不如抛却且寻春"。这些大儒奉行的就是将"风流"垫入"名教"之中，让已然冷却冰凉、退化为纯粹门阀装饰的"礼法"重新具备人间的温度，让枯燥的形式在心灵的唤醒之下，再次变得鲜活起来。只是这种努力虽然也取得了一系列道德伦理成绩，但是难免被卷入《红楼梦》所揭示的文化晚期阶段的局面。

很显然，"爱美心"作为"潜在基质"，或许在"美学"上可以聊备一格，正如土耳其的"呼愁"，朝鲜民族的"恨"一样。但是，"潜在基质"断然支撑不起道德伦理的大厦，断然担荷不起正义的秩序，断然会在正义的秩序面前同时显得不足和多余。在这个层面上，我们可以看出，审美再一次地表现出比伦理更为普遍，更具备人类学的意义。也正是在这个意义上，我们才能见到历史上种种"复兴"话语。文化的伦理侧面可能已然枯死，但是它的审美侧面却依然能够超越时间，继续鼓舞后来的心灵。希腊文化的复兴已经成为一件具备世界史幅度的大事件。中国文化的复兴，也是近百年来学人志士殚精竭虑孜孜不倦研讨的主题。从陈寅恪的"华夏民族之文化，历数千载之演进，造极于赵宋之世。后渐衰微，终必复振"[①]，从清代龚自珍的"何敢自矜医国手，药方只贩古时丹"，到梁启超的"新民"，到鲁迅"取今复古，别立新宗"，到胡适的白话文的"文艺复兴"，到冯友兰的"贞下起元"，再到"中国文化复兴"，等等，可以看出，唤醒中国固有文化，重振已陷入衰颓的民族精神，已经成为晚清以来中国文化守夜人的内心一股隐秘的渴望，一股"不期而思想之进路，同趋于一方向，于是相与呼应汹涌如潮然"的"思潮"[②]。

---

① 陈寅恪. 邓广铭宋史职官志考证序[M]//金明馆丛稿二编. 北京：三联书店 2001：277。

② 梁启超. 中国近三百年学术史 [M]. 北京：商务印书馆，2014：13.

那么，如何唤醒中国文化中"爱美心"中更具普遍性的审美这一侧面呢？邱伟杰君的新著《美的人》似乎提供了一个别开生面的思路。他反复强调一种"本来美"，致力于普及生活和情感中的"本来美"。正如他所说的那样：

我写这本书，想要传递一种思想，即美是一种成长，当然也就是一种事业。这项事业的根本，在于首先立足本来美的种子，内观发现属于自己的本来美，从这个起点出发去寻求适宜美的种子生长的养料。这不同于以往认为替代、更改自身条件或者遮盖自身缺陷的方法。在广阔的外部世界，是寻不到美的；但立足自身本来美，又从广阔世界中借助方便来修缮自我，是让美作为有活水源头的自行生长壮大的正途。①

诚哉斯言！那么，什么是"本来美的种子"呢？怎么样才能"从广阔世界中借助方便"来修缮、培养这颗"本来美的种子"呢？在我看来，这种"本来美"的种子就是上文描述过的那种中国独有的情感结构，就是将沉浸在共同感中的爱与保持着距离感的美有机结合起来的一种"潜在基质"。拿邱伟杰君的话来讲，就是"当自赏不是自我欣赏而是分不清他我的欣赏时，美就被封顶了"②。这种超越主客分离，从精神对象化的产品身上，超越重重笨重僵硬的"物象"，而直接看到"人"，看到"另一个主体"的感受，就是"本来美的种子"。"美"的感受不应该像古希腊人理解的那样，仅仅是比例与和谐，仅仅是有着有限、明晰、比例、尺度的一个"可爱"的对象，而应该还有"光辉"，还有主体的精神自身。审美者，是以内在主体性的光去发现遗留在物料上的另一个主体的光的。因此，邱伟杰君用"美的

① 邱伟杰. 美的人 [M]. 成都：四川文艺出版社，2018：53.
② 邱伟杰. 美的人 [M]. 成都：四川文艺出版社，2018：188-189.

人"一词称述审美者甚是恰当。审美者与审美的对象处于审美关系的时候，物我两忘，虽有距离，但却处在同一个共同体之中。那么，审美者就不再是一个面对客体的主体了，而是一个处在美的关系中的人，就是"美的人"。"美的人"得以发现美、缔造美、传播美的根本就在于他内里有着"本来美的种子"，有着一颗活泼的"爱美心"。在这个意义上，我们可以说，自晚清以来，志士仁人贡献出来的诸种方案中，邱伟杰君也算别立新说，融入唤醒中国审美精神，复兴中国文化的主流之中。陈寅恪先生曾谈及学问有"预流"与"不预流"之别，所谓预流，即以新材料研求新问题。邱伟杰君立足于当下中国的现状，接续中国传统文化，以求通过美学的别开生面，为中国文化的复兴贡献一种新的方案，庶几堪为"预流"之学。

将普及美学纳入儿童哲学视野

章含舟 [①]

近年来，邱伟杰围绕着美学理论与实践，展开了系统化运思，形成了《美的人》（2018）、《味的人》（2019）和《普及美学原理》（2019）三本著作。"普及美学"无疑是邱伟杰最核心的主张，他运用史思结合的方式，倡导了一种以"本来美"为立足点，"美品论"为归旨的美学形式，也即普及美学。在《普及美学原理》下卷，邱伟杰着重阐发了"质朴快乐成功观"，论证了美与善之间的内在关联，而该主张又恰恰能与邱伟杰另一部著作《味的人》中的"味"概念相得益彰。

有意思的是，在宗旨、理论和实践上，邱伟杰的美学观念与肇始于20世纪60年代的儿童哲学颇为神似。儿童哲学由哲学家李普曼（Matthew Lipman）提出，随后广泛地应用于哲学教育之中，并引起了全球范围的关注。80年代末，儿童哲学传入中国，经过三十余年的发展，已经走进了不少幼儿园、小学和中学。普及美学与儿童哲学之间存在不少天然的契合，关联两者能使它们处于相互界定、相互发明的良性互动之中。

一、儿童哲学的兴起及其典范形态

在美国新泽西州的蒙特克莱尔州立大学，李普曼开启了儿童哲学实践的序曲。如果要对其几十余年的教学和科研进行勾勒，"思维

---

① 章含舟：清华大学哲学系助理研究员。

教育"无疑是最具代表性的概念。根据李普曼的理解，让孩子失去探索世界的好奇心，是教育事业最为悲哀的地方。可遗憾的是，这种行为经常发生于校园。老师们刻板地灌输知识，学生们被动地死记硬背，压抑与厌倦充斥着课堂氛围，全然是一个了无生气的场所。

李普曼希望通过儿童哲学教育，唤醒学生求知渴望，培养孩子的各类能力，进而有利于民主社会的未来发展。"思维教育"是李普曼的着力点，因为学习具体知识的前提，是形成一套成熟的、攫取知识的思维模式。换言之，只有在思维能力上有所完善，儿童才能真正地理性思考、领会意义与团结合作。为此，李普曼提出了思维教育的三种切入口——批判思维、创造思维和关怀思维。三种思维对应的英文分别是 critical thinking、creative thinking 以及 caring thinking，由于它们的英语首字母均为 C，因此李普曼的主张也被后世称为"3C 思维"。

具体而言，批判思维依赖于形式逻辑的习得，主张通过阐明求真所需的逻辑规律，养成追求一致性与融贯性的习惯。与此同时，学会正确做判断、及时对观念进行自我修正，并且敏感于知识语境，也是批判思维的标志特征。如果说批判思维大多为"规则导向"，那么创造思维则更加注重"结果导向"。创造思维关心价值多元和变化，积极地在思维过程中融入辩证视角与全局视角。因此，拥有创造思维的孩子不会满足于某一种特定的价值规范，而是基于现实情景，调动自身想象力，对其中涉及的各项因素予以通盘考量，最后得出令人信服的结论。[1] 然而，求知虽涉及个体活动，但更是一项集体成就。健全思维能力的获得，亦绕不开人际交往，其中包括来回沟通、往复辩

---

① Lipman, Matthew. 1995. "Good Thinking." Inquiry: Critical Thinking Across the Disciplil1es. Vol. 15, No. 2, pp.37-41.

难以及商议妥协等各种环节。这些显然不是单靠批判思维与创造思维就能胜任的。于是1995年前后[1]，李普曼开创性地提出了关怀思维，指出儿童思维教育应体现在学会关心自己与关心他人的关怀过程中。

"3C思维"一经提出，便迅速成为儿童哲学教育的基本框架。尽管之后有不少学者给出了诸如合作思维（cooperative thinking）[2]或希望思维（hopeful thinking）之类的补充，但应当注意到，此类新增设出的思维模式对"3C思维"而言更多是调节性要件，而非构成性要件。因为仔细分析李普曼的关怀思维概念就能得知，无论是人际的合作思维，还是唤醒积极情绪的希望思维都蕴含于"关怀"概念之中。在众多研究后继者中，夏普（Ann Margaret Sharp）的观点值得我们重视，她敏锐地意识到：批判思维、创造思维和关怀思维不该处于"三足鼎立"的关系之中，而应采取以关怀思维为根基，批判思维和创造思维并举的"一体两翼"模式。倘若儿童只关注批判思维和创造思维，却不将之运用于关心自己和关心他人之中，那么很容易使探究团体活动沦为不顾及他人感受、自我展现的个人秀场，反而会滋生矛盾，无法推进讨论话题。为此，基于关怀思维的儿童哲学，才是儿童哲学的典范形态。

二、普及美学与儿童哲学的共生性

邱伟杰倡导的普及美学与基于关怀的儿童哲学有着异曲同工之处。与普及美学相仿，持守"本来美"同样是儿童哲学的宗旨之一。就具体目标而言，儿童哲学亦强调培育各方面的德性，其中包

[1] Lipman, Matthew. 1995. "Caring as Thinking." Inquiry: Critical Thinking Across the Disciplines. Vol. 15, No. 1, pp.1−13.

[2] 潘小慧. 儿童哲学的理论与实践 [M]. 桂林：广西师范大学出版社，2019.

括关涉美学德性的"美品";完成上述成长过程后,儿童养成了"3C思维",成为有道德、有审美鉴赏力的人,与此同时,他也是秉持着"质朴快乐成功观"的"味的人"。

(一)发现"本来美"

在《普及美学原理》的上卷,邱伟杰如是刻画了普及美学的基本任务:"普及美学,就是普及美品学,是让大众在对自我的'本来美'的认识、对艺术之'美品'的认识以及'物我合一'的相互呼应中,觉知本性和光大本性。"①此定义清晰地指出了"普及"的第一重含义——作为人类普遍本质的"本来美"。"本来美"是植根于人类精神深处的、朴素而又天真的本性,往往以个体情感、生存方式或生命活力的形式加以彰显。然而遗憾的是,现实情境里的陈腐教条、吃人传统、资本压迫、技术理性和商品物化等众多社会弊病,严重地钳制了人类的个性与自由,使艺术创作不再带有本真力量,沦为种种话语权力的附庸甚至是同谋。相反,普及美学致力于在审美活动和美学创作中,重新发现人们所固有的美好天性,让真正的美感和诗意重新复归生活。为此,邱伟杰写道:"人的真情、真性是天赋的本来美,是最高贵的可以育人、化人的大美。"②

此外,普及美学之"普及",不只是关涉人之本性,它亦可以作为动词,成为具体活动。邱伟杰强调,美学不该局限于精英阶层,而应成为依托大众的学问。无论是中国古代的孔孟老庄,还是西方先贤先哲,都围绕着"美"展开了大量论述,尽管其中的众多观念也以"本来美"为归旨,可由于这些美学思想过于精细和系统,以至于

---

① 邱伟杰.普及美学原理[M].成都:四川文艺出版社,2020:16.

② 邱伟杰.普及美学原理[M].成都:四川文艺出版社,2020:14.

严重地与我们日常生活相剥离，容易形成曲高和寡之感。邱伟杰把此类本来美称之为"尖端性本来美"[①]。与之相对应地另一种"本来美"则是"普及性本来美"。践行"普及性本来美"的艺术家更注重从寻常体验出发，以大众艺术创作为着眼点来阐释和呈现美的朴素本质。由是观之，普及美学不仅强调遍布于人类精神深处的本性，更为重要的是，普及美学的创作者还要将自己的审美经验传递出去，以达"及"世人。当然，对于邱伟杰而言，尖端性与普及性之间并不矛盾，因为真正的、带有解放潜能的艺术总能很好地融合两者，实现"综合性本来美"，使美既能关乎阳春白雪，又能通达下里巴人。

从某种意义上看，本来美也是儿童哲学的核心。就英语构词来说，当代公认的儿童哲学所对应的英文并不是"Philosophy of Children"（儿童的哲学），而是"Philosophy for Children"（为了儿童而专门设计的哲学）。儿童哲学不打算追求儿童的形而上学，因为这种关于儿童的本质学说很有可能源于成年人对儿童的后天想象，包含了太多曲解或刻板印象，由之而建立的儿童哲学只会进一步限制儿童的天性。真正的儿童哲学，应该围绕儿童的"本来美"展开，我们守护儿童的天性、关心儿童的需求，在陪伴儿童的过程中与儿童共同成长。正是在这个意义上，儿童哲学必须是一门"为了"儿童而专门设计的哲学，也即"Philosophy for Children"。此种教育态度不会否认儿童的"本来美"，恰恰相反，它是为了持守儿童"本来美"而应运而生的。

（二）培育"美品"

挖掘人的"本来美"维度，只是普及美学的必要条件，因为许多时候，我们或许会灵光一现、醍醐灌顶般地感受到"本来美"的召

---

① 邱伟杰. 普及美学原理 [M]. 成都：四川文艺出版社，2020：143.

唤，但却无法保证"本来美"总能一以贯之地施展出来。可见，"本来美只是种子，种子需要浇灌培育才会成长"①。为了持续输出自身的"本来美"，我们需要进行后天的学习、训练与巩固——借助文学、戏剧、电影等各类艺术文化，全面发掘自身的潜能，并收获生活的品质感②，最终把"本性"完善成"本质"。正如冯契所言："化理论为方法，化理论为德性。"③"本来美"的真正实现，将以"美学德性"的形式出现，或者按照邱伟杰的术语来说，是"美品"的体现。邱伟杰认为："对人、事、物进行体验、品味的学问就是普及品质学——普及美学的体味过程，是民众学习与体会质朴的品质学的过程。"④

无疑，儿童哲学也以培育美品为主要着力点。前文提到，李普曼将思维教育置于儿童哲学的核心地位，而批判思维、创造思维和关怀思维之间的共性，是它们绝非一次性的认知、审美或伦理成就，而必须是一种处于不断开显中的、进行之中的思维模式。唯有形成了相应的思维模式，当孩子未来遇见相关情景，才能积极而有效地识别、记忆和想象自身经验，高效地调动起一切可利用的资源，从而促进问题的解决。

思维模式形成的过程，与邱伟杰提及的品质学相仿，需要"民众学习与体会"。这与儿童哲学的探究团体（community of inquiry）教育模式有着极大的亲缘性。儿童哲学大多以探究团体的活动展开，大家围坐成一圈，就某一个讨论刺激物（物品、概念或故事）展开，自由而民主地抒发自己的观点，通过陈述、质疑、协商、回顾和总结

---

① 邱伟杰. 美的人[M]. 成都：四川文艺出版社，2018：9.
② 邱伟杰. 普及美学原理[M]. 成都：四川文艺出版社，2020：154.
③ 冯契. 智慧的探索——《智慧说三篇》导论[J]. 学术月刊，1995(6).
④ 邱伟杰. 普及美学原理[M]. 成都：四川文艺出版社，2020：153.

等环节，逐渐收获共识。其间，儿童既需要发挥批判思维，理解讨论内容和勾勒逻辑脉络，也需要调动创造思维，审视多元立场，进而寻求解决之道。但最为根本的是，儿童要自觉地去平衡自我与他人之间的需求，耐心倾听彼此心声，最后收获成员们都承认的结论。

（三）成为"味的人"

不过有必要澄清的是，普及美学不会号召众人完全顺应自己的个体天性。因为，放任个性会导致个性泛滥，沉溺快乐容易逃避痛苦，这些倾向也很容易让我们成为与文明绝缘的野蛮人。所以说，本来美虽然是一切美的出发点，但也需要不断打磨雕琢，有方向性地培养。为此，邱伟杰倡导了一种"质朴快乐成功观"，在《美的人》一书中，邱伟杰特地选取了芦花形象，勾勒了"质朴"的三种构成要素，也即纯粹、成熟和厚重。[1] 此类价值观要求我们在光大"本来美"的过程中，对人、事和物进行品质甄别，做到知恶择善。[2] 不难发现，美学与伦理学在这里形成了合流。

此处有必要提及邱伟杰在《味的人》一书提出的"味"范畴。"味"是浙江方言，念作"fi"，为快乐、舒服之意。从"美的人"过渡到"味的人"，依赖于滋味、趣味和体味这三个维度的提升。在此期间，审美者不仅要焕发个人精神深处的"本来美"，亦须实现道德层面的快乐。所以邱伟杰才说："美和快乐是最大的财富。你美，就会快乐；你快乐，就会很美！"[3] 美与善是"味之人"心灵中须臾不可分离的两重属性。

---

① 邱伟杰. 美的人 [M]. 成都：四川文艺出版社，2018：151.
② 邱伟杰. 普及美学原理 [M]. 成都：四川文艺出版社，2020：155.
③ 邱伟杰. 美的人 [M]. 成都：四川文艺出版社，2018：32.

"味的人"与基于关怀的儿童哲学是一致的。前面提到，基于关怀思维的儿童哲学是儿童哲学教育的典范形态。这意味着，儿童的批判思维和创造思维都必须依托于关怀思维才能得到实质性发挥。由是观之，儿童审美活动不单是想象力的自由创造。相应地，创造思维更应牢牢地锚定于"关怀"这一伦理要求之上，受赏识、感情、行动、规范与移情这五重要素的限制。一旦缺乏了伦理意蕴的审美创造，就很容易沾染邪气，无法真正地光大心灵深处的"本来美"。

三、普及美学如何助力儿童哲学教育

通过分析，我们发现普及美学与儿童哲学之间在宗旨、理论和实践上都有着重要互通性。所以，将普及美学纳入儿童哲学之中无疑是有益的，其益处至少可以体现在如下三个方面。

其一，普及美学有助于发展儿童哲学理论。邱伟杰的普及美学以"本来美"为基石，"美品论"为目标，"味的人"为实现，勾勒出质朴的"本来美"如何一步一步地帮助人们走向快乐生活。该思路在一定程度上能够帮助儿童哲学阐明创造思维与关怀思维之间的逻辑结构，为我们收获更为融贯的儿童哲学理论提供了可能。此外，邱伟杰原创的大量概念，包括"本来美"（尖端性本来美、普及性本来美和综合性本来美）、"质朴成功快乐观"、"味的人"等等，也是颇为有用的概念工具，能清晰晓畅地帮助我们揭示儿童哲学内部的众多义理关节。

其二，普及美学为儿童哲学带来了大量审美意象和文化语料。哲学不是枯燥的理智之光，它亦需要通过现实而又具体的事物来展现自身。对于抽象思维能力尚不健全的儿童来说，直接上手进行哲学概念讨论，多多少少是困难的，也有拔苗助长之嫌。所以在教学活动中，我们需要借助一些看得见、摸得着的事物来充当思想的"脚手架"。在这一方面，邱伟杰《美的人》一书为我们提供了大量有价值的材料。① 该书深度解读了梅花、樱花、桃花、茅花、石榴、莲花、合欢花、槐花、菊花、芦花、芙蓉花和水仙花这十二种植物，并深入地剖析了各种花朵背后的文化意蕴：纯净之于梅花、单纯之于初樱、曲柔之于桃花、极致之于茅花、内外滋养之于石榴，辩证之于莲花、成长之于合欢、魅力之于槐花、隐逸之于菊花、质朴之于芦花、直面罪恶之于芙蓉花，以及孤独之于水仙花。《美的人》的写作方式既能让儿童把抽象的品质属性关联到具体事物之上，也能了解它们在文化传统里的定义。并且，邱伟杰在论述时也不会拘泥于某一特定国别语境，比如在论述菊花时援引了中国传统隐士形象，介绍初樱时结合了日本人的精神寄托，讲述水仙花时溯源了希腊神话故事，这些为儿童形成跨文化沟通意识奠定了基础。

其三，普及美学倡导了一种健全的本土价值观。尽管儿童哲学在中国已经走过了三十余年的历程，但归根结底，儿童哲学的主流理论毕竟还是源于西方，因而不可避免地带有较强的个人主义、自由主义的价值观念。当我们把儿童哲学引入中国教育系统时，多多少少会出现一些"水土不服"。值得欣喜的是，立足于中国语境的普及美学，以及与之相关的美育理论给我们带来了启发。尤其是"质朴快乐成功观"该怎样克服个性泛滥，以及"恪守宇宙规律的人本，在天人观中和谐的人本"② 将如何使我们成为快乐的人，都可以借鉴到当前的儿童哲学教育之中，助益于儿童哲学的中国化。

---

① 邱伟杰. 美的人 [M]. 成都：四川文艺出版社，2018.

② 邱伟杰. 味的人 [M]. 成都：四川文艺出版社，2019：91.

　　总的来说，邱伟杰《美的人》《味的人》和《普及美学原理》为我们带来了系统的美学美育反思。将之纳入儿童哲学视野，无疑是有益的、令人期待的。希望在未来的儿童哲学实践中，我们会看到这三本书发挥出的具体作用，将中国的儿童哲学事业拉升到一个新的高度。

附录一
《普及美学原理》研论会纪要

（会议主持：冯庆）

冯庆： 这场研讨会，聚集了我们这些青年同道，来分享阅读这本书时的一些思考。邱老师的著作给予我很大启发。譬如《美的人》这本书谈及柏拉图主义形式上的完善性，我发现，形式本身也可以作为一种思想。《味的人》不仅用学识进行呈现，也启发了我们在当今矛盾浮现的时代，叩问美学何为，人文何为。希望在今天的会议中，大家可以探索救赎心灵的道路，这也正是《普及美学原理》所包含的倾向和态度。希望能在《普及美学原理》的激发下，对中国美学有一些新的认识。学界以往所讨论的议题，如美育问题，大部分倾向于从学理的角度进行探讨，但是我们还要考虑当下和未来的问题，即如何从一个建设性的维度进行讨论，如何真正地切入它。而关于此，我们始终也没有找到十分合适的议题。围绕邱老师的专著，我们将探讨如何在心灵层面打开更高的富有建设性的维度，进而达到今天研讨会的目的。下面有请邱老师做研讨会前发言。

邱伟杰： 谢谢冯兄及各位老师。能够与众多美学、文学研究方面的青年学者一同探讨，我感到很荣幸。孔夫子言："德不孤，必有邻。"我们这些"邻居"如今在这里碰面，有幸聆听彼此的发言。我先不多说，希望先聆听各位老师的高见。期待各位学者的高见！

第一场　普及美学的传统渊源

宋声泉: 经过几年的探索与实践，"普及美学"如火如荼地开展起来，但一些误读也随之而起。部分评论家试图站在旧有美学框架的基础上去理解邱氏的"普及美学"，仅将《普及美学原理》纳入20世纪以来的美育工作的分支，显然是低估了邱氏"普及美学"的抱负与期待。我专门去考察了作为概念的"普及美学"。早在40多年前，此四字联用已见于文献。1980年6月11日，第一次全国美学会议召开，在《中华全国美学学会简章》申明的宗旨里即说："在马克思列宁主义、毛泽东思想指导下，结合人民生活和文学艺术实践，探讨美学问题，普及美学知识。"其中，"探讨美学问题，普及美学知识"看似是先后的关系，实则是平级关系。这里的"普及美学"是动宾短语，是一个词组，而不是概念。邱氏的"普及美学"与学院派企图将知识生产推广到生活实践中的模式恰恰相反。我最初读《普及美学原理》时，让我最受启发的是书中的解构主义倾向，即我们怎么来对抗已有的审美霸权。但当我再次阅读时，我感受到的是"普及美学"与儒释道精神的内在关联：一方面，在《美的人》《味的人》里，作者对儒释道三教经典广为征引，运用自如，且时有会心之解；另一方面，他的文体是感悟性的、启发性的，其著述的底蕴更是东方特有的意味，即一种儒释道精神。在他看来，庄子告诫我们，人只有遵从天道，才能找到属于自己的"本性、本真"的大美种子，并将之发扬光大。所以，"普及美学"具有先验哲学的理性逻辑，也是人生实践的广泛体验。晚明时期，王阳明的"致良知"说即是对儒释道三教精神的融合。而邱氏的"普及美学"既是"归真美学"，也是阳明美学的现代演绎。

姚云帆: 邱老师给了我很大的启发。最重要的就是，"美学普及"和"普及美学"是两个完全不同的概念。"普及"这个概念是本书（指《普及美学原理》，编者注）的题眼。我认为"普及"这个概念其实最早来源于佛教，有两层含义：一方面，强调要把佛法普及到六道之中；另一方面是和"一神论"传统不一样，即"普及"不是一种律令规范，而是强调一种自性自觉，发现一种本来面目，是人同超自然的一种关系。

邱伟杰老师的穿透性视野，是很好的发端。当我们去谈美学学科，无论是美育美学或者是美学研究的时候，有一个不言自明的预设，就是现代美学的一个美学的标准。我认为这是非常有问题的。西方人提到"普及"是一种"共识""共通感"（commonsense）。在现代美学诞生之前，西方没有严格意义上的美学而只有"美"这个概念。在柏拉图那里，美实际上是跟一定的阶层有关的。只有从康德开始，美学的可普及性才被揭示出来。他之所以这么做，是有历史原因的。16、17 世纪兴起的一批普通人（生意人为主）获得了议院的位置，进而获得了控制议院的权力，但是他们没有办法避免政治、经济、社会各方面的控制。所以，他们的代言人创立了美学，想同贵族和宗教高层争夺美的定义权。这种争夺客观地将"美"这个概念从少部分人那里解放出来，成为普通人能理解、能把握的东西。但是，现代美学在解放了"可普及性"的同时，又让"可普及性"无法变成美学，因为这些商人和基层知识分子不想让更多的人获得对美的定义。所以，西方到了 20 世纪的时候，新的知识分子就会批判康德。他们反而会强调一些原来不美的东西，将之变成艺术研究的对象，并重新掌握美的定义权。于是，经过不断的反思和批判，最终把很多看起来不美的东西，变成了"美"。这个就是我自己认为的西方现代"普及美学的自我反动"。这是西方的一条线索。但这个线索是有问题的。

中国的美的核心问题其实不能从美这个字的定义来界定，而是涉及美的普遍意义和价值是什么。邱老师立足中国文化，从做人的标准来思考"美"的问题。这个问题是真问题。中国人关心的是做圣人。什么是"圣人"呢？也就是每个人把自己本性中好的、妥帖的地方做到极点，这就是"成圣"，这也就是邱老师所说的发现"本来美"。两宋以后，科考做官已经很难承载人的精神需要了，最后阳明心学产生了，很多读书人和普通平民发现，学习的目标不再是立功，而是成圣。怎么成圣呢？王阳明发现，最重要的就是发现自己本来面目的可贵，这个我觉得是普及美学根本原则的体现。

最终，我觉得中国和西方各自文化中普及美学线索的汇通，如邱老师所言，就是回归到我们的马克思主义。马克思主义最后协调了"发明本心"和"改造世界"的关系。在邱老师的话语中，《普及美学原理》最终实现了中国传统思想、西方现代思想和马克思主义实践论的会通。

丛子钰：邱老师在书中提到"尖端性本来美"美品论和"普及性本来美"美品论之间的对立，在笔者看来，这两种美并非看起来那样截然对立，而是相互依赖的。

这让我想起了20世纪30年代发生在法兰克福学派内部的一场论战。阿多诺的《论音乐的拜物特征与听觉退化》与本雅明的《技术可复制时代的艺术作品》针锋相对，阿多诺从马克思主义的语境出发，看到了资本主义世界中意识与存在之间的颠倒关系。他认为，正是近代的商业交易对沟通的需要，才产生了艺术和美学中的共通感。但为了制造共通感而产生的技术，本来服务于商业和沟通的需要，在进一步发展起来的现代文化工业中，却从结果变成了原因，技术本身变得比沟通更重要。而且技术的发展渐渐造成了人们在感官上的异化，就连音乐这种看似最无功利的艺术也染上了功利色彩。一些听众被训练得可以严肃地聆听，他们听到的是西方古典音乐中的理性和社会结构；而另一些听众则只能放松地聆听，他们听到的是像劳动号子一样的节奏，只能听轻音乐、爵士乐等适合在工作时听的背景音乐。但其实他们什么内容也没有听到，而且这些音乐被创作出来的目的，就是不要影响他们的劳动。这就是当代流行音乐作曲技术的秘密，它们看似和现代主义中晦涩的音乐相对立，其实构成了一个完整的社会体系。能听懂音乐的人对于自己能听懂音乐，和听不懂音乐的人只能听懂流行音乐这两件事都感到满意。听不懂音乐的人因为总有流行音乐可以听而感到满足，因为技术能够不停地复制出流行音乐。本雅明虽然也承认大众的艺术感觉是异化了的，但他抱有更多的希望，认为人们因艺术复制品而产生的展示价值中，依然有可能获得审美救赎。无论是阿多诺还是本雅明的观点，本质上都源于一种传统的西方思维方式，即他们讨论的是两种极端的美，这两种美都是观念性的，而不是实践性的。

而东方美学最重要的特点之一就是不太会强调这种极端化的观念，而是追求美和善的统一，通过追求美的方式，避免社会冲突和社会分化的加大。我觉得这个特点在邱老师的普及美学中很突出，他在书中提到的追求"本来美"的方式，并不是对美的认知，而是通过我们自己在生活中肉身的修行去达到的一种境界，一种类似于用"格物"的方式来获得的美。尤其是生活里面一些具体的感觉，即个人化的一种感觉，与其说是一种思和知，不如说是一种观和行，是将自我化作意象，这深合道家与释家的学说，也合乎中国人本真的生活方式。

易冬冬：邱老师试图为我们揭示的是历史上的美学事实或现象

能够普遍流行的一个最终依据在哪里，这个依据就是普及美学的"大体"。他尝试跟历史上不同的哲学家、美学家对话，认为他们的美学思想之所以也能够普遍流行，是因为他们也触及了这个"体"。那么这个"体"到底是什么？什么样的"体"才能成就普及之大用？作者以对人性的思考作为问题的切入点。我在读邱老师这本著作时感到，他一只眼睛看到的是"外"，即美学在人的生活世界的普及、遍布，为大众所自觉、所接受和认同；一只眼睛看到的是"内"，即人性的质朴，人性的本真，人的"本来美"，这是一种有价值的美学得以普及的本体依据。用中国哲学的术语来言说，我们可以说，"朴"为体，"普"为用，人性的本真与朴茂是"体"，美和艺术的普及与普遍是"用"，"朴"与"普"既是两只眼睛的关系，更是一种体用一如的关系。

这种内在于人自身的本真性，是人的超越性所在，它是超越一切宗教、文化、哲学和权威的，但是又常常被宗教、文化、哲学或者权威所覆盖或者戕害。所谓人的异化，正是人的本真性不得开显，处在一种不自然的状态。人类的一切文化或者文明，其存在本来是要护持人的这种本真性，但在历史的发展中，人类常常为了文化或者某种意识形态的完美性、绝对性和永恒性，制造了种种"偶像"和"宗教神话"，限制了人的这种"本真性"。

乔珂："普及美学三书"向我们展现了三个深刻的美学问题：人何以本来美？审美的人生如何可能？美学的本质是什么？贯穿其中的一条线索，在于对自我概念之复杂性的刻画。我们可以通过两个概念来把握这种复杂性——"自恋"与"丧我"。普及美学改写了纳西塞斯寓言，这种改写体现在三个方面：女神伊可（Echo）的隐失、命运而非诅咒、自我意识的模糊。纳西塞斯的悲剧之美呈现为一种对命运的直观。这一命运是，他长大后会成为天下第一美男子，但他会因迷恋自己的容貌郁郁而终。所以当纳西塞斯在水面上看到自己的容颜时，便不可阻挡地爱上了自己——因为这是天底下最值得去爱的事物，但这会不可避免地走向死亡，成为对悲剧性命运的直观表达。这种经由《美的人》重述的纳西塞斯神话，凝结成命运笼罩下的自我发现，也即本来美的叙述核心。这种似我非我、似他非他的美就达到了一种主客融合的最高境界，如邱老师说"看"和"被看"都是同一件事，"你与美已然合为一体"。

庄子美学中"吾丧我"的自我结构，是作为审美主体和审美对象的统一自我。就"吾丧我"所传达的美学意义而言，可以将普及美学置于庄子美学延长线上来理解。"吾丧我"其实就是一个由"异化的自我"向"本朴的自我"不断回返的过程。《普及美学原理》提到自我有可能因多种因素而走向异化，所以需要唤醒和珍视"本来美"。在庄子那里，需要"丧"的"我"着重体现在"形体"和"成心"两方面；而在普及美学中，邱老师展现了由"吾"到"我"的多种可能，同时也赋予"吾"以确定性的美学内涵——"我的本来美"。而且，普及美学对庄子美学做出了重要修正。普及美学以一种更为平实圆融的方式来对待自我的形体。在《味的人》这本书当中，邱老师细致分析了自我的形体、容貌、体格、力量等在庄子那里不会被冠之以美的各种外在身体属性的原因，并且进一步发展出了"美体"概念。

通过"自恋"和"吾丧我"这两个概念，《美的人》最后一章以纳西塞斯神话为喻，揭示了唯一且终极的美正是纳西塞斯的自我凝视。于是纳西塞斯的人生便被呈现为一个由"吾"到"我"再到"吾"的过程，这个过程的终点即是自恋——永恒的自我凝视。不过这种自恋所指向的并不是一颗光秃秃"种子"，而是那种经由不断成长，已然饱满、坚实、圆融的自我本来美。

孙大坤：在《逍遥游》中，庄子谈及了不移的天生之性与自然之命，体现出一种超越了现实道德功利考量，一种超脱的美学姿态的可能。在庄子那里，美是人的本性自然的展开。而到了邱老师这里，则提出"本来美"的概念，由美的人和人的美出发，进阶于味的人和人的味，然后构建了自己的普及美学原理。什么是"本来美"呢？我自己想到的就是《山海经》里的凤凰。凤凰是什么样的呢？饮食自然、自歌自舞，兀自美丽于世间，乃是天下安宁、远离纷争的象征。还有就是《庄子》中的绰约不凡、吸风饮露的仙子。他们都是自然内蕴，顺乎天道，又遗世独立而无假于物的，是"本来美"的终极形态。虽然人世间的众人，他们同样拥有"本来美"的禀赋，但是经历了尘世间的种种风霜，"本来美"就蒙上了尘埃。所以邱老师就在书里面告诉我们，其实"本来美"更多时候只是一颗种子。而作为一颗种子，除去阳光雨露，同样需要有禀赋之人有意识地进行后天的人工浇灌培育，这才是美的成长。这同样也涉及儒家对于文与质关系的思考。邱老师是以花为品、以花为例向我们展示了他长期从事美育实践和美学思考的趣味和眼光。人从青涩到成熟，逐渐开始懂得人间的百般滋味，而从"百味"到"清欢"，则开始体味更加纯熟和广博的人间之美。对应"本来美"的历程，就是"本来美"的种子已经播撒下去，它经过了自己的生长枯荣，呈现出成熟的品味。正是在"本来美"的岁月变迁之中，显示出美的延绵与悠长韵味。就像邱老师告诉我们的，美也有自己的层次，从滋味到趣味，最后到体味。所谓滋味，其实就是跌宕起伏，是大悲苦、大欢喜；若以黑格尔谈及绝对精神所类比的人类对太阳的观察为例，正是在对美的不断体味和绵长回味中完成了美的升华，使美最后存在于主体的内在之中。

普及美学是邱老师多年美学和美育工作探索的结晶，在此中，我看到邱老师在人间播撒美的种子，培养美的人间的宏大理想，并期待开出更多普及美学的果实！

邱伟杰： 各位老师好，我很认真地听了一个上午。非常感谢大家关注普及美学，解析普及美学，概括和深挖普及美学！着实让我耳目一新。因为时间的问题，我简单讲两句。

刚才大家的讨论，让我想到一本书——《病梅馆记》。实际上普及美学关注的便是种子的"唤醒"和"成长"，对于我们每个人、每个个体来说就是修身养性，处理自己在人世间的问题。许多学者谈到我的思想和老庄的很多命题相关，实际上也是这样的。老庄思想其本质上就是"抱朴"，这也正契合了普及美学的理路。但是，我的想法，其实更多地来自儒家思想。在我之前研习的过程中，发现了儒家有三条路径靠近天道。

第一条就是《论语》中夫子与曾点的一段对话，也就是大家所熟知的"吾与点也"。阳春三月，沐浴春光，人与自然融合为一体。"与点"的"与"也就是一种赞许的意味。儒家实际上从一开始就向道家学习这样一条"根本线"，与天道的融合即是儒家对道家的靠拢。所以，在《普及美学原理》这本书中，我有几段也讨论了关于老庄的话题。从本质上来讲，我们今天不可能离开这个社会去与鸟兽天地、山川河湖为伍。如果人去效仿鸟兽虫鱼，就可能违背天道了。而儒家在几千年中生发的最积极深远的影响就在于：人明知社会的黑暗，但仍然愿意走进污浊的世间，依靠自己的本来美去靠近天道。换句话说，也就是以我们自己的本来美与天地万物的本来美进行磨砺，进而修缮和提升、光大自己的美。

第二条路径则是天垂象于社稷。在山川河湖之外，仍然以孝悌为本的秩序存在于整个社会伦理结构之中。在这条理路中，儒家拥有一种通向光明道路的精神。换句话说，在道家眼中，这个屋子是黑的，有一盏烛光，则把它称之为黑暗中的光；可是儒家在看到一个黑暗屋子时，会在精神的主观中发现光明。所以说，儒家含有积极的精神，并不惧怕谈论污浊。在普及美学之中谈论的这个问题是：坚信自己的本来美，不要惧怕谈论自己的污浊。如今的理想主义美学是需要观察到"天道"的安排的，诚如阳明心学中的"我心即是天心"所彰显的天人合一精神，在"天心"中完成一种与天道的应接，并在我们的肉体中有所寄托。在人世间，我们通过大伦理也好，小伦理也好，进行这种磨砺，然后来开阔我们的胸襟。而人的自由也是需要磨砺之后才能达到的。

儒家还提倡了第三条路，这就是艺术。儒家在很早的时候就提到了文艺。刚刚有老师谈到了庄子的庖丁解牛。庖丁解牛的"技进乎道"便是本来美的艺术人生方式的表达。在所有的门类艺术之中，都有礼法和妙趣。只有进行深入的学习，我们才能更好地去理解礼法和性情二者怎样进行结合，而后去完成本来美，去唤醒自我的成长，这是一个非常重要的手段。于此，我们才能真正理解夫子的"从心所欲而不逾矩"，也才能领会他所谓的"志于道，据于德，依于仁，游于艺"。

这个时代的机缘是五千年来的各种哲学思想的碰撞，这可以让我们再次进行思索和提升。我在我最近的书法和诗歌创作中，在礼法和妙趣之中获得许多营养。也希望各位老师在自己的妙趣和性情之中找到心之所向的艺术门类！

在《普及美学原理》一书中，我为何提到"后浪"美学呢？因为这个时代也运生了第二个机缘，即如孔夫子所说"富而教之"的时代。现如今，时代摆脱了极端的贫穷，也摆脱了教育桎梏。每个人都会有受教化的机缘，而美育人生也因此具有重要意义。如果人仅仅作为一个"经济人""政治人""社会人"这样单向度的人，那是非常可怕的。我们看到社会蓬勃发展的另一面就是"85 后""90 后"主导的"兴趣美"的时代已经到来。人们并不沉醉在成功的标准里面，而是呈现多元化的局面。这也就是"美的人"的一种真实呈现，也正是儒家文化里面很重要的"文治天下"的一面。"文治天下"中的"文"，包括仓颉造字时的记录。"文"也就是纹路的"纹"。那么为什么以"纹路"来呈现呢？它很重要的一个概念在于，中华民族的文化底蕴是"充于内而见于外"的。换句话说，在我们的文字中，"文"跟"质"的关系乃是文质彬彬，若内蕴愈加丰厚则外在的纹路也会愈加丰盛。在如今物欲横流的社会中，我们如何纵观哲学史和中国思想史去看时代的困惑？我想今天上午六位老师的这个阐述，已经让我的思想产生了更大的激荡，也更大地开动起来。我看到一双双发光的眼睛和一颗颗鲜活的探索真理的真心，让我非常开心。也感谢冯庆兄提供这样的平台，让我在此受益良多。感谢大家！

第二场　普及美学的理论探微

冯庆：上午的会议内容更多的是与普及美学的传统和渊源相关，而下午要发言的几位老师关注的则是普及美学的原理部分，具体来说就是普及美学作为美学学科领域的一个话题，它要如何在这个领域中去展开。这不仅仅是一个学科内部的问题，而且应该是面向我们当下多元化的、丰富多彩的生活去发展的一个议题。

金浪："普及"其实是美学的题中应有之意，但美学后来的学科化、专业化发展已越来越偏离它的初心，因此《普及美学原理》可谓掷地有声，将这一初心重新请回到人们的视野，这对于从事学院化学术生产的美学学者有很大启发。

这是一本具有思想含量的书，不能以学术标准来衡量，后者容易闭门造车，而前者保持了鲜活的生命力。书中不仅充满了思想的灵光闪现，对中西美学史的梳理也可谓别开生面。《普及美学原理》并非简单地抑西扬中，而是包含着对西方美学的内在理解，即认为西方美学经历了一个衰落的过程。对于从启蒙时代到浪漫时代这一阶段的西方美学，《普及美学原理》是高度肯定的，认为其中包含着"人的高贵性"，但从19世纪后期开始，这种高贵性却逐渐丧失。这一观察非常重要。人的高贵性丧失的理论源头或者可以追溯到尼采。尼采之后的西方美学通过对生命、身体、欲望等被理性压抑的部分的宣扬来进一步地解放人，但代价却是"人的高贵性"的丧失。

邱老师从"质朴哲学"出发重新激活中国美学资源的做法值得肯定，而《普及美学原理》就是"质朴美学"的典范，这本书没有采取学院化引经据典的学术生产方式写作，否则就太"文"了。而从"质朴哲学"的视野出发可以引发对很多问题的讨论，比如普及美学如何回应社会主义传统或者说中国革命的传统。事实上，现代中国美学在普及美学的意义上，作为对中国美学传统和西方美学传统的接续与超越，本应得到美学界的正面处理。

从这一角度来看，普及美学不仅是对西方美学和中国传统美学起点的重访，更是对中国现代美学独特道路的概括，这在王国维、朱光潜、宗白华等美学大家身上都有所体现。王国维、蔡元培都很重视美学的社会启蒙作用，他们在向中国引入西方美学的时候，就已然包含着要运用美学进行社会改造的考虑，而运用美学重塑社会的最终目的又指向新的民族国家构建，这也是美学在现代中国占有重要地位的原因。就此而言，普及美学的思想脉络是多元的，不仅可以从西方，也可以从中国的古今转型中梳理出它的起承转合脉络。

此外，对于普及美学接下来的工作方向，希望普及美学可以与美育相结合，通过配合当下对美育的提倡，在更大舞台上发挥作用。普及美学与前些年比较热门的生活美学有很强的相关性，而后者恰恰是按照学院化生产方式提出的。因此，将二者放在一起，也许能碰撞出新的火花。

秦兴华：我主要从四个维度同与会的各位老师展开交流。

首先，美育是否等于艺术教育。从美育当前的现状看，主要是学校美育（艺术专业教育、公共艺术教育）和社会美育（博物馆、美术馆等），而社会美育越来越受到重视，很多高校都建立了自己的公共艺术中心，定期开展活动。然而这两年的博物馆热对于美育的效果提升，其实并不是很高，可能只能调动公众的热情。美育的核心是艺术教育，但美育不等同于艺术教育。

其次，当前美育存在三个问题：一是重艺术、轻审美。现如今人们所拥有的资源从表面看来非常驳杂，但实际上人们本质的审美能力并没有得到提升。二是重技能、轻思想。当下所谓艺术家非常多，但他们往往有很高的技巧，实际上缺乏较深的思想内涵。三是重结果、轻过程。现在整个美育的风气有些急功近利，缺少对人本身的思考。

再次，关于"美育"和"美育学"。美育是当下一个非常重要的议题，国家非常重视这个议题，也出台了相关政策的文件，提出了建立"美育学"的想法，轰动一时。所以要不要建立"美育学"？很多老师提出了自己的观点，比如中央美术学院院长范迪安，建议在艺术学门类中设立"美育学"学科。我以为，应当推动美育教育，艺术学类的课程不能作为主导课程。

最后，关于美育的基础与方向的问题。应将美学作为本质、艺术作为核心，将美育落到具体可行的方法上，渗透到各个学科的教育之中。而普及美学恰恰就是综合美学、艺术学、教育学三种学科视域的美育的基础，更是融入经济学、社会学、历史学等多门学科知识体系而形成的一种"美育思路"，在这种思路指导的同时，也应注重美育的公平性。

李嘉华： 从康德、谢林提出"美学"开始，他们就将其作为哲学体系中的一个架构，提出美学只是为了解决大的哲学体系中的细枝末节，这也就从根源上导致了美学如今走向式微的境地。想要在美学领域有所思考，就需要更加宏观地打通人文社科的各个领域，调动文学、历史等多个学科的知识，不能单纯地从美学角度去看美学。黑格尔之后的德国思想界发生了一个很大的变化，即1848年的"三月革命"。这使德国学术界的理论与实践的关系产生了一个比较明显的变化，主要体现在当时从事学术工作的学者更多转向了理论，而在学科边缘的人则流向了社会，对塑造大众发挥了很大作用，例如马克思、叔本华和尼采。理论和实践分割的后果是危险的，但理论学者也不能太过自责，因为实践派也有着类似的困扰，这个问题是双方都存在的。

从《普及美学原理》一书的题名就可以看出邱老师在美学问题上的抱负。"Universal Aesthetic Principles"的英文表述，充分显示了一种尝试建构学科体系并将之付诸社会实践的勃勃雄心。全书的篇章结构也印证了这一点。书中所提出的两个核心问题是：当今中国的美学任务是什么？美学应该为谁服务以及如何服务？邱老师认为，美学的发展不应该拘泥于学理层面，更应该立足于社会实践。

关于"原理"这个概念，应当把它放在思想的语境中去回答普及美学何以普及这样一个问题。针对这个问题，就又要回到一开始所提出的美学建立之初的情况。康德既不是要提出一门感性学，也不准备构建一门堪与自然科学和道德法则相并列的美学，整个反思性判断力不具有独立的认识领地。审美判断力也不是只有美，还包括崇高。审美判断力在他的哲学体系中显然扮演着自然和自由的弥合剂的角色。虽然所谓的"美学"没有自己单独的领地，但是借助包括审美判断力在内的反思性判断力，康德尝试回应了在自然之中自由是否可能的问题。

而在康德之后，审美判断力还不足以弥合自然和自由之间的鸿沟，美学的转型和发展一直存在困境，后世的思想家如费希特、哈贝马斯等人也一直在探索解决这种困境的可能。对德国观念论美学的考察，体现出美学在现代发展中面临的悖论，同时也挖掘了让美学继续前行的两条路径：一条是为美学划界，赋予它以自律的专门领域，建设专业的知识体系和评价体制，用符合这一领域的有效性标准来对美学进行检验和批判；另一条则是先锋艺术开辟的扬弃艺术于生活实践的尝试。不论是先锋艺术就艺术形式开展的种种创新实验，还是随着电影等可机械复制的技术的发展，美学与其他领域的边界不再牢固可靠。而且伴随着对不同文化的艺术形式的发现和比较，像邱伟杰先生所说的那样，能认识到像中国文化这样的艺术经验与生活方式紧密联系的案例。

《普及美学原理》选择的主要是第二条路径。普及美学既是来源于中国艺术的历史经验，与中国传统的追求生命自由的品质之学一脉相承，也接续了西方现代思潮中关于艺术和生活关系的思考。如马克思主义促进人的自由发展的学说、存在主义希望唤醒生命品质的精神、法兰克福学派对大众文化的批判等共同在欧洲文明中推动普及美学观念的发展。"普及美学"体现了对当下社会现实的明确而幽深的观照，也包含了一种渴望从文本到行动成为施行话语的要求。对于普及美学是否可能解开美学的发展困境，不宜心急，而是应该留待历史和实践的双重检验。

李国成：我主要是从美育的角度来审视普及美学。美育本身是一种审美教育，东西方思想传统里都能找到很多美育思想的内容。邱老师在书中，也对中西方的美学思想做了一个非常详细而且有特色的梳理，其普及美学理论也是对中国近代美育传统的接续，对中国当代美育做出了独特的贡献，其理论特色主要有以下三个方面。

一是大众性。在当下学界话语中，美育往往被局限于学校教育，然而美育本身所要求的实际上是远远超出学校教育的特殊领域，是对社会大众的普遍性的公民教育。邱老师认为大众具有"本来美"，这一"本来美"出于人的质朴天性，每一个人在其自身即能发现、培育和成就其"本来美"，这在一定意义上旨在对美和美学进行"祛魅"。另外，还应注意的是，邱老师正视了大众文化本身的审美价值，甚至将广场舞、互联网游戏等也纳入普及美学的实践中，让人们在玩起来的同时收获个体性、本真性的审美体验，这也表现出大众性原则在他的理论中的深入贯彻。

二是自主性。邱老师的"本来美"正是要将美从教育的对象变为培育的对象，不是设置高高在上的美学标准，而是认为"'本来美''质朴美'是最珍贵的天地之大美"，由此就保证了每一个人对美的自主性。

三是生活化。美育若要指向社会大众就需要"接地气"，需要能够融入社会大众的日常生活。邱老师则对日常生活和处于日常生活中的人如何去生活表现出了高度的重视。一方面，他充分肯定了人们在日常生活中产生的欲望和需求，并不将审美视作完全非功利的游戏，而是要引导欲望和需求走向审美化。他反对"功名利禄成功观"，但认可人们对更高品质生活的追求，甚至鼓励去玩书、茶、石、乐等。在他看来，一个"艺术娱乐文化时代"已经到来。另一方面，邱老师特别注意人们在日常生活中的行为和心态，希望培育一种生活的艺术和人格美。

最后，我也向与会的老师提出一个问题。从后现代转向的角度来看，"本来美"的"本来"这种措辞是不是带有一种形而上的特征，是否赋予了主体过多的自主性，面对反本质主义、反主体主义的挑战，怎样来处理这个表述问题？还有就是邱老师对现代科技持有乐观态度，比如大数据计算，但在一般讨论中我们会觉得它对人有监控作用，在普及美学理论时该如何把握其利弊？

冯庆：如果按照正常的审美启蒙逻辑来看，我们是不是可以将普及美学和"日常生活审美化"这些话语联系在一起来理解，或者像有的老师提到的与生活美学之间可能会有一些相似的地方？普及美学要不要跟这些话语和观念做出一些区分？还有一个就是如何回应后现代的那种反本质主义？"本来美"的说法也不是要走向本质主义，而是要如实地去看待人。所以，在这方面，应该不存在太大的问题。（主持人语）

耿弘明：我尝试从《平凡的世界》这一文本出发，用计算机和传统文学交互的研究手段，来谈谈对《普及美学原理》中"质朴"和"野蛮"这两个概念的理解。《平凡的世界》本身就是一个非常质朴的文本，它是非学院派的、非商业化的、非野蛮的。这个文本在很长时间里是一个被专业的学术界所排斥的文本，它是受到非常多冷遇的。然而在读者中间，这本书却有非常高的热度，这构成了一个非常有趣的隐喻，这个隐喻叫作"路遥现象"。这本书中的情绪词使用的权重非常高，而其中使用频率最高的一个词是"痛苦"。这是《平凡的世界》这个文本最基本的一个特征。

通过对"痛苦"这个词的相关贡献词的检索，发现上下文中与"痛苦"联系最密切的两个词是"尊严"和"贫穷"，很明显，这就是小说主人公孙少平所面临的两个最大的问题，这是与西方文学中的痛苦不同，也不是像哈姆雷特一样去询问存在与否的问题。第二个发现是，文本中诸如"激动""兴奋"这样的词也很多，它们和"痛苦"恰好构成了一个多声部的关系。就是说主人公先是陷入了一种很极端的痛苦，接着很快又陷入了一种极度的激动，他在两个癫狂的状态之间反复横跳。

《平凡的世界》另一个很质朴的、能流行的原因就是它的励志属性。痛苦是一个基本的属性，痛苦之后马上变成激动，这就非常励志。人们在励志的时候，体验的情感结构就是，刚刚鲜血淋漓过，然后接下来那些鲜血就会全部变成花朵，这本书中的主人公恰恰就体现出这样一个基础的状态。路遥在这本书中运用了一个独特的写法，就是他会使用非常多的情感词和感叹号，这样一个高度的直接抒情非常契合读者的一个真实的阅读体验，这也是这个文本受到大家欢迎的一个原因。

结合这个例子，我对邱伟杰老师所言的"质朴"这个词的感悟是，如果能把这个词和中国近四十年的经济变化所带来的审美体验和人自身的体验联系到一起，那么会使它有更大的发展空间。

冯庆：耿老师所使用的"数字人文"的研究方法，是目前非常流行的关于文学和艺术研究的方案，这种方案能让人很直观地理解"质朴"作为一种美学品格是如何呈现在《平凡的世界》中的。但《平凡的世界》毕竟是一部小说，作者在进行艺术创作的时候，也有可能是将"质朴"本身当作一种规范来追求。在这个意义上，除了表现出"本真"的情感之外，也是在模仿"本真"的情感。在路遥那里，它还经历过一个艺术加工和创作的过程，所以对于这个"质朴"的表达可能还有很多细节值得探讨。当下人们的"本真"情感有很多，但"本真"情感是"无名"的，也是没有办法语言化，或者说概念化的。（主持人语）

汪尧翀："普及美学"包含了美学整体转型的问题。正如不少老师发言所提及的，今天大家所习以为常的"美学"实际上是一种现代性产物，也可以说主要是指（德国古典）观念论美学。如果从马克思主义的批判视角来看，观念论美学同样是一种资产阶级意识形态的产物，马克思主义美学自然也就意味着一种美学的整体性转型，这里面首先就包含着美学的大众化或者说民主化问题。但是，美学的大众化不仅是指某种具体"美学原理"的传播或普及，而且包含美学自身的转型问题。

美学大众化转型的任务是双重的，既意味着美学走出精英主义立场，但又不能放弃对艺术品质的认知。这两者之间难免存在一种张力。邱伟杰老师实际上也敏锐地意识到这一点，譬如他在书中对"化大众"和"大众化"做了中肯的区分。但更关键的是，《普及美学原理》试图从心性论的角度，即从质朴哲学的角度对上述问题予以回应，即通过区分所谓的"尖端性本来美"和"普及性本来美"的美品论差异，来解决这种张力问题。正是在这个意义上，"普及美学"的意图在于为"美学原理"的"普及性"提出一种原理说明。换言之，

"美学"的整体性转型于"普及美学"建构的意义应当理解为，如果"美学"实现了其自身的整体性转型，美学就应该是"普及美学"。

从理论建构和探索的角度来看，普及美学彰显基于大众共性的本来美，并倡导回到质朴哲学的思路，是非常有价值的。普及美学包含了一种心性论的规范维度，当然也理所当然地以美学为载体，由此导向对当代社会一系列问题的富有意义的诊疗。就此而言，"普及"或者说遍及一般的大众性之于心性论的建构，确实是一个值得挖掘的面向"他者"的社会维度。如果要实现这样一种普及美学，也即美学的彻底转型，如果美学真的有一种本质意义上的普及性，以及它确实想要向着这个预设的目标迈进的话，仍然需要一个非常深厚的理论根基去解决其中的张力问题。邱老师本人是通过基于心性学的美品论建构来尝试解决和回应这个张力问题的。《普及美学原理》整本书的语言非常精炼、圆融。邱老师长于从丰富的、涉猎极广的思想材料中提炼出简明扼要的观点，并提供了一个极富启发性的答案。

邱伟杰：首先是对金浪老师所提问题的回应。第一是关于王国维、朱光潜和宗白华等人的中国普及美学的脉络梳理，这个部分是非常有价值的，我在书中也对这个问题进行了简单的梳理。这个问题实际上就是对中国传统美学价值的一个延续。孔子"兴观群怨"的诗歌理论引出了中国美学和西方美学的一些本质上的区别。"群"和"怨"与西方美学的感性学其实是呼应的，是一种在情绪上的发泄。而在整个西方美学中未被提及的是"兴"和"观"。有的学者谈到"兴"和"隐喻"这两个概念之间的联系，我认为这是两个完全不同的概念。"兴"本质上是一种类比，是两组概念在品质上的呼应，这个呼应把后者的品质提高了。而"观"则更是西方美学所没有触及的，中国的"观"其实是一种品鉴学的艺术。这种品鉴学的历史非常悠久，比较著名的是伊尹，他既是厨师的祖师爷又是中医汤药的祖师爷，同时在军事、治国领域都有所建树，在中国传统文化中，这些领域都是贯通的，这些领域都是品质与品质之间的关系。在此基础上，品鉴学建立起来，直到魏晋南北朝的九品中正制的确立，它成为中国选官用官的一套实践体系。在这个背景下，品鉴和对品鉴的认识是相对理性的，而这种认识后来被应用到所有艺术之中。而关于学术要如何做的问题，从罗兰·巴特的《恋人絮语》之后，西方的学术方式已经完全脱离了教科书"八股文"式的学术格局，诚然"八股文"式的格局有一定优势，比如它能使人形成一种有逻辑的、理性的思维，但实际上现在国际前沿的学术方式是多种多样的，普及美学原理也即是这样的一种尝试。

关于普及美学和身体美学的区别这一问题。我认为生活和生命以及人跟天之间，都是相互滋养互补的关系。生活是生命的土壤，如果没有土壤，大树就无法生长；但是如果只有生活而没有生命，那么生活就是一片荒芜之地。所以二者的关系是辩证的。现在"生活至上主义"已经成为社会的流行，生活已经成为性情泛滥的一种借口，所以我们今天看到的生活美学，如果不跟人相关联，那么它对人本来美的发现和光大是没有任何意义的。在这种状态中存在的生活美学，更多地把艺术低矮化为服务人的一种方式。这是一种谈资，而非普及。美学是希望我们在生活中活出诗意。中华民族一直是一个非常有诗意的民族，改革开放以来，尽管我们得到了非常丰硕的经济成果，但后面二十年社会集体失道，如医院变成工程院、教育局变成工程院，这样的情况令人痛心。然而更大的问题是，由于人活得没有诗意，人就没有了咀嚼和品味的过程，就会不择手段。所以在这个问题上，普及美学更多是希望唤醒人，并使之成长。从广义角度来讲，普及美学做的是如何真正把美学普及给社会；而从狭义的角度讲，普及美学恰恰是回归到尖端美品论的讨论，是重新讨论到人。

关于理论与实践脱钩的问题。《矛盾论》中引用列宁的话说"没有革命的理论就没有革命的运动"，其实理论和实践本来就是分不开的。美学的诞生由鲍姆加登开始，当时就是为了弥合经验主义哲学和理性主义之间的鸿沟，先是将美学作为一种低级的认识论，而后又作为一个学科来建设。当然，在理性主义的哲学理论推导中，也存在很多有价值且能够尝试的思想。我们不是去否定"本体"，我们否定的是某种本体，否定它要去对社会进行异化。实际上，中国的传统文化不管儒释道三家哪一家，它都是在天人合一的维度中。我们一旦脱离这个维度，就没有办法去讨论中国传统的思想。品质学和美品学，它们是人与天之间的一个阶梯，它是有层级的，同时可以通过提升来逐渐靠近最高的标准。

事实上对每一个个体来说，如果说我们目前处在一个"后存在主义"的背景下，那么每个人在一个绝对的虚无论下去讨论自己的价值，这就会导致人与人之间的割裂，也必然导致国与国之间的隔离。如果今天我们还要谈到全球化，仍然只有通过人们对于美的认识，才能够避开宗教的藩篱和政治的壁垒，去促进人们的和谐共生。所以回归到每个个体，每个人都是特立独有的存在。我们仍要思考存在主义，否则人就又会变为一种工具，变为一种虚无。

在普及美学这条道路上，我是沿着王阳明心学的路径，上溯至孔子和道家，在这条路上，人与自然、人与万物的和谐相处一直都是根本的。人皆能立足本来美，从真出发、知恶行善、向美而生，锻造出独具风情的艺术品，自由地呈现多元化的存在。"后存在主义"最大的一个问题就是所有人都会觉得自己是受害者，而阳明心学对解决这个问题是有帮助的，其方式就是"天人合一"。这种思想和力量，使得人真正能够在抛开功利心的情况下思考，认识到"良知"对于重构人与人之间的伦理关系的意义。中国的美品学，其实既是品质学，又是美的伦理学，所以我将会对美品学做进一步的理论探讨。

关于李国成老师谈到的"本来美"的形而上学的问题，我也想做一点回应。大数据是控制还是成全兴趣？这个问题，其实社会的"部落化"已经给出了答案。在过去的一段时间里，抖音拥有巨大的日活量，但与此同时，也有很多人在逐渐脱离抖音，他们开始在自己部落化的小圈子里去探讨更有深度的话题。这些交流的平台，其参与者动辄百万，这是非常恐怖的数字，这些平台密密麻麻地弥散在这个社会的各个阶层之中。他们并不以任何的功利标准来交往，他们只以某一种生发、细化、广化的兴趣来交往，他们和社会在一定程度上是脱节的。宏大的兴趣化时代已经下沉，取而代之的是兴趣分群、分圈的现象，《普及美学原理》中也有相应的表述。一旦关注到这个问题，我们就会紧接着思考：资本的根本属性是什么？资本的根本属性并不是控制，而是贪婪。控制与否取决于能否得利，所以在这个领域中，大数据是控制还是成全兴趣，也会归因于此。如果社会提供的一种资源环境是已有的控制，那它必然继续控制；反之，它就不会继续。很多社会现象是随着群众的素质而发生转变的，比如经济诈骗现象，在大家识别诈骗的能力提升之后，骗子得手的概率也会下降。

这就引出了另外一个问题，为何诈骗总是层出不穷？这里涉及一个根源问题，同时也是中国传统学问中一个非常重要的东西，那就是抬举"善"而高于"美"。"好人有好报"这个观念其实违背了天道，因为"天道酬勤"。如果不去学习如何反诈，下一次仍然会被诈骗。所以善与恶之间，往往是一个难以甄别明白的问题。它在每个国家和地区，在不同的宗教和文化中，在同一个地方的不同时间段都会发生不同的定义。善很重要，善起于心，但是不能乱用这种善。所以我说："从真出发、知恶行善、向美而生。"这是与整个普及美学原理贯通在一起的一个人的生存法则。

耿弘明老师由《平凡的世界》文本所引出的关于"质朴"和"野蛮"的探索，我认为很有价值。"质胜文则野，文胜质则史"，质朴胜过文明会导致野蛮，文明胜过质朴就会导致刻板，所以"文质彬彬"，相得益彰，然后君子。"君子"就是孔子的本体论。君子是德配其位的，是人跟天的关系，是人跟家庭的伦理，是孝悌伦理延伸到家和社会的精神伦理。在这套伦理中，孔子认为存在"天垂象"，也即《易经》所言："天垂象，圣人则之。"而在道家体系中，更多偏向对天地万物品质的效法。所以，在今天这个时代，我们做学问不需要太过保守，要以"诸学为用"，就拿普及美学来说，只要能让美的品质认识有所提升，那么它就是一个好的方法论。在当今这个时代，保持人的本来美是一件非常不容易的事情，因为目前社会的流行时尚背后常常有资本操控。所以需要先从精英阶层来意识到审美霸权对我们生活方式的异化。从某种程度上来说，普及美学也可以说是一种"归真美学"，回归到了阳明心学的路径，因此它的学问仅仅是来自"天"的可以说是普世的。

人人都具有的本真，才是普及的基础，所以普及美学在某种程度上也可以叫作"普世美学"。在这里，我呼吁大家一起来重新站在这样一个维度，即天人关系的维度，或者说东方品质美学维度。我并不是要呼吁大家去反对西方美学，而是呼吁要东西互见、东西弥合、互为所用。

最后，我希望大家能够顺应中国特色社会主义的时代特征，进行自己喜欢的学术探讨和建构，普及美学实际上也是从质朴这种维度所提出的一种认识论。我希望通过这种认识论，为各位学者提供一个一起探讨的舞台，只要深化和细化进去，就会发现其中任何艺术门类中都有自己自由的美学法则。将这些法则相互融合起来，我们就会触类旁通，对这个社会更多的法则有更深刻的了解。

第三场　普及美学的当代潜能

冯庆：接下来我们开始第三场讨论，这一场的主题是"普及美学的当代潜能"，其实到目前为止我们已经谈了很多当代潜能了，邱老师已经把路线指明了，大家都可以参与到普及美学的相关研究和理论创构中，端赖大家的勤奋努力，同时也端赖大家的想象力以及艺术天赋。那么这一场第一位发言的是梁心怡老师。

梁心怡：好的，谢谢冯老师和各位老师。首先非常荣幸能够参与此次活动，感谢邱老师的主办，也感谢冯老师的推荐与组织。我们下午这一场的主题是"普及美学的当代潜能"，谈及潜能其实离不开前两场诸位老师所谈的传统渊源以及理论基石，所以从某种意义上来说第三场也是总结性的一场。在探讨了渊博的传统和精妙的理论后，基于自己的体验、感受和思考，去展望普及美学的种种可能，同时去探讨这一理论的诸多担当。

我与邱老师作品的相遇契机其实就是冯老师的那篇书评，因为冯老师算是我的学长，是我的好友，更是我的老师，所以他的论著我基本上都会认真研读。因此他的书评就成了我接触邱老师美学理论的一个开端。《普及美学原理》给予我很大启发。关于美学学科，我的认识有一个发展过程。按照国内现行的划分，美学属于哲学下面的二级学科。美学是西方现代性的产物，诞生于十八世纪，被鲍姆加登定义为"感觉学"。它其实对应的是一种新的知识人的趣味和价值信念。在这个学科出现之前，人们谈及美，主要是作为哲学的一个论题，即形而上学思考的对象来完成的。在十八世纪末到十九世纪初，一些传统的关于美的自然判断，因为诸多复杂的源头催动，产生了根本性的改变。艺术作品，或者说由人所创造的物品，因为它包含了人的伟力，因此在美学中的分量也更重。同时，心理学作为一门具有代表性的现代科学，研究的是认识、意志之外的感觉能力，那么这些其实都和"感觉学"有着根本的关联。而在国内，美学很多时候又以"文艺美学"的名目被置于文学院之内。"文艺美学"在一定程度上区别于"哲学美学"，主要收取的是文学系的学生，整个教学模式也是偏"文学"的。而"文学理论"这一我目前正从事的学科就是一个更加近代的学科了，我本人比较关注美国二十世纪文艺批评理论的发展。

我比较好奇的是，我们今天研究的呈现如此一种形态的文学理论是怎么来的？它是怎么被形塑成今天已经被视为一种理所当然的探究文学文本以及文化问题的方式的？那么文艺美学和文艺理论训练下培养的文学和美学的研究者们，其视野会有一些局限。如果只是个人想要去打开视野，那个人有充分的自由，你可以自己去找书看，去突破一些所谓的界限，但前提是你已经认识到自己所身处的这个学科本身，其形态背后有一些限度。从课程设置看，其实都存在一些潜在的问题。所以我特别认同今天上午姚云帆老师说的，美学自身带有西方的现代性，但是这不能遮蔽我们中国的"美的研究者"。也就是说我们是要去做自觉的研究者，我们要清楚自己的传统，自己的文化特性，自己美学研究的定位。我在邱老师的作品中，其实非常深切和鲜明地感受到对这些问题的思考，那就是关于中、西之美的研究、体悟、思索……这些方面存在巨大差异，这也是邱老师进行美学探索的一个前缘。因此，说邱老师的研究是站在了中西古今比较的高度也不为过。而且我感受到了邱老师的比较研究，是有复杂性在其中的，并非弄一些非此即彼的二元对立概念，或者泛泛而谈，而是一种细化了的比较理论。也正因如此，我们今天才汇聚在这里，围绕普及美学这个话题来进行理论建构和实践的深化。

刚刚邱老师也谈到了"五四"，对于诸多包括西方美学在内的学科，其实最早的获益都是源自这一时期，而且也是最早受到文化冲击的一个阶段。昨天我正好听了社科院外文所梁展老师谈美学自治的讲座。从严复翻译的《文学通诠》谈起，他的重点就是审美的道德教育维度。在严复等一些前人眼里，这是非常新潮的学问，从康德、费希特、谢林、黑格尔一路读下来，五四一代的学人是非常令人震撼的。但是严复本人还是认为，美是有标准的，而这个客观标准是符合理性的目的，其实就是道德，所以审美并不是自治的。严复将美与德，美育与德育看得很重，我在邱老师的《普及美学原理》中体会最深的也是这一点，就是普及美学的伦理之味。从中能够看到邱老师是要通过"本来美"这一基础去建立一种质朴生活快乐观，从而为"由利到义"的伦理学提供借鉴，希望以普遍的"本来美"去引导个体的本真欲望，以基于质朴之本来美的普及美学，去引领乃至塑造民众的伦理观念及伦理行动。所以我觉得其中的关键就在于这个"普"，而实现的途径则是差异化的"美品论"，关键就在于这个"品"。就像邱老师今天所说的，我们要唤醒一颗种子，让种子成长。但种子的品质是有差异的。

邱老师还谈到了对年轻学者的期望，我的体悟非常深，所以特意记了下来："希望你们既有礼法，也有妙悟。"这真的是一份非常珍贵的寄语。因为美德是美中最具灵魂性的部分，去追求这部分的自由，才是一种真正的"美的自由"。伦理德性不是一种约束，而是要让人变得轻盈起来，但并不是轻浮的"轻"，而是举重若轻的，其中有一些沉甸甸的东西。这使得大家尤其会去思考"自由""节制""审慎"这些曾经被束之高阁，放在学院派论文里才被讨论的东西。如果我们能够在古老的德性中体会到美的意味，我们其实就更能够体会到什么才是真正的美。所以我认为无论是从美学学科本身，还是从我们眼下人生在世的经验出发，邱老师的美学思考和美学建设都对我们非常有启发。我今天就泛泛地聊这些，非常感谢邱老师的邀请，谢谢大家。

冯庆：谢谢心怡，你谈到了古老德性的问题，我觉得这个维度对于普及美学的讨论是个很好的话题。因为邱老师在谈论"美品论"的时候，其实是要让我们唤醒一种对中国传统的记忆。当然这一点在西方古老的传统也就是柏拉图那里亦能找到，那就是对于自然正当的秩序感觉的记忆。它不仅是人为规定的一套法则所设立的"正当性"，而且是由每个人对自己本心的探寻过程中所揭示出来的那种自然正当性。我们当下其实有很多糟糕的"伦理"，每个人都能够拿出自己的一条道德准则来绳律他人，这是一种很危险的事情。那么回归到这个"本来美"，就是回到人之为人最初的那种东西。所以心怡的话题给予了我们很大的启发。下面有请李智星老师发言。（主持人语）

李智星：首先循例要感谢下冯庆兄和邱老师的邀请，提供了如此的机会可以和各位同仁交流。之前的这些讨论，激起了我思想上的一些波澜，但是无法及时回应，而且隔了太久也不是很"新鲜"了，所以就不再多回顾早上和刚才第一场的内容了。但是我想提两点。第一点即邱老师刚刚提到的，资本与审美本性的关系，这揭示出一对有张力的关系。资本想要控制我们的审美品性，但邱老师提到审美品性及其改变反过来又可以牵制资本的选择，这里的前提是"拒绝"。这个词一出来，在不经意间点出了普及美学多多少少需要有一种"博弈"的姿态。就像韩裔哲学家韩炳哲写的《美的救赎》，美需要有一种"斗争性"，从一个被囚禁的困境中被拯救出来，带有一种博弈、冲破的姿态。联系邱老师的"拒绝"，可能普及美学在当下也绕不开这种紧张性的姿态。其实阳明心学在论述的时候也带有一种论战的关系，针对一种对本性的遮蔽以及名教僵化的内容进行辩驳。今天的普及美学可能也离不开这种姿态。第二点是刚刚梁心怡老师也提到的梁展老师的讲座，提到严复并不赞同"美的自治"，而是强调要将美与善的伦理相结合，这个和我们传统儒家所说的审美观是一样的，即美并不是一种纯粹自治意义上的东西。严复的思想确实有这种特点，有一种从古典延续下来的对伦理的一种关怀和执着。比如，他要翻译赫胥黎，而不是翻译斯宾塞，就是因为后者讲"天"而没有"人"，而赫胥黎则既有"天"又有"人"的介入。而"人"的介入意味着可以把伦理的向度带入其中，人是可以有所作为的。与"物竞天择""以万物为刍狗"的一种无情的"天"有一种博弈的关系，这就为他注入以"不争"为目的的伦理关怀提供了一个入手的地方，提供了一个脉络。同样，严复撰写《群己权界论》也和西方纯粹的自由主义是不一样的，他不是要给"群"划界，为"己"留出空间，而是要在"群"和"己"之间建立平衡，是要兼顾"群"的。这是刚刚听了各位老师发言以后的一些联想。

接下来的就是我要讲的这部分内容，这也是我递交的书评的话题。今天很多学者都提到了"美育"这个话题，同时还有"美学"被边缘化的问题。美学之所以被边缘化，其原因之一是美学没有很好地接通一个更大的问题关怀和问题意识。如果没有自觉地去回应时代提出的这些问题，那么，难免会陷入一种边缘化的处境之中。其实从康德提到美学的时候，他也是通过审美来解决如何去塑造民主时代的人格的问题。包括二十世纪以后我们所提的"美育"，也是因为一个新的民主时代的到来，包括新文学以及革命的普及文学，这些都是进入更大的时代问题视野的一部分。所以今天美学的边缘化也许可以从这个角度去反思一下，那就是美学该如何介入更大的文化场域，或言如何重新调整一个时代的精神，去接通更广阔的文化关怀的路径。从美育的角度去推动普及美学，也许也是这样一个路径。

谈到美育的话题，肯定离不开王国维。王国维所追求的美育学就是"纯粹的""无用的"，要和人的功利之心区分开来，需要有"超利害"的"无欲之我"，"玩天然之美""血气平和""天下皆宁"都是他所使用过的一些表述。免去"势力之欲"是他所追求的美育目标。他的这种美育观在蔡元培那里也能看到。蔡元培根据美育的超功利性，认为美育应该达成"保持一种永久和平的心境"。很明显他们这些二十世纪的美学家都受到了康德的影响。但我们有必要回到二十世纪的中国历史语境中去思考那个时代是怎样的。用杜亚泉的话来说，有两种文明——静的文明和动的文明，杜亚泉本意是站在一种批判立场上，指出动的文明是西方文明，静的文明是东方文明，动的文明眼下带来"内卷"和世界战争的危机，这须用东方"静"的文明加以补救和调和。但借用这个框架观察二十世纪中国史，却更多是表现出在"动"的世界背景中，传统中国的"静"的性格恐怕已然不应时势，因为其所处的世界已经是动荡的环境了，中国的文明性格应当做好新的运动的准备。中国被迫卷入了一个与西方强国进行竞争的环境，需要变成一个更强悍的文明，需要去救亡、革命、斗争、动员。中国所面临的问题是不能够再单纯保留"静"的传统文明性格，而需要将自身锻造成一种"动"的文明性格，去适应这样一种万国竞争的严峻的世界史环境和革命救亡的国民运动时刻。我最近看了李怀印先生的《现代中国的形成》，他提到因为近代的清中国没有进入欧洲那样万国竞争的环境中，所以清中国的国家机器是比较简约的，经营的时候也不要那么多成本。而进入近现代中国的历史形成语境中，这种简单的国家机器就不好使了。为了适应一种战争的时势，必须打造出一个强有力的国家财政机器，改变自己的民族性格。在这样的一种救亡图存的"动"的背景下，王国维提倡的实现"血气平和""天下皆宁"的美育设计好比要让中国重回"静"的文明性格，这就显得与"动"的民族环境时势格格不入。随着这个"动"的时代来临，中国二十世纪要普及的审美的性格恰恰是非常"动"的，因为审美目标是要点燃群众的斗争之心。这种意义上出现的审美教育恰恰就不是要让人"静"下来，而是要让人参与斗争，"动"起来。所以就会出现这样的一幕，就是曾经延安在上演革命话剧的时候，一个士兵观众将饰演压迫者的演员当场杀害了。这种面向大众的普及美学不是要让人"静"下来，它显然也不是"超功利"的。

因此，在进入全新历史时代语境后，普及美学也会被时势所带动，很难去走王国维和蔡元培那样的道路。前段时间，甘阳老师提到了我们今天重新回到了"战争与和平"这一时代主题中。这是他的判断，也一度成为热点。这迫使我们这些关心普及美学的人思考一个问题——如果这个主题真的回来了，那么我们还能多大程度上去从容地谈"美"或是"本来美"？如何提倡回到"本来美"的本真性目标上？这也是我希望借此机会向大家提的一个问题，希望可以多多交流。我的发言就到这里。

冯庆：这提到了一个很好也很有趣的话题，除了蔡元培和王国维所提倡的这种无功利的审美之外，在中国近现代史上还有另外一脉，那就是中国共产党的延安动员体制。而这并不是无本之源，无根之木。它的源头其实是在梁启超的"新民说"。从一开始在"军国民"的口号之下已经有了一种感性的尝试，但在当时这个还不被称为"美育"。而"美育"这个概念恰恰首先是作为对"军国民"的检讨而出现的。王国维当年就说大家都天天在学堂里面唱军歌，唱军歌本身没有什么问题，但是那些军歌都太千篇一律了，除了动员人的好战激情外，就不能让人有更多层次的进步了。但仗打完了之后，进入了和平阶段又该怎么办呢？蔡元培本身其实就是革命家，在民国建立之后，他发现和平时代，需要美育为人确立一种无功利的审美态度。所以你说得很对，"战争与和平"确实是一个有趣的变奏的主题。我们恰恰要看到审美对现实的补充，就像邱老师说的那样，需要有一种"拒绝"，去进行一定的反省、检讨及观照。而当我们强调审美观照的时候，其实就是要人走出这样一个"动"的日常，从一种和历史同构的环境进入一种"静"的环境，在日常生活中有一瞬间能够进入这种"静"的状态，也正因如此才能和那种纯然动物般的人有所区分。这是一个很好的维度，也和接下来杨儒想要说的东西有关涉，就是这个动员的问题。接下来请杨儒来做介绍。（主持人语）

杨儒：谢谢冯庆老师的邀请，我今天要讲的可能也和"战争与和平"有关，但主要还是抗战之前发生的事情。今天听了各位老师的发言我觉得获益匪浅。尤其是邱老师的点评，从理论上对我这次写作的深化很有帮助。我觉得邱老师的理论是具有原创性的理论，普及美学（Universal Aesthetics）不是对西方美学的模仿或跟随，而是根植于中国当下的现实问题与困境，并试图提出当下中国美学的一种新理路。所以，邱老师提出的发展"本来美"，就是要让人获得幸福快乐和生命自由之路。

刚才我们也提到了要提高大众审美这个话题，其实这个问题是十分漫长且困难的。在二十世纪三十年代的时候，中国民众的教育水平是很低的，连识字率都很低，更不用说艺术欣赏了，还面临战争的现实。那么，在这个时期，如何对大众进行艺术教育的传播呢？那个时候的审美教育，一方面，就有动员号召大家起来进行反抗的作用，这也是左翼文艺运动的宗旨之一。但是另一方面，审美和艺术教育，也不仅仅是动员大家去反抗，其实还是要让民众去看到自身。以绘画为例，在中西方的古代绘画中，很长一段时间内都是以帝王将相为描绘的对象，平民既不会被作为绘画的内容，也不具备欣赏的途径。而到了近代，民众通过欣赏艺术，能够与自己繁重的劳动生活保持一定的距离，使其在生活之外对自己的生存状态进行反思，发现生活的另一种可能。当他们有了这种反思之后，可能就会生出追求更好的、更平等的、更自由的生活的动力。邱老师的书中也提到，随着一些团体的形成，出现了一些抗日救亡的文艺作品，这些作品饱含着爱国主义的激情，深深植根于民众的苦难与觉醒，与民众的心灵共振共鸣，发挥了战斗号角的作用，推动了群众性抗日救亡运动的高涨，是中国民众全方位、立体式普及美学的探索与实践。

鲁迅也注意到了美术在这里发挥的作用。从《鲁迅全集》中的书信中可以看到，当时的版画运动中，除了有表现阶级矛盾冲突的内容之外，其实还有很多表现静物风景以及民俗的，有着非常多元的主题。今天我也主要就是介绍鲁迅在当时的条件下是如何推动普及美学的，切入点主要就是他的这些版画评论。好的，那我就说这些，非常感谢各位老师的支持。

冯庆：好的，谢谢杨儒给我们补充了一个非常鲜活的例子。鲁迅作为中国现代文学文化思想史上的一个重要人物，我们能从他的例子中看到普及美学需要一些细节上的对艺术的批评。这是一个很好的维度，接下来请张佳峰老师发言，他是做艺术学的，会带给我们一些启迪。（主持人语）

张佳峰：好的，尊敬的邱老师以及各位老师和同学，大家下午好。非常感谢邱老师和冯老师给了我这样的一次机会让我来谈谈普及美学的问题。我想分三个方面来谈谈邱老师的工作。

第一方面，用一个比较抽象的命题来概括邱老师普及美学理论的知识生产，我会将其称之为"审美是日常的"。我觉得邱老师整体的普及美学的理论探讨，基本上就是围绕个体性的意义还有价值的问题展开的。人之为人的核心要义在于我们能够创造文化，通过语言、神话、艺术、历史等不同领域编织意义和价值的世界，这是一个方面。另一个方面是，这个意义与价值的世界并非高悬于我们日常生活之上的抽象的理念世界，或者说存在于知识精英和经典之中的形而上的世界。而是，"随风潜入夜，润物细无声"地生息于我们的伦常日用之中，是一种潜藏于每个社会与个体心灵之中的整体性的生活方式。因此，我们可以看到，邱老师的普及美学理论基本上是这样一种观念的生动诠释。这就让我想到，我们通常将美学研究概括为两种方式：一种是自上而下的，一种是自下而上的。这种分野在19世纪末20世纪初特别明显。那么我觉得，如果从另外一个角度来看，美学的知识形态也有两种：一种是学院体系内的一些学术论谈；另一种就应该是迈向社会实践，迈向十字街头的。而邱老师的这种普及美学的理论正是一种走向十字街头的，在社会实践层面上非常具有人文情怀和社会关怀价值的理论。

第二个方面，我想谈一谈邱老师普及美学这一理论的资源背景。邱老师的著作在一方面接续了中国古典的传统，但不是简单的回归，而是在中西结合背景下饱含着浓郁的当下关怀的理论。主要有以下三个理论形态和资源背景：一是对中国古典美学资源的创造性转化，通过阅读我们能够很明显地发现他对中国古典美学资源的熟悉以及灵活运用。而这又可以分为两个方面：一个是诗骚传统，另一个是比德传统的再运用。二是趣味理论的再发明，近代美学家梁启超在《趣味教育与教育趣味》中指出："趣味是生活的原动力""我信奉的是趣味主义"。套用这一理论，我们可以认为邱老师也是一个纯粹的趣味主义者。第三个方面是吸取了西方的博学传统，即 liberal art 的传统。

最后我想探讨一下邱老师的美学对我们而言重要的当下启示：为我们提供了一种良好的"自我技术"以及生存美学。我觉得邱老师整个普及美学的理论为我们提供的就是一个类似福柯所说的"自我技术"，尤其是我们目前处于一种被高度监管的社会之中，我们如何去寻求一种幸福、纯洁、智慧、完美或者不朽的方向。邱老师的系列著作为我们指明了一个方向。以上是我的一些不成熟的看法，希望邱老师和各位老师批评指正。谢谢！

冯庆：谢谢张佳峰老师的发言，最后的这个"自我技术"让我想到了一位德国汉学家何乏笔，他经常谈论中国道家和阳明学当中的修养功夫论及福柯的"自我技术"之间的关系，试图打通中西。其实佳峰也让我们看到了，在普及美学的这种期待之中，这种努力是我们可以去走的一条道路，也是一条很有意义的人文主义的道路，但是谈及人文主义，我们又不能绕开和天相通的那个维度。所以卡西尔也好，威廉斯也好，他们所强调的这种人的维度是不是已经足够了呢？这个是可以再商量讨论的。下一位发言的是熊海洋老师。（主持人语）

熊海洋：谢谢冯庆师兄和邱老师举办这样一个活动，也非常感谢各位老师，很高兴能在云上再次见到这些熟悉的同仁。我今天的汇报是对书评的一点延伸，因为书评写完我有点意犹未尽，其中也涉及了我非常关心的一个问题。上午金浪老师和冯庆师兄其实都是这一领域的专家，他们做得非常好。美学这个学科，我们细细思考一下的话，会发现非常奇怪，因为它的名目实在过多，包括邱老师今天所讲的这种普及美学，这当然是一种境界较高的美学。但我们还有很多具体的美学，比如建筑美学、音乐美学等等。但这个学科在整个知识体系中其实是比较边缘的，它只是哲学下面的二级学科，也根本没有自然哲学、伦理学、逻辑学那些学科重要。但是当这一学科进入中国后，却拥有了一个非常崇高的地位。但存在的问题是，我们谈及普及，大多是普及社会学、心理学或者代数学，但很少有谈及普及美学的。为什么会有这样一个现象呢？即一个原本在西方学科领域中无足轻重的学科，来到中国后变得举足轻重？另外，中国从20世纪50年代到70年代的教育体系中一路走来，我们知道很多学科，比如社会心理学，都被取消掉了，但美学却被保留了下来，而且还掀起了很多争论，有非常丰硕的争论成果。其实我觉得美学这个学科从诞生起就非常重要，它和军国大计联系在一起，而且和军事学、经济学、社会学、政治学那些很专门的领域还不太一样。

因为那些专门领域不需要很多人掌握，也不需要普及。但是美学却需要通过美育这些手段才能生发，并且始终受到重视。

美学这一学科在中国近现代是如何走自己的路的呢？邱老师的普及美学的意义又在何处呢？这是我今天主要想说的内容，中国近代美学的发生与中国人有很大关系，邱老师的一本书名字也叫《美的人》，都是在说美、美学和人的关系。晚清时辜鸿铭说："我们评判一个文化的标准就看这种文明产生了什么样的人，什么样的男人和什么样的女人。"因此，他对中国人的评价很高。他说，中国的文明性格有三大特征：深沉、博大、淳朴，同时也很聪明。但是很不幸，到近代我们看到王国维、梁启超、胡适、鲁迅他们的诊断是非常悲观的，中国人的景观是极其丑陋的。比如说王国维，我们今天的很多研究会将其视为超世的高人，但其实不是这样。如果我们去读一读他的著作便能发现，其实他是内心挣扎极其激烈的一个人。他认为中国国民在精神上无希望，无慰藉，因此沉溺于鸦片，"贪财好色""烟酒博弈宫室狗马之好"，喜欢的都是较低级的趣味的东西；在学术上，也"无朝气""无注意力""意志薄弱"，然后产生了三种精神疾病，即运动狂、嗜软狂、自杀狂。所以在他那里，近代中国人是一种病入膏肓的状态。在梁启超那里更是如此，1910年的日韩并合给了他较大刺激，并且在文章中，将朝鲜王国灭亡的原因归结于朝鲜民族的国民性格：阴险、贪图安逸、懒惰、不独立……每一个朝鲜民族的恶德被他说过之后，他就要问一句我们国民有没有这样的恶德呢？这样的恶德会导致我们国家的国运怎么样呢？因此他有所谓的"新民说"。后来又提出了诸如"新小说"这类各种新字头的东西。这就是因为他的背后有一种道德的指向。

中国传统美学观常常认为美是道德的影子，是道德的象征，是为了辅助道德而存在的。胡适在谈到中国人的时候也是非常悲观的，鲁迅就更不用说了。他们都将目标放在"立人"上，途径就是将人的内在天性解放出来。这就是中国将美学作为"迟到民族"的军国大计的选择。最早在德国人席勒那里，他就提出美学要作为自然国家向伦理国家过渡的一个必不可少的一个环节。他关切的是德国，因为德国也是一个"迟到的民族"。在中国，作为军国大计的美学要培养正确的感性则是一个迫切的任务。那么如何塑造正确的感性呢？主要是两种。一是塑造出大量鲜活的心灵表象，其中又分为两种：一种是溶解性的，一种是振奋性的。溶解性的美就是像朱光潜和宗白华一样，会在国破家亡之际，城春草木深之时，去强调趣味问题。当人与世界处于一种激烈对弈状态的时候就需要一种溶解性，让人从错误的感性中解放出来，对现实有惧。另一种就是振奋性的美，这在宗白华的"意境"中表现得最为明显。他的下一步就是要树立一个道德观念的感性王国，通过正确的感性导向，走向一个伦理王国，最终导向一个政治正义的王国。这是美育的路径。所以在这个意义上说，无论是哪种美学，只要是在中国发生，它必然会成为道德哲学的一个感性转移。所以在宗白华那里，"意境"有一种结构转型。古人本来强调境生于象外，要从实在的象中逃逸出去，从"有"逃离到"无"之中。但在宗白华这里，他的转型在于强调意境中"象"的因素，实的因素，运动的因素。这就要求中国人一方面不要失去振奋性的心灵表象，另一方面又不要失掉诗意。这就包含了一种道德哲学的内涵。这和普及美学的关联就在于，他们在开始的时候就强调他们并不是为贵族士大夫做美学，而是大众的、平民的、国民的文学和美学。

那么这一指向又会涉及普及美学与主体性的关系问题。鲁迅在他早年的一篇文章《革命与文学的歧路》中提到，革命与文学都有对现实的不满。在革命成功之前，它是能够容忍美学的反叛性的，但一旦革命成功之后，它就要开始对美学文艺进行管制，包括成仿吾对鲁迅的批评，茅盾对徐志摩的批评。普及美学的这种主体性就体现在从个人来建立振奋性的或溶解性的美的表象。这种大张挞伐在革命没有掌权之前就已经是这样做的了。革命掌权之后，对美学普及主体性的争夺就更激烈了。比如，在革命掌权之前，对旗袍这些话题的研究都是可以的。但是掌权之后，美学家、文艺家从个体角度阐发个体经验的权利就被部分收缴了，当他们发表个体心灵感受的时候就会被批判为"小资产阶级情调"。普及美学主体性丧失带来的巨大问题就是我们会看到出现了很多荒谬的画面，比如男同志嫌弃农村出来的妇女不会穿高跟鞋，不会跳舞，江姐居然穿着旗袍和丝袜，叛徒居然用牛油面包去接待江姐……这完全是难以忍受的。

所以我在看到邱老师在《美的人》中提到"美的人"是一个完全完整的人，或者本源上的人，这一点给我的启发非常大。普及美学的重点不是要普及什么样的美学，而是要普及的主体。这就是五四的意义，那就是不再仅仅重视观念，而是关注观念的实行，从个体的角度唤出大量的心灵表象去指导行动。这正是青年的潜能，在思想史上具有非常重要的意义。美学最重要的就是激情、意志与主体性。所以我看到了邱老师的工作是呼唤建立在个体上的普及美学的出场，这是一个非常有意义的工作，从中国现代美学的百年发展脉络来看，也是非常有意义的。我就暂时讲到这里，谢谢大家。

冯庆：谢谢海洋又把我们拉回到中国现代美学的谱系当中来。我觉得很好玩的一点是，他提到了王国维和宗白华，这些都是我比较熟悉的人物，也提到了五四之后的激进左翼美学。我倾向的一个看法是，即便王国维和宗白华等人深受西方美学的影响，甚至完全持的是现代的立场，他们也并没有完全抛弃中国传统美学的表述。如果去看王国维的表述就能发现，他把大多数人的审美状态定义为对"势力之欲"的一种拯救，或是一种疗治。而中间阶层的，他们需要一种古雅，就是一种学识化的、玩赏的东西，但其实他们本身并不理解器物古玩这些东西本身的意义，只是亦步亦趋。普及美学使大部分人也能获得接触这些东西的渠道，渐渐在其中不断成长。最高的维度当然是"无功利"的审美维度。所以这个维度的区分也正是品级的区分——对人的品级的区分和对艺术的品级的区分。不仅是王国维，在宗白华那里也能看到一个动态地进入洪流之中的过程，这种审美境界叫作充实。但有时候他又会讲"静"，他不光讲充实，还讲空灵。充实可能跟悲剧的"动"的体验有关，而这个空灵就是静观的、至高的一种欣赏状态。所以我觉得他们都有一个品级的区别。即便是新文化运动之后的那一批人，只要我们仔细读，比如茅盾和郭沫若的东西，也能读出这样的层次。因为他们无法回避人在本性上的参差不齐，也无法回避艺术在这一问题上所承担的中介性、桥梁性的功用。我觉得这是一个很好的问题，待会儿可以再讨论。那最后一位老师是章含舟老师，他要从儿童教育及审美教育的维度来和我们一同探讨这一问题，欢迎章老师。（主持人语）

章含舟：首先感谢冯老师的邀请，以及邱老师及其团队提供这样一个平台，让我能够和这么多优秀的学者一同交流，我获益匪浅。接下来我要聊的题目是"将普及美学纳入儿童哲学视野"。首先我谈谈这个问题的由来。邱老师的美学观念与肇始于20世纪60年代的儿童哲学颇为神似。普及美学与儿童哲学之间存在不少天然的契合之处，关联两者可以使它们处于一种相互界定、相互发明的良性互动之中。这就是我的书评想要呈现的问题意识，即邱老师的普及美学和儿童哲学之间的共生关系该如何呈现。

　　首先，我需要先介绍一下儿童哲学的兴起以及典范形态。儿童哲学是在二十世纪六十年代由李普曼在美国新泽西州的蒙特克莱州立大学提出的，并进行了一系列的实践，其中思维教育是最具代表性的一种概念。在实践中，往往会按照这张图来进行：首先会有一位引导者，即老师，他作为一位讨论促进者出现，然后带领孩子围绕着某一个刺激物展开。这个刺激物可以是具体东西，比如一支笔或者一个珍视的礼物；同样也可以是抽象的概念，比如一件难忘的事。学生和老师围坐成一圈，由老师提问，再进行各种讨论。在这一过程中，老师不会充当知识的灌输者，而是作为一个促进者。学生也不再是被动的知识接受者，而是彼此相互讨论的伙伴。所以李普曼就奠定了这样一种团体探究模式，并在此基础上提出了思维教育的三个切入口：批判思维、创造思维、关怀思维。

　　在众多研究后继者中，夏普（Ann Margaret Sharp）的观点值得我们重视，她敏锐地意识到：批判思维、创造思维和关怀思维不该处于"三足鼎立"的关系之中，而应采取以关怀思维为根基，批判思维和创造思维并举的"一体两翼"模式。我自己在做研究的过程中觉得仅看一种思维模型其实并不能很好地进行讨论。因为关怀本身不能够思维化，一旦这么做可能会带来各种弊病。倘若儿童只关注批判思维和创造思维，却不将之运用于关心自己和关心他人的过程中，那么很容易使探究团体活动沦为不顾及他人感受、自我展现的个人秀场，反而会滋生矛盾，无法推进讨论话题。

　　邱老师倡导的普及美学就和基于关怀的儿童哲学有着异曲同工之处。与普及美学相仿，持守"本来美"同样是儿童哲学的宗旨之一。就具体目标而言，儿童哲学亦强调培育各方面的德性，其中包括关涉美学德性的"美品"。完成上述成长过程后，儿童养成了三种思维，成为有道德、有审美鉴赏力的人，与此同时，他也是秉持"质朴快乐成功观"的"味的人"。

儿童哲学也以培育"美品"为主要着力点。前面提到，李普曼将思维教育置于儿童哲学的核心地位，而批判思维、创造思维和关怀思维之间的共性，是它们绝非一次性的认知、审美或伦理成就，而必须是一种处于不断开显中的、进行之中的思维模式。唯有形成了相应的思维模式，当孩子遇见相关情景，才能积极而有效地识别、记忆和想象自身经验，高效地调动一切可利用的资源，从而促进问题的解决。

不过有必要澄清的是，普及美学不会号召众人完全顺应自己的个体天性。因为，放任个性会导致个性泛滥，沉溺快乐容易逃避痛苦，这些倾向也很容易让我们成为与文明绝缘的野蛮人。所以说，本来美虽然是一切美的出发点，但也需要不断打磨雕琢，有方向性地培养。

通过分析，我们发现普及美学与儿童哲学之间在宗旨、理论和实践上都有着重要的互通性。所以将普及美学纳入儿童哲学之中，无疑是有益的，其益处至少可以体现在如下三个方面：第一个方面就是普及美学有助于发展儿童哲学理论；第二方面是，普及美学为儿童哲学带来了大量审美意象和文化语料；最后一方面是，普及美学倡导一种健全的本土价值观。希望在未来的儿童哲学实践中，我们会看到这三本书发挥的具体作用，将中国的儿童哲学事业拉升到一个新的高度。以上是我的报告，谢谢各位！

冯庆: 谢谢含舟兄，这让我想到了从中国老庄和儒家到现代的新文化运动都不免要强调的一点：如何面对下一代。这是一种对下一代文明看护的心态，鲁迅也说："对于下一代，我们如何做父亲？"其实今天发言的很多老师们，也不那么年轻了，都有三十多岁了，很多老师也有孩子或是自己的家庭了。我们也会思考这一问题，"我们应该如何做父亲"，如何关心下一代。而"关心"问题的扩大就是"仁"的问题，一种对他人的同情和关心的问题。这需要通过艺术的教育去不断培养。同时还有一个超越性的本体的维度，这就要求我们开启自己的本心。孟子提到的"四端"，对生生不息的体验的共鸣。所以我觉得这是很有帮助的，也是一个很有收获的话题。到了这里，大家的主要发言都完成了。我们想聆听一位我们很尊敬的艺术家张广天老师的发言，让他来和我们聊一聊。（主持人语）

张广天：我今天从上午开始就一直在听，我非常开心，因为冯庆的大部分朋友们都在专心做学术。我们70后、60后、50后这几代的很多学者都"不正常"，非常亢奋，被一些社会欲望所牵引。那么到了今天，你们这些80后、90后的学者体现了什么都能听得进，什么都敢说，就是恰恰印合了邱老师的观点：有趣味。成为有趣味的人其实是很不容易的，古人说"人无癖，不可与交"，是古人给我们非常重的一个警诫。就是说如果一个人没有趣味了，那这个人还为什么要活着？为什么要思考？为什么要言语？为什么要行动？这样的人一定是好公民吗？他一定是在奔命，是在奔钱。古人会认为这样的人生太糟糕了。有趣味并不是说一定要胸怀大志或者非常崇高，饭也不吃了，不是这个意思。"有趣味"也可以吃吃喝喝玩玩，洪炉点雪，舟中赏月，坐在一起谈谈，还是很好的。所以我也很羡慕你们，这是今天的第一个感觉。

下面我要说的是"大事情"。今天战争也好，疫情也好，我们的文明受到了挑战，或者说出了问题。文艺复兴之后，八百多年以来，我们谈康德、黑格尔、存在主义、后存在主义、中国的五四救亡，这些都谈了很多。其实总结起来一句话就是：跟上帝隔绝了，与天道隔绝了。人不服从上帝和天道，要自己挣扎走一条自己的道路，挣扎了八百多年，这条路也快要结束了。这不仅仅是中国，也是全世界共同面临的问题，以人为中心的热闹就快要结束了。也算是一种预言吧，所以邱老师谈的一点很重要，那就是重新寻找天人关系。这个关系其实没那么简单，因为不是那些轻巧简单的东西就能叫"大自然"。好像这些事都是偶然发生的一样。其实不是这样，就像杨振宁博士说他年轻的时候觉得自己很厉害，后来才知道世界是有秩序的，而这个世界是属于老天，属于最高力量的。所以我们面临了重新回到我们与天的关系，谁能更早关注到这个问题，谁就能更早更多地得到福气。

邱老师的普及美学，我认为是美学领域中我们自己的学者第一次关注到这个问题。谈到的很多问题也是自文艺复兴以来谈过的，但他不是直接回到祖宗的观点去看这个问题。他谈的"本来美"，的确是有本质主义在其中的。当然要有本质了，没有本质哪来的存在？如果我们从文艺复兴的立场出发，当然本质就成了问题。但是如果我们回到和天的关系这一问题上来，没有本质怎么行呢？理想主义是先验的，我自己就是先验主义者，所以我是不关心存在的，我自己就是存在。如果我没有对本质的关心，我的存在就是不存在的。所以美一定是本质性的，所以这就是邱老师说的"本来美"，也可叫"本质美"，这是一种古老的学问，理想主义的美学。同时我还认为邱老师的理论是先验主义美学的。不是我们创造了这个世界，而是美创造了我们，我们在美之后，所以"本来美"这一点是很了不起的，挑战了八百年以来的传统。无论是中国美学还是西方美学，这个问题都是一个伪命题。"Aesthetics"这个词本身就翻译错了，而应该是"情感学"的意思，这个词其实跟美不美是没有关系的。而邱老师的学问是美的学问，因为今天他提到了这个"美品"学。比如我们说冯庆这个孩子有时候说话有板有眼的，这是外在的呈现，但其实内心是一个很文秀的人，我们注重的是他内心的品质。换句话说，就是有心人。就像我们对一个漂亮的姑娘进行赞美，并不是像女权说的那样，是对女性的物化，而是"品美"，做人就是需要"品"，我们中国人从古到今都是讲"品"的。所以邱老师是真正的"品学"的展开者。至于这个和西方是怎样的关系，我认为之前的时代已经终结了，我的年龄已经比各位都大了，如果你们觉得没有，那我可能已经跑到你们前面去了。我们正在这个文明棺材的边上，未来是新的，我们重新寻找和先验真理的关系，我们会有新的世界和新的文明。很高兴今天和大家围绕这个话题展开了这么多对话，突显出了大家的情趣和兴趣。这是成为有"品"的人的开始。我就说这么多，谢谢大家。

冯庆：太感谢张老师了，也给了我很多启发。其实我觉得这个问题是，即便我们要去体悟那种"天道"，很多时候我们需要先在大地上生活。在我们的追踪和滋养过程中，养育谷物也难免生出杂草，但是天道会让杂草成为杂草，谷物成为谷物，这是不可避免的。张老师给我的启发是非常大的，提到了未来的学术可能会有一个很大的转向，我是非常同意这个观点的，确实是应该要转向和转型了。很多人还没有跳出自己的思维惯性，就像刚刚邱老师所讲的。接下来请邱老师再来总结一下，和我们聊一聊。（主持人语）

邱伟杰：我说一说，如果有不同意见再讨论吧。前面梁心怡老师说话的开篇，我没听到很是遗憾。但是她后面说的那个话，我特别感动，她说她听到我说"礼法妙趣"的时候记录了下来，当时她在阐释这一段的时候，整个人的状态以及表情是很动人的，因为她是发自内心地在说那些话，这股力量是很有能量的！在下午第一段的交流中，我说的"拒绝"可能引发了比如李智星老师的一些思考，"拒绝"并不是说什么都不要，不是马尔库塞说的那种"大拒绝"，而是拒绝流行的那些美学伦理和美学法则。比如穿衣打扮这件事，其实也不是简单的事情。特别是从山沟沟里出来的，那从小就没有对这个问题的讲究，家里人或许也没怎么教过。从汉朝之后，藏礼于器，所有器物的摆放其实都是要讲究礼的，所有的器皿都是有规制的，这就是美学伦理。提出"以美育代宗教"的蔡元培先生写了《中国伦理学史》，从他的研究中就能看出，他的内在思考是，中国这片土地所孕育的文明有别于古希伯来人的神学文明以及希腊的哲学文明，是一种"仁学"文明。我们这种"仁学"文明是建立在伦理的基础上的。在大的方面是"君君臣臣"，从细的方面说就是我们的生活点滴。哪怕是具体到穿衣打扮的事情，也是一种美学的业务问题，服装上身其实在今天主要是遵循西方的法则。从空间艺术上来说，第一个是造型，第二个是色彩，第三个是光影，还有后来新加的材质，这就构成了上衣的造型。色彩该如何与裤子、鞋子去搭配，搭配的组合关系涉及怎么穿能让人看起来比较有精神，把内在的风貌展现出来。所以拒绝流行，拒绝的是一元化的由资本控制的轻率。实际上时尚的研究本身就是一个美学话题，那么联系日常生活中的这些东西，好像跟忧国忧民也没有太大的关系。提到忧国忧民，在这个意义上，美学也是战争的一个理论武器，我想提两个话题。

第一个是美学应该脱离意识形态，对我们个人有唤醒和促进成长的作用，这也是经济发展的原动力。李智星老师提到了动的文明和静的文明以及战争的问题，不知道大家有没有听过肖斯塔科维奇的《第七交响曲》，他在列宁格勒保卫战中，被围困了很长时间，当时基本弹尽粮绝，老百姓和军人都只能被分配到一点点食物。这首曲子鼓舞了士气，成为二战转折的号角。这首曲子当时第一次在美国公演的时候，引发了非常大的轰动。在战争胜利之后，城市里也竖立了一块纪念碑，写着"石头啊！愿你像人民一般坚强！"从战争的维度来说，其实最终还是落脚于经济。如果我们的经济长期依赖于美国灌输的这一套生活方式而建立的经济体系，我们就没有自己的内循环，也没有力量去跟别人打"冷战"和"热战"。在《普及美学原理》的最后两页，我也专门谈了为什么我们要在"本来美"之下发展我们的经济。最后呢，其实左翼运动也好，民族崛起也好，实际上都需要回归到本真，才会有民族自信，才会有战斗力量。如果找不到民族文化内核的凝聚力和自信，那么这个民族将会是一盘散沙。

第二个是要说，美学需要去意识形态。因为熊海洋老师刚才说了一个非常好的话题，说西方美学无足轻重，进入中国之后地位却变得很高，也提到了政治因素导致的美学普及主体性丧失的问题。我刚才也已经谈到了蔡元培重视研究伦理的问题。所以，五四的学者们已经认识到中华民族必须从伦理的当代化、国际化去重构。而为这种伦理提供资源的，就主要来源于美学，或者说美学伦理这一层次。我们能够看到汉之后的儒学已经逐渐偏离了孔夫子的原始儒学，那么我们既然要汲取传统文化的优秀成果，肯定是截取最优秀的阶段。所以，我们应该回归孔子和老子，重新挖掘中华民族内生的原动力。《论语·为政》中说："道之以政，齐之以刑，民免而无耻；道之以德，齐之以礼，有耻且格。"就是说用纯粹制度的方式来管控百姓，会出现老百姓逃跑，逃离这种管控的现象。如果大家都尊重内德，将先天的"本来美"加上后天的内德，那么这个人才会有能量，有"道"。老百姓就会自我要求，就是"格"。所以其实在儒家思想的文明思考中，我们会发现，东方美学并不是以制度为根本的。而我们现在引入的西方美学的那些则大都是以制度为根本。我们在恢复自己的优秀传统时，一定要在人天的关系上重新讨论当时的学问。如果是从人天断绝的角度去看儒家和道家，可能会带来很多问题。当大家的"美品"提高以后，美的研究就会深化、细化、广化，人的需求就会变得多元化，就会蓬勃发展起来。

美学只有去意识形态化才能实现中西之间的弥合与交流，而良性的沟通一定是优于敌对与矛盾的。张佳峰老师提到的这个自我技术和生存美学的问题是很好的。福柯提到的这个"自我关怀"，包括后面章含舟老师提到的对儿童的关怀思维，和以关怀为依托来延伸批判思维和创造思维，我觉得这两位的话题都是很有价值的。

西方在丢失了整体性之后，就丢失了它的起点，丢失了本来美的基点，丢失了人与天之间的关系。那这样的生存美学就只能像福柯一样去做极端探索，所以他关心的都是跟监狱等相关的非常极端的体验，以此来关心人的生存边界。但是如果我们的生命态度转变了，我们的生存状态就会发生变化，生存的未来养分也会发生变化。以我自己为例，如果几年前没有进行美学的学习和探讨，那我的生命态度肯定和今天不一样，我所做的决策也会不一样，我的生活养分就不一样。我该怎么样塑造一个独一无二、独具风情的自我呢？所以生存美学是很好，也很前卫的，是人生美学的一个探索。可惜的是它是在西方丢失了整体性和基点的情况下诞生出来的讨论。所以从某种意义上说，"本来美"给生存美学做了一个很好的补充，只有在本来美的认识、守护和光大的基础上，生存美学才能得到良好的发展。这次会议时间比较长，但我还是想听听大家的回应。

冯庆：好，太好了。我先讲一下我今天的收获哈！不是客气话，是真的获得了很多养料。我前面说的，很多学者还在耕耘，还在播种，还在插秧，但是缺乏养料。养料从哪里来？那肯定不可能从自己的田里去挖，而是得从外面的地方，得从过来人那里，得从之前的理论，从这样一些有经验的、有学识的人那里去获得滋养。我觉得今天听下来之后，尤其是像邱老师刚才的这样一些讨论，我们可以看到邱老师虽然不在我们主流的学院中，但我们能够发现邱老师的学养相当深厚，且有他自己的见解。他对很多问题的看法是不亚于中国学界的很多一流学者的。这不是客气话，这是我的肺腑之言。我相信在座的很多老师也跟我有同样的感受。所以我希望大家来讨论几句，哪位老师可以谈一谈自己的想法，可以聊一下？刚才很多很有意义的点，其实可以再伸展一下。

孙大坤：我对张广天老师对这个形势的判断挺认同的，可能我们现在确实是在某个历史节点上。我们今天的会也特别难得，"好日子不长久，但好日子过一天是一天"。在这种时候，大家还能平心静气地在这讨论"本来美"的问题是一个特别难得，特别好的事儿。而且这些事情看起来遥远，但实际上是和我们每一个人息息相关的，关系到每个人的命运。但事实上我们自己又无能为力。我们知识分子就有这样一个传统，能够去忧国忧民，关心很多事，但其实到头来我们只能关心自己。所以我想说的就是，你把自己打理好了，把自己身边的事情做好，这就是一种美学态度。比如在战争的时候，在紧急状态下也是要保持尊严的，尽量维持美的状态。这次上海疫情真的打动我们的，恰恰是那些即便身处危机，也保持了体面与优雅，保持了自己本性的那些画面。这才是弥足珍贵的东西。正是在这一意义上，我们讨论"本来美"是给我们未来的一些启示，也是给我们一种信心，让我们不断坚持。我的想法就是这样，也请大家多多批评。

冯庆：刚刚邱老师提到"去意识形态"，这意味着摈除偏见，这些偏见在我们很多的社交媒体上占据着话语霸权，把我们往一些奇怪的、极端的方向上去引。因为它披上了很多光怪陆离的、似是而非的修辞的外衣，所以很容易就被带走了，然后我们各种各样的情绪和激情也就被带偏了，判断也随之失效了，品味也随之降低了。这是我们现在面临的一个很大的问题。我们在审美和艺术的维度上能不能做一些正面的努力，给予我们这个时代的一些人以安慰和净化，以及心灵层面的疗愈，或者说更正面的价值观的引导。这是一个很重要的问题。我觉得讨论已经进行到一个非常好的程度了。还有哪位老师想聊聊？

张广天：我觉得这个活动办得很好。年轻的朋友们非常值得大家学习和交流。而且你刚刚说的那句话很好，毛主席以前说的"烟雾缭绕"，我们现在需要比较净化的空间，就是我说的"正常化的空间"。其实这个起点在学术和人类文明史上都是同样珍贵的。我刚刚看到冯庆和许多学者的脸，看上去是无比健康和光明的。这是个起点，从现在开始，很难得。我跟你们聊天也很享受，以后要多办这样的活动。我们一同在舟中享受月光，享受阳光，泛舟西湖，像我们的祖先一样享受这样的趣味交流是难得的。你要多办这样的活动哦！

冯庆：感谢张老师的期许，我们期待有一天能够"肴核既尽，杯盘狼藉，相与枕藉乎舟中，不知东方之既白"。大家可以参与到"普及美学基金会"的活动中来，可以写书写文章，我们一起来发扬"本来美"。那今天时间也差不多了，大家可以去吃饭了，我们回归"本来的状态"。

邱伟杰： 冯庆啊，确实像张老师说的那样，你这会议组织得好！很重要的原因是你的磁场吸引的就是这样一群人，是非常难得的一片净土。大家都还在学术的志趣中探索，我今天收获非常大。尤其是章含舟老师，你得努力地把普及美学的儿童哲学做出来呀！

冯庆： 好的，各位老师有兴趣可以继续做一下这方面的研究，到时候也请邱老师多支持。今天的活动就先到这里了，今天的研论会办得很成功，稍后再跟大家沟通会后事宜。

附录二
《诗剧·普及美学原理》研论会纪要

（会议主持：冯庆）

冯庆：第一位发言的是我定的，是耿弘明老师，因为我觉得耿老师应该是一个善于开场也善于把话题做大的这样一位优秀选手，那么就有请耿老师。

耿弘明：我这次的发言主题是"本来美的减法和信息时代的加法"，前面是对邱老师的理论著作和他的戏剧著作之间核心概念的一个理解，后面是我基于此，对时代的大众传媒的一些相关思考。

首先在邱老师的《普及美学原理》中，我特别敏感于两个概念，一个概念叫"本来美"，一个概念叫"质朴"。同样在《诗剧》之中也有一些有趣的概念，比如说"塑料人""复制人"。这样的一些概念是我特别敏感的，所以我在整体上会把这样的著作，美学著作也好，诗剧也好，放在一个反现代性的传统中去看待。而在反现代性的传统中有一个非常有名，或者叫作非常有感染力的一套话语方式，是要复归于儿童、童心、自然。我是把邱老师讲的"本来美"，放到了这样一个谱系中去思考。随之，就诞生了一个方法论的问题，即如何复归"本来美"，其实这个方法论，比较像中国古人讲的"功夫论"，即你怎么一步步地修养到能够让你的人生达到美的状态。

比较流行的有两个方案：第一种就是减法，陶渊明式的，本来美式的，去除浮华，去除过度的知识，去除世俗的烦冗，把这些全部减掉，回到一种本来的状态；第二种就是加法，我们管它叫"建构美"，即认为人的天性其实是无善无恶的，它是一个比较中性的"nature"（自然）的状态，那么在这个状态中，我们要做的是对它的超越，要去追求和增益，这也是自我的超越。这是这两种方案之间的区别。这两种方案背后皆有某种形而上学的假设。第一种方案，其假设美是一种天生自足的状态，这在反现代性、反工业化传统中经常会被讲出来，我们把它叫作"伊甸园式"的假设，或者如朱熹所讲的"本体之明"式的假设，这也特别像邱先生谈的那种假设，即人之性情的"本来美"；第二种是加法，是一种后天建构的假设，就像王尔德谈到"谎言"时所指称的意涵，真实的东西都是不美的，需要"谎言"来使之变得更美。浪漫派强调的就是这种超越式的、强调个体精神与宇宙精神的契合，构造出一种普遍诗的状态。第一种可能更扎实一点，第二种可能更玄妙一点。

那么对谱系进行了一个简单的勾勒之后，我认为邱先生经常提到的一些概念，其实是在做一个减法与加法的结合。比如说《普及美学原理》里边所提到的反归于质朴的状态，有鲜明的反对资本物欲、专业化带来的人的异化的这种情境。他提到消费社会中的"迷幻式异化"，这个词非常有意思，有一种鲍德里亚式的色彩，即一个人心甘情愿并且竭尽所能地奔向他人制定的消费和生活方式，关闭了自身的五感六觉，成为"麻木人"，成为傀儡而不自觉。"异化"通常不是迷幻式的，"异化"是一个机械式的。而以往谈消费主义的时候，会局限于谈"迷幻"，谈消费社会带给人的这种酒精式的成瘾感觉。而"迷幻式异化"把这两个词连在一起，我觉得是比较有意思的，这是强调人要做减法。当然，邱先生也谈自我超越、"天人合一"。"天人合一"这个想法很高明，在于它很像"个体诗"和"普遍诗"的融合那样，是人和天的融合，这更像是一种加法。把这两个结合起来，它是一个减法和加法的结合,这是第一层面。

第二层面减法与加法结合在于,谈"本来美"的时候邱先生特别喜欢跟"质朴"谈在一起,我也特别喜欢。比如,著名的理学家周敦颐,他在《爱莲说》里讲"出淤泥而不染"。但其实邱先生所讲的很质朴的状态,就不是"出淤泥而不染"了,是还带着泥的状态。我倾向于用这个形象来理解,即我可以带着泥,也是一个很质朴的状态。这个出淤泥然后带着泥,那么"染"其实就是一个定义。

接下来我要谈的,是关于"本来美"的讲法在传播过程中所发生的一些问题。当面对现代化 1.0 版本的时候,即麻木人、机械人、工具人的状态的时候,邱先生在诗剧里讲到新的人类之地,讲几千年前的贵族游园,讲全新的世界,这全新的世界也是起初的天地,是一个循环,然后让古老的秩序以青年的面貌复活。在现代性 1.0 版本里边,这是非常精彩的一个讲法。那么到了现代性 2.0 版本里面,因为邱先生特别爱讲打破学院话语,要走向与社会共生的美学,那么在这样一个时代里与社会共生,所特别要面对的就是如何与信息和数据这样的一个时代共生。在这个过程里边,传统的传播方式是不是就不太有效?这里来讲一个大家可能在平时的阅读或者玩手机的时候都会遇到的一个现象——"信息茧房",就是我们只会听我们选择的和愉悦我们的东西。在一个互联网时代和信息爆炸时代,有很多事情会给我们的信息观念筑起一道道隔离墙,然后我们每个人生活在一个自己的泡泡里,不会接触到其他的泡泡,也把其他的泡泡过滤掉,我们管这个叫"选择性接触"或者叫"选择性注意",选择性理解,选择性记忆。

邱先生对"本来美"有很多很精彩的阐发,同时能够和一个反现代性的美学传统有一个很好的对话关系,而且又结合了中国的情况。

但是在面对新型社会情况的时候，要怎样向前？这可能是每个美学的从业者都会面对的困惑。

在一个信息现代性的社会里面，我们是接触不到算法工程师们的，我们批判的时候都想不到批判他们，因为技术是非人格化的。不是说你能找到一个人来批判，它是艾希曼在耶路撒冷的状态，它只是执行资本本身的和数字本身的命令。那么我们自己可能也会进入美学圈套，我们在开会的时候，很可能我们自己也形成了一个茧房，我们就在自己里面。所以有一个问题想跟邱老师和各位老师交流，就是沉浸在信息流中的个体，它是不是一个塑料人的新形态，信息人怎么寻求"本来美"？

冯庆：耿老师一上来就单刀直入、提出问题。关于普及美学，我们在旁边看了那么久，学习了那么久，但是我们想接下来怎么做，这是个很关键的问题。诗剧也好，理论也好，接下来面对的现实处境是什么？下面请汪老师来谈谈这个问题。

汪尧翀：我提交的题目是"戏剧是意志的诗艺"。这是卢卡奇的一句话。他对戏剧做了一个规定，认为戏剧是这样一类作品，通过发生在人与人之间的事件，来对聚集在一起的群体产生直接强烈的影响。在卢卡奇看来，戏剧就是一个特别特殊的艺术品，这个艺术品的核心就在于两个很重要的方面，一个方面他称之为群体效益，另外一个他称之为戏剧形式。他认为这两个方面构成了我们今天所理解的这样一种戏剧的本质。如果关联到我们的普及美学，那么，诗剧一方面是将"普及本来美"作为一个本体来确立，另一方面它确实也有一种向大众普及，或者说有一个传播意义上的这样一个效益。我觉得之所以选择诗剧这样一种戏剧形式，是因为看重的其实也是它的群体效应的部分。

进一步说，为什么是"意志的诗艺"呢？他说戏剧之所以是"意志的诗艺"，是因为人物的整个本质都只能在他的意志，以及由他意志所产生的行为中得到直接的呈现。所以，卢卡奇对戏剧的一般规定的说明，其实也包含了我们从亚里士多德以来的这样一些基本的规律性。落到"意志的诗艺"，有两个最重要的塑造的因素：一个是所谓的典型人物。典型人物一方面带着卢卡奇的这种推崇现实主义文学的这样一种特征。另外一方面，其实我们看《普及美学原理》和《诗剧·普及美学原理》时，实际在某种意义上，也是把美学原理给具象化到很多具体的人物身上。比如说最典型的七武士，包括这些人的名字，包括每个人所象征的含义，等等。

那么，再来谈谈"意志"。卢卡奇说，意志，其最纯粹最丰富的表现是斗争。我们在诗剧里面会看到，它实际上利用的是"过五关斩六将"的叙事样式，比方说有一个渡河的场景，渡河实际上也是某种斗争，由于他们交出了自身的"本来美"，即自身具有的一些素质，然后遭受到了灾难。除了渡河，包括后来冰晶王、万仞山这样的一些场景，它实际上通过这样一种斗争的场景，来表现意志的这种最丰富的形态。因为整个剧本从一开始就是这样一种"寻找"，这种向外寻找，本身就是一种意志的行为，那么这是第一点。

第二点，普及美学理论的戏剧表达，其实卢卡奇也专门谈到了这一点。他认为戏剧实际上是最接近哲学的一种艺术门类和一种艺术形式。他认为戏剧形式本身具有一种悖论，就是它要表现的是整个生活，但是却只能在一个有限的时空当中来表现。但是，戏剧恰恰能够通过形式上的悖论产生悖论性的效应，即以感性的方式表现了最深奥的抽象，在具体的事件中展现着最严谨的辩证法。戏剧不仅接近哲学，而且它实际上适合来表现这样一些比较抽象的、深奥的哲学主题。通过戏剧这样的一种形式，我们能够把所谓的美学原理和哲学原理与戏剧有机地统一起来。

那么，为什么要把普及美学原理写成一出诗剧？一方面，是用一个象征化的、符号化的东西去表达这种所谓的抽象原理，使其更容易产生一种群体效应；另外一方面，我觉得这种尝试继承了古希腊以来诸多哲学家、美学家，如柏拉图、休谟等通过写戏剧来进行美学争论的传统。这是我的一个体会。

我认为"戏剧是意志的诗艺"能够很好地形容这部普及美学原理诗剧，是说它实际上是一种意志的试炼。因为意志归根结底是一种内在的意识。如果我们可以把意志归结成某种自我意识，甚至是超出自我意识的那样一种意识，即一种本源性的意识，那么这种意志的试炼，就是整个诗剧要通过典型人物的斗争进行展现，这样的一个个戏剧的情节，要去表现由内向外的一种需求。剧中的各种场景，其实都是所谓社会世界的一个隐喻。所以，卢卡奇最后谈到戏剧的根本，有一个独特的社会学的视角，即他所谓戏剧素材都来自他的社会实践，然后把它带回到他的"意志的诗艺"中来，来表达意志本身的这种统一性和总体性。

但是我觉得邱老师的诗剧，又不完全是卢卡奇所谓的"意志的诗艺"。诗剧的一开头是一个美少年，到最后又变成了一个美少女。这个美少女意象，这个美之神，邱老师显然是借用了歌德的"永恒之女性引我们上升"这句话的含义。于此，不应该再说邱老师的诗剧是意志的试炼了。"戏剧是意志的诗艺"，应该换成戏剧是"情志"的诗艺。"情志"这个"情"字，当然也有激情的意思，也有所谓的本来性情的东西，也有我们人的这种五感六觉，那么归根结底它跟意志有什么不同？我觉得它更多的是一种内在的发挥、内在的试炼。在这个意义上，这种所谓的理智和情感，就不再是一种意志的伴随，不是跟着意志表现为一种向外的需求。我觉得这里，实际上是更多倾向于一种"本来美"或者自主性的重新确立。它根本的维度，其实还是要回到心学，我觉得应该回到心学的地方讨论。

冯庆：汪老师这个可以作为一个成果。他提到"情志"的诗艺，也提到了中国传统"心学"。中国"心学"和西方的"意志论"之间，一直有人在争论，到底相同点多还是不同点多。其实你也发现，中国"心学"是包含了"情"，就是你刚才所说的五感六觉。我觉得不光是卢卡奇或者阿多诺，其实这个东西往深处讲，在亚里士多德那里，已经奠定了戏剧都是"情志的诗艺"的基本观点。所以说，邱老师的考虑，有点像德意志浪漫派那样，有一种复古的心态，其实是要回到那样一种古典的区分人的自然情性的传统，其实也是近代的德意志美学、诗学的一个源头或者说出发点。好，下面有请熊海洋老师。

熊海洋：我在拿到这本书的时候，就想到了卢卡奇的一些内容，刚才汪老师已经说了一些。通过诗剧，邱伟杰先生以他的方式阐释了一个比较深刻的哲学道理，这个哲学道理最后又归于经验之中。我们知道经验进展离不开普遍性，普遍性离不开特殊性的东西，从这种特殊出发，其自我否定就是一直在寻找普遍。七武士超越和否定狭隘，最后走向普遍性的问题。由外在走向内在，由实践走向纯然的审美，这个审美不是别的，就是一种本来之美。邱先生最后的结论、最后的落脚和西方美学精神不同。西方美学精神，其实总体说来是由否定走向辩证的一个过程，像古希腊的美学，走向的是一种否定，趋向的是美的现象背后某种确定的东西，对美是这样的认识。到了中世纪，它在有限的比例之上，加上信仰和神的无限的光辉，也是通过无限对有限进行否定。到了近代，它是主体性的建构，我们可以看到西方美学界通过否定达到肯定，然后形成了真正的面对，譬如近代黑格尔和卢卡奇。

但是我们反观中国的美学，它恰恰相反，它虽然否定，但它不是超越，是一种人生在世性质的美学。所以说邱先生"本来美"的概念，很重要，比较有特点，是从中国生发出来的一个东西，这个要重视。他没有走西方美学整体否定而求超越的道路，也没有完全走中国否定却在世的道路。他是从批判性出发，为美学找第三条路径做尝试。

邱先生的诗剧，无论在形式上还是在内容上，其实都开创了一种精神从物质中超脱出来的境界，因而它也呼应了我们近百年来的一个中国精神潮流。总体看来，中国传统美学精神在西方冲击之下，也重新焕发生机，重新自我建构。在中国近现代学术史上，其实有很多大师，在进行这样一个"取今复古，别立新宗"的事业，例如王国维的古雅、境界，梁启超的趣味，朱光潜的情趣，宗白华的意境，李泽厚的积淀，等等，都是这样的一个努力。我在读邱先生著作时，对他"本来美"的概念，印象极其深刻，感觉"本来美"的概念也是中国百年以来的非常有影响力的概念谱系中的一个后继者。这是我对邱先生普及美学诗剧的一些感想，希望各位老师批评指正。

冯庆：感谢海洋又把刚才的话题往深处谈了一下，又把它往回拽了一下，提出了一个"希庇阿斯篇"中出现的问题，即我们讨论美，都是从具体的美出发。而普及美学原理的诗剧也是从具体的美进入美的本质的探寻。而我们会发现探寻这件事意味着它没有根本性的答案，而是最后都还处于探索之中。下面有请宋声泉老师。

宋声泉：我想谈谈"从理论到诗剧"，并且再往前推一步，从诗剧的"剧"到"文字"。我是在看这个剧的时候确实被震撼到了，和我看书是两种感觉。拿到这个书的时候，邱老师又给我一种不同的感觉，让我发现了文字的"本来美"。剧的享受是身体的，是即时的，是作为一个剧作家或者导演的邱老师所传递给我的，是那声效、舞台、演员的表演，还有内部实验的形式，触动着我的五感。但是当我把邱老师的这本诗剧当作一本诗集来读的时候，它更直接地触到了我的灵魂。它给了我一个在看剧的时候没有体验到的一个回味的时间。

在读剧本的时候，我特别地去静心体察邱老师的想法。我在看的过程中，想到邱老师在《普及美学原理》中提到的"后浪美学"。邱老师在构思和写作《普及美学原理》的时候，我们的环境里面跃动着一种消费升级的声音，但是到了今天，邱老师出版这本诗剧的时候，我们明显感觉到，这三年来的环境其实变了。作为创作者的邱老师，我其实特别想和您交流，您觉得"后浪美学"，或者您所想象的或所憧憬的这样一个新大陆，是更近了还是更远了？我从2020年看您的《普及美学原理》到现在，我恰恰发现普及美学有一种前瞻性。我们今天恰恰处在消费降级的时刻，我们更加应该提倡这样的一种个性的东西，一种兴趣的东西，一种"后浪美学"的东西。我们今天来看，我们想象中的"后浪人"，他的个性和反个性，完美地融合在了一起。

邱老师这本书的后面有句话，让我一下就想到了寻根文学。他说："美是什么呢？美是民族文化现代化的最高境界。"寻根，其实就是回到民族文化，又要民族文化，又要现代化。我们在寻根文学里看到了民族化和现代化的一个交织。但是寻根文学的一个问题就在于：寻根它还是个集体主义的，还是一个非个人化的？而我在诗剧中看到了我所期待的这20年来所没有看到的"寻根"。这个"根"是需要我自己来认识我自己的那个东西，需要自我觉察的部分。在寻根文学作品中，我看不到那些让我自己一下子就灵魂触动的东西。我们太多的作家，总是告诉我们人生该怎么过。其实，不用他们告诉我怎么过，我们"退回"去就好了。现在的传媒平台，抖音里面也有许许多多的先知与教育者，指导人们如何寻根。邱老师诗剧里面的几个事例，它不是一个寓言，而是现实。先知、美女、资本，还有君王，我们在抖音这样的一个新平台中，不禁感觉到抖音竟然就是个巨大的"巨宅"，我觉察到诗剧的"巨宅"意象和抖音之间的关联。

那么，这里有一个问题，我想请教邱老师。我自己感觉到现实感最强的是"巨宅"那一段，那个第一章是我觉得最接近现实的；而万仞山的冰晶王的那块其实是接近过去，是禁欲主义；而新大陆其实像是指向未来，"五感六觉"都打开了的，并没有真的到来。这样来看的话，诗剧的结构是从现实到过去再到未来，所以我一直在揣测，为什么邱老师在诗剧中要先把现实端出来，然后才寻找到了万仞山的冰晶王的世界，然后到了新大陆，而不是倒过来，其实我并没有想清楚，那么我就抛一个问题留给邱老师回应。

冯庆：谢谢宋老师，非常精彩。我们需要艺术作为一种思想传达的渠道。但是其实刚才几位老师不约而同地在问一个问题，对于我们今天的青年人，对于我们身处时局中的这样一些年轻人来说，普及美学的诗剧的表达，对大家来说意味着什么？《诗剧·普及美学原理》写出来是面向公众，但是能不能回应我们今天公众面临的比如"信息茧房"的问题，比如经济压力问题，比如社会阶层差异及其固化问题？邱老师之后可以在我们的讨论环节给我们一个集中的回答。

邱伟杰：用美来讲社会问题，过去更多的都是在意识形态层面，我们这一次可能更多的是放在美的这种价值的多重呈现上。

在第一幕"序"中，我们其实是呈现了美的这种力量的多元性。我们可以对各个时期的艺术思潮、对时势的影响做一个探讨。文艺复兴时期，代表着草根阶层和市民阶层对人的本性或者人的"欲望"的一种呼唤和斗争；古典主义时期，实际上是国王要向宗教讨要权力的一种挣扎。我不知道大家有没有看过一个片子，叫作《路易十四的情妇》。这个片子里面，我印象非常深刻的画面是，戏剧家高乃依有一部剧被国王否掉而不准上演。当时，高乃依正等待国王接见。国王走过来了，侍从拿了一个马桶过来，然后他就坐在马桶上，对高乃依说，"剧还是不能演的，（关于）这个剧教会的意见很大"，当时旁边就站有教会的人。国王又说，"你还是不要演了吧"，然后侍从把马桶给拿开。在这个过程中，我们可以看到，那个时候的政治力量的斗争和艺术力量的角逐，都在里面有所呈现；后来的巴洛克艺术时期，实际上是教会在面对宗教改革之后，试图重新用一种奢靡的方式或"美"，来吸引贵族和新兴市民阶层；尔后，雨果是利用浪漫主义作为资产阶级斗争的一种力量。朗西埃有一本书的书名起得特别好，叫《审美革命引领政治革命》。也就是说，我们的"美"的力量的多元，实际上关联着各种意识形态的多元。

我其实在以前的会议上也跟大家说到，我们今天的审美霸权，已经是资产阶级用美的方式，或者说用美的这种标准，来让我们所有人的生活方式都必须符合它的这种标准才叫成功，这实际上是在一个反对"嬉皮士"的过程中建立起来的。但是"嬉皮士"在某种程度上，尤其在早期，也是一种对人性的唤醒，利用禅宗对人性的唤醒。后来，西方人编造出来一种代表着新的人类生活方式的人群叫"雅皮士"。"雅皮士"的生活方式，在某种程度上是资产阶级设计出来的，表现为我们所有的人都安居乐业，所有的人都有车子有房子、有奢侈品，等等。事实上，美是包含我们生活的所有的部分，我们也看到了西方的福柯、罗兰·巴特等等，对这些审美霸权中所潜藏的权力、意识流的一些反抗。如果与国际对接一下，我们会看见在我们的现实生活中，其实无时无刻不存在刚才所说的东西，比如说抖音，抖音变成一个像鬼屋一样的地方了，那么"非抖音"是不是更鬼屋呢？

抖音在刚开始的时候实际上是大众兴趣经济的一个开端。抖音刚开始的时候，实际上纯粹是老百姓的生活面貌或者兴趣的一种原真表达：我想唱歌就唱歌，想跳舞就跳舞，管我唱得好跟坏。我的龅牙照样要露给你，甚至牙齿上还粘着牙屎。但是在这个过程中，它慢慢也被资本，被这一个个所谓的"先知"等力量重新"收编"了。而现在其实又出现了一个更大的现象，叫作"抖音下沉"，即一种"部落化"的现象已经在暗潮涌动了。在这个过程中，其实更多的人，慢慢地意识到抖音又是一个非常浮躁的地方，只不过抖音更像一个剧场，能把一些东西给大家浮出来。相比现实生活，其实抖音已经是摆脱太多钳制了，已经是很多资本相对难以切入的地方了。像李子柒等等这些人，多多少少还是能够在上面展现出一些新东西，一些青年人自己想要展现的东西。

很长一段时间，"00后"已经用B站来反抖音。B站其实就是一个对抖音浮躁特点的一个反抗。B站要求我们每一个人填五六十道题目，才能进入B站成为会员。我记得我第一次填的时候，我都快疯了。我心想："什么情况，要填这么多条？！"你们不知道一点，对所有的当今的所谓"成功者"，所谓的已经拥有很多社会资源的人而言，这一条拦截得是有多么成功。跟很多领导吃饭的时候，他们都听说过B站，但是我告诉他们，需要填几十条信息才能入站时，他们全部傻在那里。实际上，B站在某种程度上，是想把抖音中浮现出的兴趣人群，在他们被各种资本"侵蚀俘虏"之后，再浮现出一种松绑与和解。除了B站，时下青年社群中的这种"圈层化"或者"部落化"现象也大量涌现。我曾经让我们的学生和工作人员对100个圈子做了调研。发现在这一些圈子中，一些最厉害的圈子，像"汉服圈"等等一些玩圈，人数多的则达到百万级别。有一些比较专业的圈，一个圈可能也有几十万人。这些圈很多。这些人，他们逐渐很少在这种公众的媒体上玩。他们很多活跃在自己的专业平台上，比如说我儿子喜欢玩摄影，他就和摄影爱好者形成一个圈子一起玩。

其实，在这个过程中，社会的结构在慢慢发生变化。我有一次跟华南会展营销最大的一个销售公司的总裁聊天，他就发现各个公司的总裁营销都跟他说一句话，说现在的营销经费不知道怎么花了。虽然，最近几年互联网上出现了非常流行的"大数据精准投放"，实际上也看不到任何的实际效果，因为这些精准投放也全部被"买流量"给干掉了。那么在这样的一个过程中，营销其实作为前工业时代所产生出来的一种主流的销售方式似乎在灭亡。所以我跟他交流时，建议他可以探索写一本书叫作"营销已死"。我们有"上帝死了""人死了"等等说法，但是现在，营销似乎也在死去。营销的死去，是由于工业化大生产所生产的过剩的商品，想要得到消费，营销则必须在人们头脑中植入一种生活方式的标准或者一种意识。当人们有了这个标准和意识后，即人们意识的制高点被它占领之后，所有的人就自动地去消费这种东西。这是营销的根本逻辑，也是当代营销最难做的地方。

现在，似乎在这种"圈层化"的时代，一种反向的、满足多元需求的、定制的一种销售方式正在慢慢出现。比较有特色的一种营销方式，其实是"乐高"。你们的孩子非常快乐地拿着钱，去玩一种"游戏"，最后这被定性是"上课"。它是厉害的，它实际上是捕捉了这两者，一个是游戏的兴趣的深化、细化之后，所产生出来的空间结构的联想能力。最后，理所当然地他又给你附加了一些审美霸权，说这样下去，你可以对空间结构、对编程都会有更好的帮助，所以说家长们都不亦乐乎地把钱交过去，然后美其名曰地去"上课"。那么它实际上就是在兴趣营销和过去的老营销之间诞生的一种"怪胎"，可是这个怪胎居然是现在营销界最成功的一种案例。

我为什么用营销来说这件事情，其实我在《普及美学原理》中"普及美学经济学"部分所探索的，其实也就是这一个问题。如果说我们所有的人的兴趣必须按某一种标准去衡量，那兴趣也就会变成一个冰晶王、万仞山。但是，万仞山不是一种应有的呈现方式，这种呈现方式表现出来的，实际上不是没有欲望，而是欲望单一化和标准化。我们今天这个时代就是欲望越来越单一。如果我们要迎接未来的00后，让他们走向一种健康的兴趣的喷发，而不是把兴趣又变成种种专业化、技术化的考级升级，那么它是一个什么样的局面？当兴趣变成一个考题、一种升级的时候，孩子可能就会站在楼顶说，再叫我学钢琴我就跳楼了。我不知道大家有没有看到这样的社会现象。所以，其实钢琴只是一种兴趣吗？钢琴其实可以衍生出一千种兴趣，钢琴本身可以衍生出一千种一万种的玩法，这才是兴趣的深化、细化和广化。而我们现在是只看到了兴趣化，没有看到兴趣的深化、细化、广化。那么，兴趣的深化、细化、广化在哪里已经开始呈现了呢？在那些兴趣的玩圈。换句话说，在抖音下沉的这些兴趣玩圈中。相对来说，目前的 B 站可能也有一些这样的气象。那么这些气象具体是什么情况，也许大家比我更清楚一些。我先跟大家交流到这里，因为毕竟是会议期间，希望借此引发大家一些思考。

冯庆：谢谢邱老师，非常感谢。很精彩。这也回应了我们很关心的一些问题。我们的青年人，哪怕只是作为一个消费群体，也没有我们想象得那么被动。他们有能动性，非常强的能动性，一方面是自己人为造圈的能力，一方面是自己筛选信息的能力。因此从某种意义上说，只要我们能够给予他们足够的空间和时间，他们就可以自己创作出一种自由的或者说对美的享受的这样一个多元的环境，我觉这可能是邱老师想表达的东西。好，我们接下来继续回到《诗剧·普及美学原理》的创作和结构的讨论，刚才宋老师也提到了《诗剧·普及美学原理》有非常漂亮的文字上的一些设计，也有互文的一些关系，我在读的时候也感觉到它和西方传统、中国传统的一些必然的关联，刚才汪老师、熊老师也都提到过。接下来我们就回到戏剧本身来进行接下来的讨论。好，我们有请下一场的第一位发言人，来自浙大的张佳峰老师。

张佳峰：尊敬的邱老师好，各位同仁好，我是张佳峰，我简单谈一下我学习的感受。阅读邱老师的诗剧，和我之前阅读他的两本专著应该说是不一样的。相较而言诗剧更具有趣味性，情节跌宕起伏，我觉得更"津津有味"。这是一个最初的阅读感受。另外，我整篇读下来之后，分明能感受到它作为一种诗剧的样式和人类历史上的一些经典著作，比如说《荷马史诗》、《神曲》以及《浮士德》的那种精神上的息息相通之处。前面有老师也谈到过，每一次人类社会精神的重要变革，诗剧或者戏剧这种艺术形式都扮演着一种非常重要的角色，它可以说是具有一种普遍的教化功能。

我下面主要谈三点。第一点，从阅读诗剧的过程中，我觉得邱老师在某种意义上是当代美学中的奥德修斯。他讲的是七个武士寻觅世间最厉害高手的故事，夜入巨宅，然后深入万仞山，浮海远航，可以说是历经劫难，最终抵达了一个所谓未来生活的新大陆。自其表而言之，这是一个远征的故事；但自其里而言之，这是一个归家的故事。邱先生宛如当代人类精神世界中的奥德修斯，借着诗剧言说人类精神的一种永恒的乡愁，以及人类理想的一种生活状态。对邱老师这本书的阅读，一方面是得到一种美学理论的训练，另一方面也是感受到一种奥德修斯式的美学精神的回归与阐扬。

作为美学理论的理论训练，我觉得它牵涉到一个重要的方面，就是马克思·韦伯所说的价值理性的阐扬。与价值理性相对的是工具理性。而从邱老师的整个著作的行文中，我们分明可以看到他对价值理性的阐扬，比如说他讲到"五官六觉"的复活，让人撕破了"塑料袋"。这个"塑料袋"极具隐喻色彩。对启蒙之后的现代社会的种种人类生存境遇的诸多描述，"塑料袋"是非常精到的一个隐喻。

第二点就是兴趣的深化、细化、广化的需求，让生命鲜活绽放。全备的武神引领人类享受繁荣盛世，"富有"的定义是什么？就是身体在异乡，而心灵却已归家，这就是对人类价值理性的一种阐扬与复归，我觉得这是它最重要的一个美学理论意涵。

第三点，我觉得它在艺术的表现形式上，它实现了对历史上的一些经典戏剧、一些重要史诗的那种表现形式、那种叙述传统的再发明。

好，我就谈这简单的三点，非常不成熟，恳请邱老师以及诸位同仁批评指正。

冯庆：好的，谢谢佳峰，我在读剧本的时候还没感觉到，但其实我在看演剧的时候，我就能明显看到邱老师在里面加入了很多的表演性的细节，比如我记得里面有一位演员加入了一个京剧里面大圣舞棍的情节，在这些地方，光读剧本可能就会没有这种体验。但是我觉得剧本有剧本的魅力，然后这个演剧有演剧的魅力。刚才佳峰说的这个东西，我觉得如果我们进一步去谈一谈戏剧中的细节，会有更多的收获。我们接下来请丛子钰老师来谈一谈他的想法。

丛子钰：其实我也很想谈的一个问题，张佳峰老师已经谈了很多了，就是关于普及美学原理的诗剧，它对很多中西方的文学传统的继承和发扬。我觉得这个是邱老师这部作品一个非常突出的特点。刚才老师们说这里有一个"寻找"的主题，而我在这部作品里读到的主要是一个"漫游"的主题。而"漫游"这样一个主题，其实也是西方浪漫主义以来的文学里面一个非常重要的母题。像刚才汪尧翀老师提到的"意志"的问题，其实很多都在浪漫主义时期的文学里面体现了。而且更重要的是，"漫游"母题的文学和"意志"与黑格尔的这种精神哲学之间，都有非常密切的联系。

但是尽管如此，我其实还是更想强调一点。我从里面读出了这种潜在的东方色彩，这是一个非常重要的特点。在西方的漫游主题的文学里面，像《尤里西斯》这样的现代主义作品，它更多强调的是一个个体，他的心灵在"漫游"的过程中，通过意志与各种外在的障碍之间的这种冲突，最后达成了一个内心的和解。但是我们看像《西游记》这样的东方漫游主题的作品，一个巨大的差异是，我们的这种"漫游"，它不是一个人在"漫游"，它是一伙人在"漫游"。它不仅是通过外在的苦难来理解内心和世界之间的这种冲突，而且更重要的是，它是通过几个人一起共同面对困难，通过和他人一起生存这样的一个过程，来理解自己与世界之间的这样一种关系。所以当汪尧翀老师提到"情志的诗艺"，我就想到了，在西方，人们经常谈到的是激情，如歌德的《少年维特之烦恼》里的维特的激情；但是在中国，我自己的感受是，我们更多谈的是深情。深情是什么呢？尽管现代以来，我们经常批判这样一个问题，但是深情可能恰恰就是许多人在一起共同生活而产生的一种感情。我觉得这是东方美学的一个很重要的色彩。而在普及美学原理的诗剧里面，它也不是一个武士在进行这样的漫游，而是七个武士一起进行这样的漫游。我觉得特别打动我的，是几个人相互扶持，虽然中间也有武士之间内部的冲突，比如叛变之类的。这种相互扶持，是一个格外打动我的地方，这是我从这个作品里读到的一个我觉得比较重要的东西。

然后另外一个是耿弘明老师刚才提到的"迷幻式异化"的概念问题，我最近也在读《本雅明传》。本雅明其实曾经提过的一个概念叫"可辨认的此刻"。"可辨认的此刻"里面其实就有跟"迷幻式异化"表达比较相似的地方。但是后来因为他跟布莱希特的交往，使他的"可辨认的此刻"渐渐"左翼化"，他把救赎的希望寄托在"无产阶级"上。本雅明在和布莱希特交往的过程中，尤其受到他的影响，除了左翼这方面的政治思想以外，还有一个布莱希特提出的非常重要思想，那就是"朴素"。其实我觉得布莱希特作为一个剧作家，作为一个马克思主义理论家，提出的朴素思想的概念，跟邱老师提出的"质朴"就有很大的相似性。

无论是诗剧，还是邱老师的理论著作，里面对"质朴"概念的分析都需要具体地思考。我们也需要继续思考布莱希特的朴素思想。就比方说布莱希特本人，他所穿的中山装看似很朴素，其实是由上等的丝绸织成的，就是说看似是很朴素的衣服，其实很昂贵。这让我想到了刚才说的那个问题，就是这个"迷幻式异化"的问题。就是在具体的大众性的艺术中，我们看到很多看似是质朴的东西，有的时候往往是已经被异化了的。我们在具体的大众文化现象里面，需要一直反思这个问题。然后宋老师刚才提出的那个事，我觉得也很有意思，就是说我们寄希望于的这些"00"的后浪，有很多现在已经呈现出所谓"厅里厅气"的追求。但是我对这个不是说特别的悲观，因为其实同样是这批"00后"，我们现在也看到很多网络媒体在说，整治职业圈就靠"00后"了，只有"00后"敢在职场里面跟领导"硬杠"。我觉得可能每一代都有自己这一代独特的优点，也有自己这一代独特的缺陷。但是具体到普及美学如何在有缺陷的每一代里面去传播，去引导人们去欣赏自己本来的美，其实是一个具体的需要我们去思考的问题。

冯庆：感谢丛老师。丛老师最后也提出了很有意思的一些问题。刚才丛老师提到他们是一个群体，我倒是倾向于把他们视作一个人的心灵当中的不同的方向、方面。当然这两点我觉得都是有道理的，它可以是一个群体，也可以是一个人的不同的侧面。为什么会这么说？因为其实丛老师也提到《诗剧·普及美学原理》与《西游记》相通的地方，而我们知道《西游记》在过去有一种解读，认为它其实是道家的一种练功法门，也就是所谓的"内学"。我们知道张广天老师办过一个微信公众号就叫作"内学"，我当时就在想：邱老师作为张老师的学生，是不是也会受到张老师的一些思想的影响？

而我在看演剧的时候，我突然听到里面有一段很熟悉的歌声，是我当年听到的关于毛泽东的或者关于切格瓦拉的那一段歌声。我觉得那就是张广天老师的歌声，是吧？所以我在想，我们也许可以把这个诗剧视为《西游记》式的那样一种"内学"。我们知道清代已经有人写过《西游原旨》这样的书了，专门讲《西游记》当中怎样收治"心猿"，怎样使你心灵中的各种方面能够整合为一个好的，或者一种通向大道的心志问题。我想：普及美学原理的诗剧，是不是也有类似的意图呢？当然这是我个人的一个猜测，我并不是说丛老师的解释有问题，而是说他也允许我们结合自己的问题意识去进行这样一种自身的追问和反省。接下来有请梁老师。

梁心怡： 我的发言的题目叫作《古雅的内涵，先锋的形式——〈诗剧·普及美学原理〉与作为引领的美学》。邱伟杰先生根据《普及美学原理》所改编的同名诗剧，无论从剧本文本还是情节修辞，以及从舞台的表现手法上都显出一种特殊性。他在剧本的前言中这样介绍，说这是一部将"学术的冰山和诗歌的火山框限在戏剧的糖果盒里"的作品，这样的一句话特别显眼。我们通过对舞台表演和剧本文字的欣赏，能够体会到这句话里所包含的三重内涵：第一重是对于普及美学理论问题非常严肃和明晰的思考判断；第二重是诗歌激情中个体欲望的展现；第三重是诗剧，包括独白吟唱，还有各种具有特殊性的表现形式，这样多种先锋的表现形式的融合。

诗剧是以寓言的方式来讲述的，它讲述了七武士的寻找之旅。就像宋老师说的一样，寻找是一个很古老的文艺的母题，在古今中外的故事中，也是最有深意的一种，比如我们寻找真理、寻找自我、寻找救赎乃至寻找爱情等等，寻找它既是人类最核心的一种精神活动，也是人类精神探求的一个必然的表达方式。寻找其实是来自我们灵魂深处爱欲所导致的一种匮乏感，而爱欲和美学的结合，它是一个非常有代表性的现代性事件。现代人要在美的中间去寻找生命的意义，这如何可能、如何可行，以及我们今天既作为参与者也是旁观者，我们要如何判断属人生命的品质在美中被安置。这些问题都是非常值得去思考的，我们也可以在诗剧和邱先生的学术著作中找到启迪。

那么刚才也有很多老师提到，阅读和欣赏诗剧的时候，感受到了它跟古今中外很多名著的这种相似点。这让我联想到了最近在读的托马斯曼的小说《威尼斯之死》，这也被改编成了电影。在这个电影中，导演维斯康蒂把马勒以及自己在某种层面上未被满足，或者说不宜宣扬的爱欲，通过这部电影予以理念层面的尽情表达。

电影中最著名的美少年塔齐奥，作为美和欲的化身，是非常神秘的，他基本上没有怎么开口说过话。他带着一种有一点病态，一种充满破碎感的诱惑力，让声名显赫的音乐家阿森巴赫陷入一种神魂颠倒的状态，陷入现实和回忆的混乱交错中。那些在功成名就的人生下暗藏的潜流就逐渐地浮现出来，冲击着阿森巴赫摇摇欲坠的理性。当瘟疫横行威尼斯之时，阿森巴赫给自己涂脂抹粉，要强行召回青春之神，到最后，他居然真的在最不合时宜的时候，决定去追求美少年。在最后，死神带走了阿森巴赫，死亡结束了一切追寻。虽然是要去满足一种爱欲的缺陷，去追寻一种美和欲望的象征，但这些在电影中具象化得特别成功，最终他有一种极为强烈的徒劳感。因为这种寻找从一开始就是徒劳的，所以在这里，不是"爱的徒劳"，而是"美的徒劳"。因为，美被放置在一个如此单薄的美少年的身上，他面对的是一个过于艰难的任务，要去安置一个名利皆有的成年男子的欲望，这不可能。所以阿森巴赫最后就死掉了，只有死亡这种形式可以"满足"他。

我们在诗剧中看到，首先七武士的名字是带着各种美好的象征的，他们走上前来，有一段段非常动人心魄的自白，展现了他们如其名所示的那种不同的品德。他们首先表明自己要找一位武神，这个武神是美而有力者，就是说它不仅是美的，而且要充满力量。这位美而有力的神特别难寻找，七位武士找了很久，遇到了画皮的鬼怪，遇到这种诱惑的词语，武士们偏离了初心。他们甚至一度还献出了自己所拥有的"本来美"的东西，那些与生俱来的笑容、眼泪、健康、阳光等等，以此为代价，去渡了一条河。渡河上岸之后，武士们就感到透不过气，不会笑，不会哭，听不到，说不出，他们的五感六觉被剥夺了。这时，是否会进入死亡的世界其实已经不重要了，因为在这样一个不会笑、不会哭、听不到、说不出的情况下，虽生犹死，所以他们和美而有力的这个目标其实是越来越远了。

观者如我们，很明显知道他们是受了欺骗，是暂时遭受了挫败。这个时候，歌队作为非常有力的一个叙述的声音，回应得格外惊人。大意是：不要看那被偷走的本来美，其实每个人的本来美是无法被偷走的。一个人怎么可能占有别人的本来美呢？能被偷走的就不是本来美。原路退回去，还有希望。原路退回去，还可以重拾自己本来的那些品质。所以，这场寻求自内而外又自外而内的、本来美的寻找和发现，就和人间世的种种体验相呼应，相伴生了。这时候最纤弱的一个女子，就超越了武神，她的美就可以有力，她就可以带领众人上升，激发他们各自本来的美好的品质。邱先生愿意在美学这样一个非常现代性的问题中，大大方方地去谈论伦理道德这样一个维度。所以他的作品，我认为是有一个非常古雅的，或者就是一个很古典的内涵。他选择了一个先锋的形式，所以无论是看视频中的诗剧，还是阅读文本，我都有一个非常好的很新颖的体验。

不过我还是想多谈一点点，就是关于形式这个问题。因为所谓形式，肯定关乎怎么去使用修辞，怎么去用音乐，如何在某处加京剧，如何在某处加黄梅戏。但形式本身和内容是完全有机的统一在一起的。当一个古雅的故事，或者说古雅的道理，要以先锋的形式去讲述的时候，它就会有一些问题。如果说诗歌的火山跟哲理的冰山要放到戏剧的糖果盒子里，那么，哲思或者教化，它的实行是不是以一种讲故事的方式会更好一些？如果用讲故事的方式，它就涉及一个情节的安排。我认为如果下一次能吃到这样的一盒甜的糖果，可能我会更高兴。所以我会非常期待邱老师之后的更多的创作。

冯庆： 好的，谢谢心怡。心怡想表达的意思是，我们现在既要抓酒神那一部分，也要抓日神那一部分，不能光有酒神，也不能光有日神。那么请下一位——孙大坤老师。

孙大坤： 我今天讲两个点：一个点是形式问题；另一个点是理论问题。

首先说形式问题，首先我注意到的是这样的一个具体的媒介形式，它是一个戏剧。就邱老师的"普及美学"的逻辑而言，它其实是先有了《美的人》《味的人》，他以散文式的笔调把自己的那些生活感觉给写出来了；然后再经过一个学术语言的升华，就变成了《普及美学原理》那本书；然后普及美学原理，经过一个更高的艺术化的点染和升华，再转化成了这样一部戏剧。所以它其实是有一个媒介的跨界过程，媒介的跨界其实是一个很重要的东西，在我看来也是一个很先锋的东西。从理论到诗剧，不是一个简单的对应传递，而是把一个纯粹的理论变成了讲一个故事，这个很重要。因为我自己是做中国当代文学研究的，中国当代文学有一个很重要的问题，就是所谓的文艺大众化。它的目的是什么？它的目的就是要把那些高深的、不容易理解的这样的一些理论，以一种人民群众喜闻乐见的方式转换出来，从而使大家在非常轻松愉快的环境中寓教于乐，把这些理论学习了。

在座的其实都算是知识分子，也算是一个智识阶层。如果用文质两个方面来看的话，我们会看到我们更偏向于文的方面。比如说大家看普及美学诗剧时，针对我们这些人来说的话，这里面有很多非常有意思的点。比如说七武士，对此，大家会首先想到的可能是黑泽明；但是再想想，也可能像我一样，会想到葫芦娃的冒险记；比如冰晶王，事实上会让我们想到过去的某些政治途径；再比如像爱洛斯之船，它充满了种种的暗示性的导向，然后能够提供非常多的趣味。但是我想普及美学原理，它其实还有另外一群受众，就是说那些并不是知识分子，但是对美有爱好的这样一些人。这个时候普及美学诗剧其实是一个非常好的载体，因为它是以一种非常漂亮的形式和一些惊人的语言，来完成这样的一个教育。它不是一个庸俗的，而是一个精神探索的东西。普及美学诗剧，不仅具有一个可供智识阶层赏玩和研讨，而且具有一种更为深广的普适性，是延续了当代文学以来的一种文艺大众化的倾向。

另外，刚才梁老师也提到，这里面有很多的形式，比如说有古希腊的这种歌队的吟诵，有京剧，还有黄梅戏，我看的时候我虽然觉得这个东西很先锋，但是也会觉得有一点驳杂，我会疑惑：为什么要在这加一段京剧，它是跟我们的某种传统有关联还是有其他的原因呢？但是我没有特别明白这样安排背后的意蕴，可能我还是从某种新奇或者说某种先锋的形式来理解这个东西。这首先是它的一个形式问题，然后讲它的内容。

首先讲这个故事，我想到的是葫芦兄弟。葫芦兄弟他们一开始也是斗蛇精，斗完蛇精之后，六兄弟被逐个击破。后来七人合体，变成了一个新的超级的"八娃"，这个"八娃"就很厉害，就是上天遁地无所不能，但这个"八娃"后来遇到什么事呢？"八娃"后来遇到了一个小女孩，就是小蝴蝶，"八娃"就跟小蝴蝶发生了一些感情上的一些纠葛，结果"八娃"被小蝴蝶出卖了。然后，我在想的是，作为一个谈论美的、追寻美的这样的一个故事，大家熟悉柏拉图的《会饮》。《会饮》里面有球形人和爱神"Eros"的问题。这个"Eros"的问题事实上也是一个美学问题。一个球形的人被劈成了两半，其中一半要迫切地去寻找自己的另一半。在我看来，这样的一个过程就是追寻美的过程。不管是鬼屋中的形形色色的诱惑，还是万仞山城里面对欲望的压制，等等，这里面还有一个追寻伴侣的事情。就是说每个人都是孤独的，每个人在这个时间都渴望去追寻一个灵魂的伴侣，或者别的也好，这个东西同时也是充满诱惑且危险的。所以我在想，如果"普及美学"有续篇的话，它事实上可以讲一个爱欲的故事，这样也许会更好更丰满，这是我觉得的内容上的不足之处。

另外，这个故事讲的是"一元复始"的故事，中国哲学也讲"一元复始"，起点便是终点，绝境方能逢生，就是这样一个循环往复的过程。如果按照马克思主义理解的话，就是说历史是循环上升的，我们必须不断经历挫败，才能提高我们自己的思想认识，才能达到更高的水平。中国哲学所讲的从"履霜，坚冰至"，后来到"一阳来复"，到最后这样的一个"飞龙在天"，这里面有这样的一个循环的过程，天道循环的过程。或者比如说，按照黑格尔的一个讲法，就是说太阳没出来之前大家蒙昧；后来太阳升起了，大家被太阳光震慑；太阳下山之后，虽然世界再次陷入黑暗，但是太阳的景象或者绝对精神已经存在于我们心中了，这也是一个循环往复的过程。普及美学诗剧在内容上，我觉得也是有这样的一个提升，在经过了这样一圈漫游之后，终于在旧处发现了一个新我，这是一个非常有哲学意蕴的事情。在我看来，《诗剧·普及美学原理》相比于《普及美学原理》那本书，在内部有一个理论的提升，契合了我们传统中的一些深刻的哲学道理。

冯庆：谢谢大坤，大坤刚才引用《会饮篇》所讲的球形人和爱欲的关系，又讲到了循环往复这个问题，我其实深有感触，因为不管是读中国古典还是西方古典文学，我们都会发现最高明的一些哲学，它并非直线性地奔着某个理想而去，很有可能它最后还要返回一些东西。邱老师的"本来美"和作为目标的美之间，很有可能是同一个东西。只是我们如果用一种现代人的线性史观，现代的这种历史哲学去看待它的话，很有可能就无法把这个东西很好地揭示出来，但是戏剧不一样。

　　刚才有老师提到，我们在看这出戏的时候，为什么它的叙述方式，它的叙述轨迹并不是我们通常所能理解的黑格尔式的历史逻辑？邱老师自己的写作也很奇怪，他一开始先写散文，然后写理论，最后来写诗剧，好像跟黑格尔讲的艺术史顺序不太一样。但不管怎么样，这里面都暗示一点，我们不要以一种很刻板的现代人理解的时间序列，那样一种人为规定的时间序列、历史序列来理解我们对美的感觉。美的感觉很有可能超出时间，很有可能是"美品"之间的一种高低之差，而非先后之别。所以在这个意义上，重新探索一下审美品质的这样一种周而复始的循环特质，是一个非常精彩的地方。我也感觉到了，七武士一开始是追求武神，最后走向了美神，那么这个意象究竟意味着什么？我们也知道，现代社会，从霍布斯以降，经常讲一个问题，即一切人和一切人之间的斗争，这是一切现代政治哲学得以立论的出发点。而我们今天的社会看似非常和谐，看似非常稳定，但其实用全球的视域来看，人和人之间的斗争冲突时刻在发生，时刻存在着。那么，我们现在的很多年轻人一开始也是想要追求当武神，武神的意思是我要去战斗，但是是和谁战斗？很有可能是和这个社会，和这个时代战斗，但也可能是和我们自己相互战斗，即一种自身的冲突。所以各个武士之间的冲突也体现出一种自身冲突的特质。

当然，这个冲突不会像德意志观念论那样完全瓦解在一个不断扬弃上升的过程当中。最后我们会看到它是一种不断寻求一种《斐德若》当中讲的"灵魂马车式"的那种状态。就是说你得去节制，但是这个节制能不能有一个一劳永逸的解决方案呢？很有可能达不到。所以，爱洛斯号航行去了，但在其中好像没有什么终点，也有可能是要回到自己内在的本真。像《庄子》当中的鲲和鹏之转型："北冥之鲲，化而为鹏鸟，要飞到南冥，或曰天池。"很有可能北冥即南冥，即天池，这是我在读剧作时的一些想法。

下半场：

李智星：主要分享三点：第一点我想说，邱老师有一个地方很可贵，他兼具艺术创作和理论写作之能，可以对普及美学原理做一个诗化的表达。这项工作是很不容易的。但是邱老师对于此却可以兼备，实属难得。第二点要分享的就是关于"本来美"，接续上一次会议上的思考。"自然"概念在卢梭的哲学思想里是十分突出的。在此之前，霍布斯、洛克都有自己的自然人概念，但卢梭重新设计了人的自然状态，他在自然人身上关注到了"美"。这里我想讨论他很少被关注到的一部爱情成长类小说《新爱洛伊斯》。里面有一封书信是朱莉写的，写的是她自己的心理状态："大自然把美的形象铭刻在心灵中。""自然美"是与生俱来的，"本来美"这个概念的意义，就很像是卢梭对自然状态中重新做出"自然美"的设计，即重新界定人原初的状态是怎样的。人的自然状态是构建现代社会的依据和基础，人原初或本来是怎样的，与社会是怎样的根本相关。因此人本来是"美的人"，还是霍布斯、洛克所说的"欲望的人"，会影响我们对社会形态的想象。人不能被市场经济社会局限为"经济人""欲望人"，这是卢梭不满霍布斯、洛克之处。卢梭跟邱老师还有个相似的地方，就是他既是哲学家，也是一个文艺创作者，《新爱洛伊斯》就是一部文艺小说。但感觉邱老师也许是不愿意去迎合市民阶层的口味，所以要用诗而非小说这个形式去诠释"本来美"。这又是跟卢梭的一点不同。

第三点跟我们这一场的主题有点关系，就是"本来美"的当代或者说未来的潜能。这个潜能到底应该怎么理解呢？或者说我们应该从哪个角度去期待这个潜能的发挥呢？我案头有一本书叫作《倦怠社会》。这个书里面有两点我想提出来分享一下。第一点，作者韩炳哲说，现代社会里的人是过分积极的、过分肯定的，就是必须"push myself"，去推动自己，逼迫自己去创造更多的业绩，不断地去开动自己，不断地将自己推上一个自我加速度的轨道上。这是倦怠社会里面所谓的"倦怠主体""功绩主体"的一个状态。第二点就是，《倦怠社会》里面有一个词经常出现，就是效率。韩炳哲也是结合资本主义的生产关系的演变来分析倦怠社会的效率的。资产阶级生产关系不变的逻辑就是追求效率。为了不断地提高效率，自我不是被别人压迫，而是自己压迫自己，自愿压迫自己，因此效率也更高了。所以出于效率逻辑，倦怠社会的资本主义生产关系一定会进化到倦怠社会的状态，因为可以进一步提高效率。我在读完《倦怠社会》之后，又读了朱光潜的美学论著。从朱光潜的美育学中，我们会发现恰恰与倦怠社会有一种针对性。美育学启迪自我从加速的一个轨道上超脱出去，获得一种休息。朱光潜的美育学其实提示了一个实践的方案，就是通过审美，通过接触美，美的体验从倦怠社会超脱出来。这就是自我的改变。所以在倦怠社会的背景下，重温美育或审美这样一些体验，能帮助自我从一个效率至上的状态中解脱出来，这也是生命的艺术或技艺，其意义相当迫切。正是在这样的一个背景下，当我们再去看邱老师的《诗剧·普及美学原理》的迫切性意义，以及我们在什么方向上去期待它的潜能，就非常明白了。《倦怠社会》的最后一章的题目就叫"神圣时间"，提到纯粹的审美如何重新敞开一个超脱倦怠社会的神圣时刻。

邱老师的这个普及美学诗剧就如同韩炳哲最后一章所提到的神圣的节日，通过"本来美"的发现，回到一个神圣的空间和时间之中，重新过上一个神圣的节日。在这个地方，《诗剧·普及美学原理》针对倦怠社会有一个更直接的精神调治。所以，我觉得邱老师的这些沉思，在当下和未来，有很值得发挥潜能的地方。这就是我要说的三点内容，谢谢！

杨儒：今年春天，拜读邱老师的《普及美学原理》，对邱老师提出的以质朴为核心的普及美学理论体系有着深刻的印象。这本书提纲挈领，简明扼要，同时又视野宏阔，体系完备，大大更新了我对美学的认知。而今我观摩了邱老师的《诗剧·普及美学原理》，更是被其汪洋恣肆的诗化语言所折服。这部剧，是近年来一个非常难得的实验戏剧的剧目，它用诗的语言诠释了普及美学的核心要义，将两者结合起来读，我深刻地感受到了邱老师以美化育的良苦用心和殷切期待。一般而言，理论研究和艺术创作是不同的路数，思维方式和语言表达两者兼善者可谓不多，而邱老师以自身的实践做出了表率，大大开阔了学院派对美的研究和理解的视野。

这部剧是从"拜物"以来美的失落、欲望压抑以后美的沉寂，以及天性释放以后美的回归为线索，揭示了美才是引领人类文明的一个指引，为美唱出了一曲大气磅礴的赞歌。邱老师发现人的本来美才是在当下这个科技发达、人心不古的社会当中安身立命的一剂良药。这将普及美学提升到了人生存的高度，同时也为当下美学和文化产业的发展提供了一个理论基石。其实，将一部理论著作改编成诗剧，是学界少有人尝试的。施特劳斯在尼采《查拉图斯特拉如是说》的基础上创作了同名的作品，而邱先生用诗化的语言对其理论著作进行诠释。这种诠释并非图解式的，而是将理论精髓熔铸在诗意的戏剧中，锻造出新的人物和情节。我的发言，也将从文本细读的角度对这部精彩的戏剧展开一个论述。

我的主题围绕"五感六觉"的恢复和审美的解放。在剧中，作者虚构了七武士，他们代表的七种精神合在一起就是一个完备的人。而他们要在世间寻找一个具备这七种美德的武神。历经千辛万苦，他们最后发现这位世外高人不是一个武神，而是一位美的化身的女子。真正的武林高手并非打遍天下无敌手，而是以其仁爱宽厚之心包容万物，化育万物，这份化育的能量其实就是美。我们所见的繁华物质世界，其实是虚幻的，不真实的，转瞬即逝的，追求这些反而是舍本逐末。

第二幕是"普及美学（本来美）"，他们以目力、味觉、笑容、眼泪、阳光、健康等作为代价，把自身最宝贵的东西拿出来作为渡河的代价，追求的是从无知到有知，从拙朴到时髦，从乡下到城市，从籍籍无名到惊天动地，他们以质朴为代价，失去了最昂贵的东西。这让人联想到在大工业发展时期，人们追求经济效益，不惜破坏环境，结果造成了不可逆的损失。自然灾害、物种灭绝，这些在现实生活当中都得到了应验。

第三幕是"普及美学经济学"，他们来到了冰晶国。如果说粗放的经济对人类社会造成了破坏，那么在如今这个科技更加发达、更加精细化的社会，一切都被数字化，人类社会是否就找到了未来的希望呢？这也并非一条救赎之路。最后，他们登上了"厄洛斯号"

船，开始流放。之前是向外寻求，而现在转而向内寻求，只有达到内心的真正丰盈，才能达到外在的丰盛。他们释放了感官的自由，真正打开了人的五感六觉。但这里让人有点疑问的是，"厄洛斯号"是人类的一个救赎之道吗？那打开五感六觉之后又是如何去找回自我呢？

这里，邱先生用诗意的语言对五感六觉进行了非常多维度的赞美。比如说创世的游戏开始于五感六觉的竞赛，人们发现天赋身体中藏着至妙的玩具，他们在玩耍中开始生产和消费，亲身示范让他们体会到五感六觉的奥妙。诗化语言表达的是对五感六觉的重新认知。如果说之前的寻找是刻意的，无论是和魔鬼交易还是精打细算，这些都让人失去了生命本来的活力，那么，他们在海上的流放，则是没有目的的放松的状态。所谓的外在世界的改变和内心世界的改变，遵循的并非同一个法则。外在世界的改变往往是设定一个目标，为达目标而极尽效率之能事；而内在世界的改变是以不改变去改变，追求"臣服"之道，先全然地接纳，然后才能释放出一个改变的空间和能量。

第四幕是"后浪美学"，年轻一代的五感六觉全面鲜活，身体的每一个细胞都在和世界交谈，沉寂多年的心中竟然有明光在萌动。如果说武神代表的是力量，那其实这部剧告诉我们，不是武神，而是美神在引领众生。美是力量、爱和慈悲的化身。作者也唱出了一曲对美的赞歌："她不是武神，却高过武神／她大能神通，她催生万物／她创造财富，她决断生死／她带来快乐，她贯通上下／她的名字，叫作美！"就是说从武神到美神，我们看到的美，是与自己的本心和真心真情的连接，发现自己的"本来美"，其实意味着看到自己是本自具足的。当人认为自身有残缺的时候，就会向外面寻找一些标签，比如权力、资本、名牌、学历去装裱自己，而那些不过都是一些工具。读这些诗句，我觉得也是对自己的发问。外在的这些东西，其实并不能让人心得到真正的满足和充实，而是仍然感到匮乏。这部剧其实更强调的是美这个"生产力"意义上的价值，强调征服世界的不是武力，而是以美感化人心。

古人讲："远人不服，则修文德以来之。"一个国家要获得别国的尊敬，不是靠武力的征服，而是要通过自身文化和文明之美的提升来引起另一个国家的倾慕。这种倾慕，其实从个人层面上来说也是这样的。在当下存在一些问题，生活上也存在一些困境，当我们与内在的感觉相连接，体会到自己的"本来美"，才能在这个内卷的时代，找到自己内心的一种秩序感，恢复自己的想象力，不断地去向内觉察，去探问自己。美其实是与爱的一种合一。最后，很感谢诗剧带给我的感动，谢谢邱老师，也谢谢大家。

易冬冬：我看这个诗剧的时候发现它的语言更像是诗，而"剧"的地方刚开始体会不深。也有点像《庄子》中的"卮言"，我们知道庄子是用卮言、重言、寓言来表达自己的思想。后来我又看了舞台剧，才被演员感染。演员说台词的时候，用的那种激情，那种语调，不断地在展现一种力量，一种生死以之的"追寻"的力量。

刚才大家都谈到了五感六觉，忽然间就引发了我这样的一个思考。当人的五感六觉被禁锢的时候，这个时候鼓动解放五感六觉就成了美。可是，当有一天五感六觉已经彻底被打开，就像我们今天所生活的时代，这个时候继续倡导解放五感六觉，它是不是还是一种美？所以在这个意义上，美，它一定是我们能够在经验世界中体会到的，它一定是"流动的美"。就像在文艺复兴时期，那个时候"解放人欲"就是美的。在一个被理性、技术和计算桎梏的时代，在被一种宗教神话所俘获的时代，感性的升腾就是一种美。可是当感性已经泛滥，当欲望已经成为汪洋的时候，这个时候再讲解放感性，它是不是还是一种美？或者说，这个时候我们继续讲五感六觉，我们是在什么意义上讲。显然五感六觉本身它不足以成为美之本体立论的根据。

邱老师讲"质朴"的时候，他应该是在这两个维度上讲的：一方面是对现实文明之浮华的解救，这就是我们一般意义上所理解的祛除浮华而追求一种简单的质朴；另一方面是作为一种形而上的维度的质朴。当立足于形而上的维度来理解"质朴"时，这个"质朴"可以在人世间呈现万象，既可以显"朴素"相，也可以显"灿烂"相，这是一种超越了人世间偶生的"质朴"和"灿烂"之相的那个本体的质朴。比如文明泛滥的时候，回到乡村的简单可能是一种质朴；而在过分粗质乃至粗野的时代，就需要文明来使之"文质彬彬"。

"本来美"大概也是这个含义。"本来美"在人世间一定显为一种美的现象而可以经验，但它不会固着在这种可以经验的美上。当欲望已经泛滥的时候，"本来美"要呈现的那种可经验的"美"，也许就不再是解放五感六觉，可能恰恰是邱老师在最后一章讲的后浪的"随心所欲而不逾矩"。他另外一段话也说"天智体系在各种性情游戏中的隐藏"。我想，他讲的"天智体系"，就是质朴人性，只不过这个"天智体系"总是在人的各种性情游戏中呈现，但又不能固着在某一种当中，更不能标准化。诗剧中讲，塑料人只能看一种能量的规则，那就是标准化的东西。一个东西它一旦标准化了，人们在其中沉醉流连的时候，人就会变成塑料人。所以当"质朴"也被标准化的时候，人就会成为"质朴"的塑料人。邱老师讲兴趣人是多种规矩的平衡者，我想它所谓的兴趣人，也大概就是质朴人性在这个时代的一种呈现。

最后我要谈的是，我们其实不需要去讲怎么去普及，那是一个方法论层面的问题，当然也会去讲。但是最终，如果一种学问，真触碰到了人性当中最本真的东西，那它一定会普及的。这种普及是在历史当中不断展开的一个维度，所谓"功成不必在我"。它未必普及于当代，或许能够普及于后世。当我们讲普及美学的时候，我们恰恰不将"普及"作为目标，不去刻意普及它，不亢奋于普及它，我们只去问我们讲的东西有没有触碰到人的本真。如果真能碰到，那么也许无须我们去普及，自然有人帮你普及，所谓"德不孤，必有邻"，这是早晚的事情，我就说到这，谢谢！

刘浩冰：我们谈"本来美"问题的时候，我们应该在一个什么维度上来谈这个问题，这恰恰是我近期在思考的一个问题，实际上这个问题谈起来比较大。中国古典学问总体上是围绕"天"展开的，我们历代的学问总是要建立一个结构体系。

中国古代以天为核心，但是还有一个问题，它是以人为本，所谓"天地之性人为贵"。"人"是最贵的，这就引来了一个问题，人在哪里？儒家路径是从人出发到天，通过设立层层的礼仪秩序而通天；道家是从天出发到人；那么佛家是用自我为本体，采用"隔绝"和"推进"的方式来成为价值性的主体，成为我自己，而讲出了天人合一。其实天人合一，我们现在的很多学者都把它理解为天象和人的一种呼应，其实在我看来真正的天人合一就是各归其位。

中国古代的贤哲，或许使用的概念不同，但观点是相似的。他们都能够在天那里寻找到一个根。五四以来，原先的这种天人秩序被打破了，我们开始学习西方，引入西方的知识体系和学术体系。我们现在的话语体系，总体是按照西方学术体系建立起来的。邱老师所提出的"以人为发展"，它提供了一个本原性的发展依据。既然本原性的发展依据解决了，那么接下来是路径和方法的问题，先解决世界观问题再解决方法论问题。由此给我们开拓了一个巨大的空间。说到后浪的发展，从实际上来说，无论是我们读书也好，玩也好，总要找到兴趣。那么，在这种兴趣基础之上，我们深入其中，获得滋养和成长。

邱老师给我们做了一个范例。各个学科门类正进行交叉融合，而这种交叉融合目前只是横向的交叉融合，却缺乏一个本源性的依据。我们以"本来美"为基础，以自性完美为基础，人的发展由此生发出新的活力。

邱伟杰：我今天听到大家的这个交流，真是颇多感触啊，就一直在想怎样跟大家交流比较好。

首先，先回答一下李智星老师刚才讨论的一个问题，就是艺术和理性思维的切换问题。在我们常人的理解中，艺术它是感性的，或者在东西方美学中，它基本也是这么理解的。但实际上，西方美学其实也是有一个很重要的维度，就是用科学的方式来分析感性。换句话说，在一开始创作的时候，就已经是工业化、流程化的管理模式。以我的戏剧的导演工作来跟大家交流。写这个剧本对于我来说确实是一个非常大的挑战，也是非常大的一个成长空间。

第一个就是要从理性的逻辑思维转换成一种文学的非理性的状态。就像我上次在观后谈中，我就说到，在编剧的时候就要把想象的翅膀插上去飞，可到了导演的时候，那么我就要把想象的翅膀砍掉装上滑轮，在很小的空间去滑。

实际上，艺术的创作，戏剧也好，诗歌也好，在根本上是"理性的"。怎么来理解这个问题呢？西方中世纪有圣父、圣子、圣灵的"三位一体"的讲法，中国的王阳明也曾说"此心光明"。事实上，我们东西方文明有一个交接点，就是我们的内在本心其实是"圣灵"，是"光明"，我们是用"理性"的方式向"圣灵"或者内在本心去祈愿，从而激发属于我们的性情能够去见证的生机。比如大家看这个诗剧文本，是与文字的语汇的一种交流；但如果你看到的是话剧版，那实际上你看到的是不同的演员的性格所呈现出来的情绪的魅力。西方美学讲的是情感性，而中国美学讲的不是这样的情感性，而是一种称为"性情"的东西，由性而生发的情。在这一点上，刘浩冰老师在《普及美学传播学》上，在对于"本来美"的深入思索中已经说明白了"性"，张广天老师的《手珠记》也有深入探讨，大家可以了解一下。在实际门类艺术上，不管是创作书法还是诗歌，贯穿其中的情，实际上是我们"本源性的性格"所呈现出来的，它是依托于"性格"的情，而不是无根之木。西方人也谈论感性和情感，但却忽略"性格"的基本意，忽略了中国哲学称为"性理"的那个东西。每一个人的性格之迥异，就是我们的天赋本来美，而天赋本来美的迥异所呈现出来的魅力方式的迥异，实际上就是以性情见证天道，或者说以性情见证神奇，这是艺术创作的一个本源。现在的艺术创作都在脱离这个本源，包括书法也是，大家更多的是去关注书法已有的笔法、章法、书体，而忽略了书法这件事情本源性的东西。黑格尔说哲学是"理念世界的理性呈现"，而艺术是"理念世界的感性呈现"，那么艺术实际上是一种呈现，但毕竟还是来自理念世界。换句话说，艺术还是来自"理性世界"，是理性法则下的感性呈现，那这样来理解呢，可能会比较妥帖。这是我想跟大家首先交流的部分。

普及美学的本质是归真美学，实际上也是阳明心学美学，其实是"非人道"美学的"非学"。也就是说，如果站在人道主义的立场说话，美学其实可以有一千种一万种阐述的，这些并不都是错，在不同的运用场景中，它都是可以成立的。可是它都是相对阐明的。而归真美学或者说普及美学，它是最高的天道美学，它是天道及我们所有人之心，及我们所有人之性。

实际上，欧洲到今天为止，为了逃离当年的中世纪的荒唐和黑暗，欧洲的哲思和美学还是在叛离当年的"阴影"。这种叛离，实际上是什么问题呢？是自由意志的问题。今天我们如果继续去讨论这个关于"欲望"的问题，是不是就还不够权威呢？其实欲望的问题，在这种叛离之下，也已经被标签化了。其实在基督教中就已经谈到人是怎么造的。按基督教的讲法，人其实是上帝捏了个泥巴，然后在他的鼻尖吹了一口气，这口气叫"圣灵"。泥巴所造的人与这口圣灵之气进行了"化学反应"产生了灵魂，灵魂允许你有自由意志的。那么灵魂可以顺从圣灵，灵魂也可以顺从由泥土所做的肉体律。其实尼采提出这个权力意志，要成为超人，是既不想顺从圣灵，又不想顺从肉体的被动挣扎。换句话说，灵魂要完全逃脱出来；而后来的存在主义，实际上是灵魂已经投降，向肉体律投降了；到了今天的后存在主义之后，实际上已经是以情欲为上帝控制了灵魂，完全蒙蔽了圣灵，某种程度上来说，后存在主义就是人自己要做上帝。他们现在碰到的问题就是这个问题，也就是后存在主义和兴趣伦理之间，碰到了巨大的冲突，这场冲突有可能走向下坠，也有可能走向升华，但是最起码获得了一种走向升华的可能性。

冯庆：邱老师刚才讲基督教的这样一种观念，我很感兴趣，其实据我所知，在西方伴随着正统基督教一直有一种思潮，叫作"诺斯替主义"。其实您在这个诗剧里面提到的赫尔墨斯炼金术这个地方，就是讲的这种"密教传统"。这个密教传统，讲的是另外一种理念，即启蒙知识分子对于这个世界有种先验的想象，认为自己应该是属于一个更高的极端灵性的那个世界。但很不幸，很多人被迫只能生活在这个乌云一般的黑暗的世界，因此有必要打开这个世界，让所有人都飞升到那个极高的天堂中去。这种"诺斯替主义"的传统，在西方也是很常见的，尤其在一些启蒙主义的知识人中很常见。我想跟邱老师沟通一下，就是今天其实同样存在着拥有迷狂般的启蒙冲动之人，他们就有这样一种很显著的善恶二元论。对于世界的看法，他们强行切分出这样一个极高的和极低的目的世界，当然这也是基督教当中固有的东西。

邱伟杰：我们现在回归到美学的世界上来说，我们其实在西方的艺术史中就发现这样一个问题。古典主义艺术恢复了古希腊的数理逻辑的传统。这一个传统讲的是什么呢？讲的是秩序。它讲秩序就能产生美，你会发现所有的涉及古典主义的艺术作品，首先要找到的不是面，不是空间，不是造型，而是找到"点"。只有找到"点"才能找到圆，才能找到以这个点为中心的圆或者方形，然后才能找到造型。西方的美术中，有三个要素，后来衍生出第四个要素：第一个叫造型，第二个叫观影，第三个叫色彩，第四个就是后来说的材质。那么，造型是西方艺术的核心，造型这个问题的根本是从点形成线，从线形成面，从面形成体，所以整个西方的古典主义的建筑也好，设计也好，都是要找点，并且要找到某种数学的规律。

这个过程之后的浪漫主义为什么后来会失败呢？因为浪漫主义是讲"品质"，甚至只要品质就可以不要秩序，浪漫主义后来就有了积极浪漫主义和消极浪漫主义的二分。特别是在国内，把它理解成了单一的消极浪漫主义，即彻底打破一切秩序，只讲所谓的"品质"。就是这种宣泄，走向一条失败之路。可是注重"品质"的浪漫主义，其实会构成一种新的艺术创作。在今天西方的后当代艺术实践中，已经有这种专门讲某种名堂的浪漫主义的艺术出现，比如说"空的空间"的戏剧理论。它就是只玩空间。但是它要追求出它的有意思的名堂，其实这就开始向中国美学慢慢靠近。中国美学也要讲品质，比如《二十四诗品》《溪山琴况》都是在讲艺术的品质，更有各种人物、书画的品鉴学，但中国美学与西方浪漫主义品质的不同在于，它是在讲品质伦理学。在我这部诗剧里面，实际上就是在跟大家说这一句话，即美学是一切伦理的总和。

　　美学是一切有品质的伦理的总和。所以第一幕讲的就是品质，什么是品质？"拒绝"才是品质，没有拒绝谈不上品质。但是有人就问了，如果我都拒绝了，那我有什么立身之本呢？所以诗剧第二幕讲的人的立身之本。人的立身之本是天赋本来美。其实人是各有各的序定的，各有各的位置的，都在天秩品序中有各自的位分，那么我们可以找回自己各自的本来美而去发展。那么，第三幕"普及美学经济学"讲什么内容呢？它实际上是重新讨论我们的欲望问题，我们的需求问题，我们的兴趣问题。换句话说，它是在讨论：我们的五感六觉真的是鲜活了吗？抑或我们的五感六觉实际上还是套着塑料袋去表演着别人规定好的一种情绪呢？在后存在主义的语境中，就已经是这样的一种情况，我们很多时候所表现出来的情绪实际上都是社会标签化的。那么，为什么用这七个武士呢？其实七个武士已经是摆脱了宗教人、政治人、权利人和经济人的一种存在，他们叫"情义之人"。而且"情义之人"是很有品质的情义之人，你看各个武士代表着不同的品质。那么是不是有这些品质就能够达到美之神呢？其实这部剧就在探索，在有品质的情况下你会迷失吗？在有品质的情况下你该如何升华？"00后"实际上是生活在后存在主义的影响下，在内在兴趣护持下，他们也是有一定的品质的。可是有品质就能达到武神和美神的境界吗？这部诗剧其实问了一个问题，即有品质的人应如何抵御和拒绝外来的诱惑，有品质的人应如何升级，如何升华。

那么，你看诗剧开始就说，"你们是国王，你们是祭师，你们是商人，而我们是武士"。其实这就是一个定位，我们是武士，是情义中的人，其实已经有点"美的人""品质人"的意思。可是情意中人也会被标签化，这一点刚才大家都注意到了。当你把某种情欲当作你的偶像的时候，你就会被某种情欲、情意标签化。所以如何穿越标签，真正流露出品质，是我们这个时代面前的一个话题。那么这个话题其实也涉及刚才大家从国学的维度，谈到了文与质的关系的问题。实际上在中国的传统儒学中，有这样一种思维，叫作"充于内而见于外"。《论语》中其实有这么一句话："文犹质也，质犹文也。虎豹之鞟，犹犬羊之鞟。"是说如果只重质而不重文，那么犬羊的去了毛的皮，跟虎豹的去了毛的皮就一样了，无从区分。那么这里面是有深意的。儒家其实非常注重质朴，但儒家更注重的是，如果说你们把外面的纹路给修缮好了，那么你内在的质地也会慢慢缜栗起来。所以中国美学的主脉在于玉美学，或者说玉的祭祀，大家有兴趣可以看一下广天老师的《手珠记》，从大传统的角度，而不是从小传统的角度来探讨中华汉文化的主脉。那么这种玉的祭祀其实是什么呢？其实是我要接下来说的一个很重要的话题，就是后存在主义之后，人如何去回归的话题。

比如说智星刚刚谈到的那本《倦怠社会》，整个西方现在就存在这个倦怠问题。之所以会出现这个问题，其根本的原因就是，西方的现代经济学把人理解成一个单纯的经济人，把人指定为是按照马斯洛需求五层次进阶的人。人变成了这样一种格式化的人，人存在的目的就变成了完成工业社会的不停扩大再生产和永不停息的 GDP 的增值。这实际上必然导致一种反抗。新冠疫情之后，中国后浪中的"摆烂"和"躺平"就已经成为一个倦怠社会的症候，现在开始出现了，出现了这样一种情况，那中华民族的复兴靠什么呢？我们下一步的改革的深化靠什么呢？这个问题其实就是我们今天坐在这里，作为一个美学思考者也好，作为一个关心社会的人也好，或者说热爱这片土地的人也好，我们要去思考的一个课题。那么，实际上，普及美学经济学，其实就是在这样的一个角度得出的解决方案。实际上在我们的兴趣之中，每一种兴趣、每一种玩乐都充满着规则，充满了伦理，古人讲"有物有则"，讲"毛犹有伦"，这个规则其实就叫"伦理"。如何去激发社会的动力呢？那么就必须去找这种原发性的动力源，这不是我们强加给他的动力源。那么原发性的动力源在哪里呢？在人的兴趣的深邃化。我们太多人对一些兴趣和玩法已经格式化，我们必须解放它的格式化，解放它的标签化，所有的兴趣才会深化、细化、广化起来，这个时候他就产生了原发性的动力，社会才会形成一种新动力，那这种新动力不是异化劳动的，它往往是自由劳动的。换句话说，这是从自己的兴趣本身生发出来的一种劳动方式，新的社会动力，必须在兴趣的深化、细化中，在不停地探索兴趣的规则和伦理中找到乐趣，它就产生新的生产和新的消费动力，这是普及美学经济学的一个核心观点。

那么，由兴趣伦理回归天道，它其实就是由异化劳动到自由劳动的路径，同时也是阳明心学中一个人靠近天道的路。因为当一个人不停地在兴趣中去探索的时候，他会发现越来越多的"伦理"，这就是中国人讲的"格物穷理"。而这些"伦理"实际上是由天垂象下来的。"天人合一"不是简单的一句空话，它是由法则构成的。如果一个人他同时有两三样兴趣，并且都深耕细作了，那么他在两三样的兴趣"伦理"中不停地体味玩索，他就能够向天道步步靠近。所以其实走到后存在主义之后，即人自己要做上帝之后，人也可以获得一种新的救赎。这种救赎是什么？人要回到自己的兴趣中，人开始探讨天理精神的奥义和秩序的品质。所以，其实现在是一个马上要"复辟"的时代，是一个人要回归天道的时代，"复辟"的这个"辟"字其实讲的是天道。"辟"本身叫君权神授，"复辟"，其实是人回归到一种天道的路径。就是当人往极致的边界去探索的时候，又是会回到一种真正的序列中来的时候，即"古老的秩序将会用少年的方式复活了"。